U0019317

一次讀懂
哲學經典

50

PHILOSOPHY

CLASSICS

湯姆・巴特勒—鮑登

TOM
BUTLER-BOWDON

通往理解存在
真理與意義的思想捷徑

王曼璇——譯

時報出版

目次 *Content*

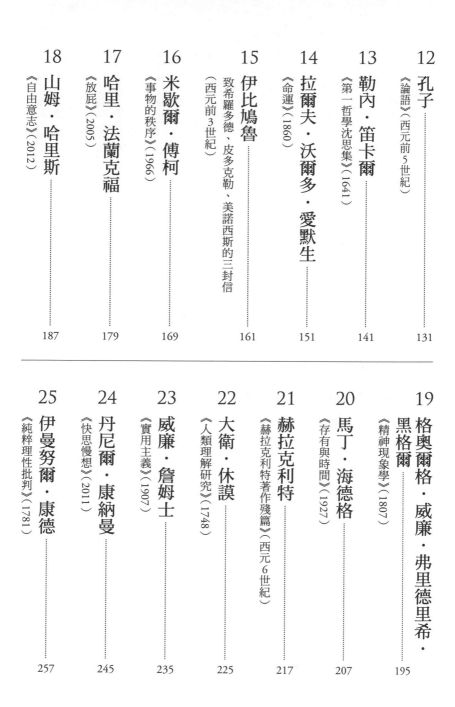

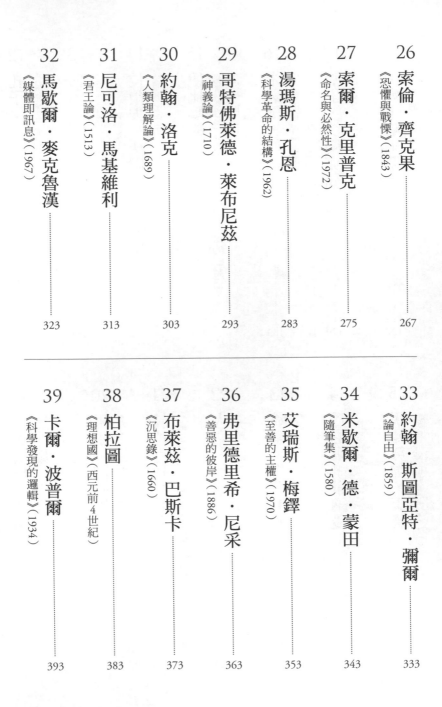

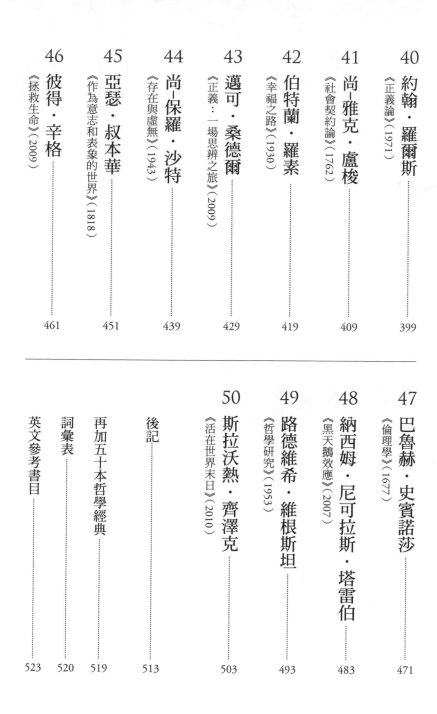

引言

「人類之所求，哲學是其中最崇高也最繁瑣的。既藏匿於縫隙之中，也開展最寬闊的視野。有句俗諺是哲學『烤不出麵包[1]』，卻以無懼之心激勵靈魂。然而哲學的態度卻令人反感，它不停懷疑、不停挑戰，充滿無理詭辯及邏輯驗證，劍鋒直指普羅大眾，我們無人能逃脫哲學對世界發出的強烈光芒。」

實用主義哲學家 威廉・詹姆士

哲學一詞起源於希臘文philo（愛）及sophia（智慧），是一門學問也是個人觀點，哲學是關於思考、存在及行動的欲望，以更好的方式看待世界，得到真正的真理。

《牛津辭典》將哲學定義為「以理性及論證尋求真理和知識，特別是事物的起源與本質，支配存在的準則，以及物質世界中，物理現象的感知及人類行為。」換句話說，哲學是更高階的思考，確立真相及真實為何，為人類思想及知覺訂立範圍，以及人類行為背後的因素。

哲學探討內容相當多元，我們所知的只是其中最顯著的特質。這門學科不停地提問假設性問題惹惱了許多人，甚至是它的實踐者，近代經驗主義哲學家喬治・貝克萊（George Berkeley）說：「哲學家僅僅揚起一粒塵埃，卻抱怨他們什麼都看不到。」在我們的世代，極端性及不確定性似乎日漸增加，而哲學所關注的只是我們能及之物。如經驗主義思想家納西姆・尼可拉斯・塔雷伯在《黑天鵝效應》中提及，這就是我們不知道的事，而往往都是不可預知的事改變了世界，無論個人或社會皆然。

哲學中巨大的鴻溝也許就存在於兩種派別。一派相信我們接收的訊息都來自感官（經驗主義、唯物主義），另一派則相信透過抽象推理能得到真理（理性主義、唯心主義）。前者源自綿長的血統，從公元二世紀的希臘懷疑論者塞克斯圖斯・恩丕里柯（Sextus Empiricus），十七世紀英國哲學家法蘭西斯・培根（Francis Bacon）及蘇格蘭啟蒙運動代表人物大衛・休謨（David Hume），到二十世紀的「邏輯經驗論」，代表人物如阿爾弗雷德・朱勒斯・艾耶爾（A.J. Ayer）及科學哲學家卡爾・波普爾（Karl Popper）。後者則有大量的擁護者，包含柏拉圖（他的非物質理論「形式」支撐了整個宇宙的存在），以及德國哲學家康德（他讓「道德律」在近代哲學中復活）。這本書的目的不在於告訴你誰是「對的」，而是為你展示各種不同的思想及理論，幫助你建構自己的想法。

威廉・詹姆士（William James）以實用主義觀察到，哲學家普遍相信他們正在建構公平且準確的系統，解釋了人類行為及宇宙，事實上哲學只是表達個人偏見及觀點。哲學家創造哲學，是不完美的人們提供真理的版本，這就是有趣的地方，這本書也只是敘述部分哲學理論的關鍵，試著給發明這些理論的人一些想法，他們的想法單純只是他們心中的構想，或是已經抵達宇宙的核心？

---

1 “bakes no bread”原句為”Philosophy bakes no bread”，意思是哲學沒有實用價值。

至今經典系列已完成了心理學、心靈探索及自我成長的部分，我非常肯定哲學彌補了其他領域不足之處，畢竟哲學有經驗方法，儘管許多人認為心理學是更踏實的學問，因為它直接指涉人類的問題，但奧地利哲學家維根斯坦（Ludwig Wittgenstein）在其著作《哲學研究》（*Philosophical Investigations*）中提到，科學研究有時隱藏著缺乏概念深度的疑慮，例如什麼是真實？對人類的意義為何？人生的意義是什麼？而哲學是唯一「超越」物質世界的學問，尼采說人們藉此學習全方位地思考。當然，也有人會說神學及靈性就是為了這些問題設計的，但它們缺乏中立性，而一個真正的學問必須保持公正。

並不是說哲學是一門「科學」。英國哲學家羅素（Bertrand Russell）曾說，科學的責任是了解更多事實，而哲學的任務是在科學的基礎上，建立合理的概念及法律。不是科學激發哲學（物理學家霍金是如此相信的），而是哲學能將未經檢驗的數據及科學方法放進更大的框架中，科學終究偏向人類，如果科學企圖讓理論合乎自然，首先我們必須與人性對抗，去了解我們看到什麼，必須對所見之物保持警覺，就是我們如何看待世界的方式。舉例來說，我們知道牛頓對宇宙的看法著重於物質，不再和量子物理學一起執著於奇怪的、流體的現實。哲學已經準備好面對這些不確定性，因為其關注的是客觀性及意識本身。二十世紀粒子物理學家大衛．玻姆（David Bohm）曾不得不轉向哲學以解釋顯微鏡下電子移動現象，最後他說不能以思維看待物質的方式解析世界。當然，意識和電子如何在宇宙間運作一樣重要，在本書中我也更深入地介紹這些迷人的事物。

除了以上提及的重要意義，牛津辭典也將哲學定義為「人生準則」。

每個人都有自己的生活哲學，形塑出我們所做的一切。我們看待世界的視野通常來自最感興趣及最重要的事，如威廉．詹姆士在實用主義中表達的「或多或少感覺出人生真實且深沈的意義」，這絕非地位崇高的教授特權，個人哲學是實用的，人活著不可能沒有自己的哲學，英國作家G.K. 切斯特頓（G.K. Chesterton）曾寫下：

「房東選擇房客，首先要了解他的收入狀況，更重要的是知道他的人生哲學……將軍面對敵軍，首先要了解敵軍的數量，更重要的是知道敵軍的用兵哲學……問題不在於宇宙理論是否可以影響事物，而是究竟還有什麼能影響事物。」

作為原則，這就是個人哲學與哲學之間的差異。本書希望成為這兩者的橋樑，不是特定哪一派哲學說了什麼名言或思想，而是他們可能對你我有特別的影響，或許可以提高人生的質量，在廣大的世界中指引方向，在茫茫宇宙中照亮我們身處之地。

亞里斯多德和伊比鳩魯為滿足、快樂的人生給予訣竅，柏拉圖描繪出理想社會的樣貌，古代思想家們的思想至今依然鮮明活躍，證明了兩千多年來人類並沒有太大的改變。哲學之所以復甦是因為重大的議題未曾解決，而哲學提供現成的概念來處理這些議題。儘管缺乏判斷力，但強烈的哲學光芒仍然向世界傳遞強大能量，幫助我們重新檢閱事物。

哲學不僅給予了解知識的概念，在個人且令人雀躍的層面中，哲學給予我們嶄新、自由的方式去思考、存在、行動、與感知。

思考

我們所知的極限與自我感知

哲學的首要之務就是思考，考量到人類慣性犯錯，我們必須對所知不停持問。笛卡爾努力證明心智非常容易受感官訊息所誤導，於是我們開始思考，到底什麼是真正存在？從極端懷疑的出發點，笛卡爾的突破是：如果他有能力在他的思考中受騙，就證明有一個「我」正在經歷受騙的過程。他說：

「由此得出結論，我是一個實體，透過思考組成我的本質。因此，我不需要依靠任何物質存在。」

即使我們持續被感知的事實欺騙，仍然不能懷疑我們感知到的事物。因為回到原點，我們就是「會思考的東西」，本質由意識組成，我們意識到的就是自己正在思考什麼、做什麼、下一步要做什麼、知道些什麼，就是笛卡爾說的「我思，故我在」。

大衛・休謨及約翰・洛克認為我們唯一能相信的就是感知到的事物，而休謨更進一步地提出，人類只是一束束想法、印象、感覺捆綁一起的組合物，並且隨時都有身為「我」的感覺，只是這個身分沒有堅實的核心。不同於具備不朽靈魂，更像是一場不斷經驗與感知的宴會，確定性和知識是難以掌握的。當代哲學家朱利安．巴吉尼（Julian Baggini）支持休謨的叢束論，若要以神經科學角度繪出自我知覺，會發現它並不落在大腦或任何神經系統中，自我知覺是透過許多部位共同合作創造出的自主系統，是擁有自我意志的自我，可能是一場大規模「自我欺騙」或是幻覺，解釋人生中難解的問題。

哲學與自覺相關，但愛爾蘭哲學家艾瑞斯．梅鐸（Iris Murdoch）則對此提出疑問，我們有責任去揭露那些恆在的核心，她在《至善的主權》（*The Sovereignty of God*）中寫道：

「『自我知覺』是一種馬上能了解自我機制的方法。而我認為，除非是極為單純的層面，否則幾乎都只是錯覺。自我很難被精確地看透，略有清晰的畫面浮現，會發現自我只是相形渺小且無趣的物質罷了。」

梅鐸說，另一方面，缺乏堅實的自我不該成為我們努力改善自己的藉口，即使先天缺乏自我感知的能力及缺乏改變的勇氣，變得更好是我們的天性及權利。

法國哲學家米歇爾．德．蒙田在其著作《隨筆集》以自己的偏見與弱點作為主體，對自我做了法庭式的檢驗，結論是自我仍是團謎：人類知識受限於我們對自己的認識太少，更不用說世界了。我們持續地思考，以為自己是合理的存在，事實上我們只是一群充滿偏見、怪異、虛榮的存在罷了。

人類容易犯錯的弱點是有跡可循的，有許多文章為此提出獨特的觀點。諾貝爾獎得主丹尼爾．康納曼（Daniel Kahneman）專注於研究人們日常思考中的偏差及錯誤，在其著作《快思慢想》中，他提出人類是「急於跳出結論的機器」，生存下去及對抗威脅比準確認知更為重要。經驗主義思想家納西姆（Nassim Nicholas Taleb）也接續說，人類了解萬物的程度遠比自己知道的更少，我們經常誤解事件發生的意義，自行編造故事，高估事實，自行定義並統計結果，預測未來能讓我們感到踏實，無預期事件凸顯了一切都在掌握之中是多麼美妙的事。但是，如果對達成的目標有明確的時間表，我們就不會嘗試去做。由此可知，犯錯並不是人類的先天缺陷，反而值得驕傲。的確，如康納曼所說：「關注人類的錯誤並非詆毀人類智慧，如同關注疾病的醫學文獻並非否認健康是好事。大多數的人都很健康，如同我們的判斷力和行為大多是恰當的。」

相同的想法，哲學家卡爾．波普爾也同樣誤信了感官，提出極為嚴格的標準來接納科學真理，認為建構法律以監管宇宙是人類的角色及特權使然。許多時候，我們可能迫於天生構造而經常犯錯，但我們的思考能力仍有一套模糊的邏輯性，依靠恆久的模式和動機運作，使我們成為一種特別的動物。

存在

尋求幸福、充實生活、自由意志及自主權

哲學家從很久以前就說過，幸福始於遠離自我，把自己投入事業或工作之中，或者寄情大自然、透過愛或修行鬆綁自我的種種束縛。

伊比鳩魯說快樂的人生造就美德，因為做好事能讓心靈平靜，與其做壞事而感到痛苦不堪，我們更應該享受生活，享受與好友、哲學相伴，以及大自然、小確幸帶來的快樂。

亞里斯多德相信幸福來自長期理性地選擇，比如社會服務。自然界的所有事物都是有目的性地建構而成，人類的特別之處就是可以根據自己的動機，或先天美德驅使來行動，一個快樂的人會透過美德滋養擁有穩定的生活，遠離多舛的人生。亞里斯多德說：「行動與美德相符就能獲得幸福。」幸福不是快樂而已，而是充實人生帶來的附加價值，並且會隨著努力與自律而來。

英國哲學家羅素在《幸福之路》（*The Conquest of Happiness*）中也寫過類似的話。他說，努力遠比成功更重要，也是構成幸福的要素。無需努力就能滿足所有欲望的人，不會覺得滿足欲望是一種幸福，而過於專注於自我也是不幸福的原因。當我們走出舒適圈，投入生活之中，才會得到快樂。

德國哲學家萊布尼茲曾說我們生活的世界是「最完美的世界」，引來法國哲學家伏爾泰（Voltaire）的嘲諷，但他的意思並非字面上那麼簡單。人類受自身利益所左右，而沒有意識到美好的事一一發生，

慣於從因果角度看事物，而不理解其中關係，唯有至高的存在才能看出事物的連結。萊布尼茲說，我們的角色就是去相信善意的意圖，相信我們生活的世界是最完美的世界，他的名言是：即使包裹著極端的邪惡，那也是因為「不完美是為了極端完美而存在」。

如果你和存在主義一樣相信宇宙萬物都是沒有目的、沒有意義的呢？法國哲學家沙特要你活得「本真」，認真看待生命的存在，與其盲從社會制度或所謂「道德法律」，選擇自己的命運更為重要。沙特說：「人命定而自由，一旦被丟進這個世界，就該為自己的所作所為負起責任。」沙特從這個沒有定論的前提，發展出一套自由且無關上帝的哲學，激發整個世代活出自己的命運。

我們被假設是自主的存在，並且擁有自由意志，但事實確實如此嗎？哲學家史賓諾莎、叔本華、蒙田等，認為我們是最主要的因素，擁有強大的力量，卻不自知。哲學家山姆・哈里斯（Sam Harris）的《自由意志》（*Free Will*）告訴我們自由意志只是個幻覺，我們的行為是大腦狀態的產物，是大腦種下的前因導致後果，是宇宙循序漸進的安排，而我們只能任其擺佈。感覺到我們有自由意志只是大腦刻意給出的快樂幻覺，但幻覺什麼時候結束？哈里斯說不管幻覺從何而來，我們仍有意識指向，幫助自己得到充實的人生。以理性及科學層面來看，這就是「有意義」的人生。

海德格說重要的是我們不再尋找存在意義。愛、行動、影響力，都是我存在的自然現象，除了這些，令人驚訝的事實是，我們有意識。為什麼我必須不斷進步？綿羊和石頭卻不用？海德格說，一個人在特定的地點、時間、狀況下被「丟進」這個世界，並非由個人選擇，而人生就是讓這個「掉落物」

與其時空背景融合。我們有義務填滿自己的人生，幸運的是我們具備說話及行動的能力，有機會好好地表現自己。一個好的人生就是抓住機會，創造新事物，給予意識及環境豐富的素材，人生就是這麼有意義。

漢娜．鄂蘭說自然不可避免地有生與死的過程，人類透過行動的能力找到出路。她在《人的境況》（*The Human Condition*）中寫道：「儘管人類終有一死，但人類的誕生並非為了死亡，而是為了嶄新的開始。」其他動物只能靠既定的生存本能及欲望，但人類可以超越生理需求，為存在帶來新事物，貢獻於社會及大眾。人類是不可限量的，每一個生命的到來都可能改變世界。總之，人類是至關重要的存在。

行動

權力本身及權力運用，自由與守法，得體與倫理

伊曼努爾．康德的「定言令式」說，判定個人行為的方式是，我們是否願意讓社會上每個人都採取一樣的行為。人不應該被視為達到目的的手段，儘管世界上各個宗教都支持這個原則，康德則以另一種更理性、哲學式的思維表達出來。他認為，道德律就像夜晚的星星一樣永不改變，若執意與它背道而馳，我們必定不快樂，並感到挫折。透過對的行為，我們能為自己打造有秩序且和平的世界。

古羅馬雄辯家西塞羅認為，每個人都是上帝發出的火花或碎片，因此對別人不好就是對自己不好。對他來說，這是普遍定律的基本事實，我們是群體動物，天生為了他人存在，人生目標相當簡單：「以良善的行為交流，相互給予及接收，有助於建構普遍的善；我們的技能、產業、天賦，能讓人類社會、人與人之間更緊密地連結在一起。」西塞羅希望傳遞的訊息是，有時候你必須為「對的事」有所犧牲，只為了讓功利行為奏效。他在《論責任》中寫道，對的行為就是功利行為。

柏拉圖認為對的行為本身就是獎賞，它可以讓靈魂三部分（理性、意志、欲望）達到和諧。正義行為不是額外的選項，而是人類存在必須運轉的核心價值，缺乏良善意圖的行為，生命將毫無意義。對個體而言，正義是絕對必要條件，也是理想國家的主要架構，柏拉圖在《理想國》中有詳盡的敘述。

更早幾世紀前的中國，孔子也曾提出一樣的概念。我們生而為人，必須以無私的方式，落實於社會中各個身分須承擔的責任。有智慧的人愛惜美德更勝任何事，積極為社會中的每個人尋找共同利益，沒有個人算計。畢竟，在過去延伸至未來的存在鏈中，我們都是其中一環。

《拯救生命》（*The Life You Can Save*）中，當代哲學家彼得．辛格（Peter Singer）引用伊比鳩魯的名言：「沒有理性、高尚、正義地生活，就不可能得到幸福的人生。」美好人生不僅僅是健康、財富、新車、假期，讓世界變得更正義的思考及行為更為重要。辛格為終結世界貧困提出的論述，提醒我們哲學能為真實世界帶來多麼強大的力量。

效益主義觀點可以回溯至十八世紀的傑瑞米．邊沁（Jeremy Bentham），他終其一生都在推動「最大多數人的最大幸福」原則。他的願望是通過立法實踐幸福，這是相當激進的想法，在邊沁身處的時代，英國的法律仍著重於保護現有利益，而非為人類帶來最大的幸福。堅持這點讓邊沁面臨非常艱困的挑戰，但他始終堅守他的信念，效益主義是能帶來公平與文明社會的唯一希望。

約翰．羅爾斯（John Rawls）在最知名的著作《正義論》（*A Theory of Justice*）中，他要我們想像社會中的每個人都忘記自己的社會地位，然後設置一個新的社會，人人都有一樣的成功機會。我們可能生來就是乞丐，或是國王，既然是如樂透般的人生，我們何不走出自己既定的命運，至少確保每個人都有平等的成功機會。不同等的財富及社會狀態，應該只能出現於有充足平等機會爭取資源或獎勵的地方，在效益主義中不需為了某些「更大的善」有所犧牲，只要人們知道自己或孩子有同等的機會達到自己的目標，他們就會接受不同等的狀態。羅爾斯與盧梭哲學的根基相同，相信自由的社會可以滋養人民，促成人民達成自己的成就，但同樣必須承擔願意為了整體需求放棄一些個人自由的責任。

約翰．斯圖亞特．彌爾（John Stuart Mill）對個人自由的不朽論述《論自由》，其中提到確保自由「無損他人」的前提：「文明社會中，唯一能阻撓公民意志行使權力的理由，就是避免傷害他人。」政府不該強加法律只為了考量人民的「個人善」，除非公民行為顯然對他人有害，否則應該被禁止。彌爾提到，除非是受到監管及控制，否則必須警覺政府權力的提升及個人自由受損的趨勢，但是這個事實以及政府型態改變的警告，並不意味著政府因此而完全站不住腳。

那麼，在個人自由及政府權力需求間的正確平衡是什麼呢？彌爾說這是「未來的問題」，確實，我們至今仍與這個問題纏鬥不休。就像柏拉圖在《理想國》中所說，考量到可能過著流放或沒有法治的生活，我們應該對於活在有一些限制的自由中感到快樂，並接受自己在社會中的地位。馬基維利在《君王論》中，近乎冷酷地指出這個問題只是在於公民不懂得如何維持一個強大的國家，要繼續過著有道德的生活，就必須仰賴統治者做出「骯髒」的決定。《君王論》長期被視為激勵暴君的著作，其實它只是為行使權力提出合理的辯護：並不是統治者企圖自我強化，而是為了強化國家，而我們渴望國家強大，讓人民追求個人成功及繁榮社會。為了實踐這個目標，就能合理化那些讓人不愉快的手段。

諾姆．杭士基（Noam Chomsky）是西方自滿情緒的眼中釘，他對權力有同樣負面的觀點。杭士基認為大多數的現代國家都在圖利特定的權力利益，對於那些手握權力的人來說，真正的敵人就是人民，大多數的戰爭都是為了轉移國內情勢而發動。雖然杭士基著眼於美國，但他的真實訊息是，權力腐敗的本質是普遍現象。但他也提出較樂觀的觀點，現代要物化人民或是將人民做為達到目的的手段，可沒那麼容易了（他說，不久前奴隸制還被視為好的制度），即使權力架構對自由、自決、人權開出空頭支票，但至少都已經公認為理想狀態。

或許在道德及權力的段落，我們應該把最後一句話留給艾瑞斯．梅鐸詮釋，她在《至善的主權》中寫道，如果我們將善置於首位，其他珍貴的事物便會隨之而來。反之，只追求強健的意志，最終也只會獲得這些。誠如康德所說，良善的意志就是一切。

知識

柏拉圖的洞穴論及真理，哲學在媒體世界中被視為一種語言問題

柏拉圖的洞穴論是哲學中最知名的論點之一，至今仍持續引發共鳴，因為它大膽地論述大多數人一生所求都只是幻影以及事物的表象，所見都只是真理、正義、美、善的外在「形式」，只待我們一一認清。康德也是這麼認為，存有存在於空間及時間中，受限於我們的感官，我們無法感知事物真實的樣貌（他稱之為「物自身」）。然而在感知世界背後，確實有基本的、形而上的真理存在，唯有透過理性，我們才能稍稍窺見一二。

當代哲學家排隊等著駁斥這類概念，他們說我們是有大腦的動物，以明確的方式感知並組織世界的現象，知識只會建立於我們的感官之上，而不是形而上視角，科學是增加客觀性的關鍵。但是黑格爾說，客觀分析只是一種錯覺，因為事物不僅僅存在於觀察者對它們的感知中，意識是科學中重要的一部分，也是科學意圖分析的客體世界。對黑格爾而言，科學的真實目的不是「挖掘宇宙」，而是挖掘我們的心智，也就是意識本身。歷史、科學、哲學都只是意識如何在時間中覺醒的表達。

黑格爾在人類「精神」或意識覺醒的整體思想，已在哲學潮流中過時，因為世界大戰及大蕭條等事件，似乎與歷史有積極方向的概念相悖。確實，如科學哲學家湯瑪斯·孔恩（Thomas Kuhn）在《科學革命的結構》（*The Structure of Scientific Revolutions*）中的論點，以及米歇爾·傅柯也曾說，知識不是

依循規劃整齊的路線發展，不是以一個個新發現堆疊而成。反之，每個時代都有全然不同的角度觀察世界，唯有能夠以這個角度觀察到的事物，才能被感知為真。

不管誰是對的，我們能夠準確了解世界的假設都必定牽涉語言。維根斯坦在《哲學研究》（*Philosophical Investigations*）中承認，早期著作《邏輯哲學論》（*Tractatus*）中他說語言是描述世界的方式，這個觀點是錯的。文字不僅僅用來命名事物，它們經常傳遞複雜的訊息，同樣的文字也有許多不同的意義。語言不是標記我們世界極限的形式邏輯，而是一種遊戲規則鬆散的社交遊戲，會隨著我們的發展改變規則。他說，當哲學家們認為最重要的是為某個思想或概念命名，就會浮現哲學問題，因為真正重要的是脈絡意義。維根斯坦最有名的一句話是，真正的哲學是以語言對抗學科「蠱惑」的長期抗爭。這是對哲學分析傳統的諷刺（其追隨者包括伯特蘭．羅素及A.J. 艾耶爾），他們認為語言濫用是一塊走進無意義形上學的腳踏墊，但是好好地運用它，就能讓我們更精確地看見真實的樣貌。

在《命名與必然性》（*Naming and Necessity*）中，聰明的索爾．克里普克（Saul Kripke）指出這個概念的謬誤，他說事物的意義不在於我們對它的描述，而在於它的基本屬性。舉例來說，這個人就是他自己，沒有任何精確的語言可以介入、移除、或證明他們的身分。黃金不是因我們的敘述而定義，例如「黃色、會發亮的金屬」，而是它的基本屬性，原子序數79。

從柏拉圖到康德，黑格爾到維根斯坦，有個思想一直在哲學史中打轉：這個世界不只是我們感知或敘述的那樣。無論是形式、物自身、基本屬性等詞彙，其實都有潛在事實存在，可能無法被感官察覺。大衛・玻姆是理論物理學家出身，後來成為哲學家，《整體性與隱秩序》（*Wholeness and the Implicate Order*）中他對存在提出兩種真實秩序：隱秩序及顯秩序。儘管後者是我們可以透過感官感知的「真實世界」，它揭露深層、「隱藏」的現實，掌握所有可能性。兩者都是「整體動態」、現實流動整體中的一部分，與赫拉克利特所說的宇宙整體非常相似，只有人類才會把事物分割而且還分門別類。

* * *

哲學的經典問題是「什麼是真實？」「什麼才是真的？」，有些評論家認為這意圖轉移焦點。尚・布希亞說，我們如今生存在被媒體包圍的世界中，「真實」已經沒有意義，超現實的宇宙中，唯有可以無止盡再製的東西才是真的，不可分享的單一事物必不存在。如今，一個人不再屬於自我計劃中，追求著「真的」事物，更像是一個機器，持續消耗又產出思想及印象。

布希亞深受馬歇爾・麥克魯漢（Marshall McLuhan）的影響，麥克魯漢說大眾媒體及科技傳播不是沒有變化的產物，反而是改變我們的因素。在字母發音之前，人類的主要感知器官是耳朵，在那之後，眼睛成為主宰。字母讓我們能一句句地思考，就像架構好的一樣，以線性方式思考，有因果關係地連結事實與概念。新的媒體環境是多面向的，如今媒體資訊能大量且迅速地傳遞，我們不再能於大腦中妥善地分類處理，孩子們的成長過程不再只受父母及老師的影響，他們暴露於全世界中，就像麥克魯漢所說：

「我們的世界是一個同時性的嶄新世界。『時間』已經停止，『空間』已經消失。我們活在地球村中，一個同時發生的世界。」

在嶄新的媒體世界中，柏拉圖的洞穴論是否還有意義？我們失去了感知真實及真的機會，這些對我們是否仍重要？這些問題將帶領哲學走向未來，而有一件事是肯定的：我們不能繼續將自己抽離於科技之外，「超人主義」思想家們說，在我們的世界，人們不再單純運用科技，機械是我們的一部分，將成為我們延伸出去的身體——透過機械我們將能感知自己以及這個世界。

給讀者的話

黑格爾有不平凡且宏大的哲學觀，如《精神現象學》（*Phenomenology of Spirit*）前言中所說，傳統哲學家將他們的主題視為必爭之地，唯有一種系統能「贏」，他們以意識型態視角為戰場，而黑格爾卻採取鳥瞰學科的姿態：每種相互競爭的哲學都有其地位，隨著時間推移，它們的碰撞也會推動「逐漸開展的真理」。以植物學術語來說，當新芽綻放為花朵，枝枒就被遺忘；當花朵讓位於果實，就揭露了樹的真理及目的。黑格爾希望將哲學從片面中解放出來，展現整體的真理，看見哲學的多樣性，及文化上的富饒性。哲學是一門偉大的學科。

神學家暨哲學家多瑪斯・阿奎那（Thomas Aquinas）在《論天地》（*On the Heavens*）中寫道：

「哲學研究之目的，並非了解人們被教導的知識，而是事物自身的真理。」

這就是我們的目標，了解人們所知仍然能幫助自己，如果你沒有堅定的生活觀，閱讀這本書能讓你認識有力量的思想，或者，最好能挑戰你現有的世界觀。我們當然渴求確定性，但如果存在任何絕對知識，我們的質疑也不會有所改變。因此，閱讀這些偉大的哲學著作，你不會有所損失，肯定獲益頗豐。

為什麼選擇這本書？

這並不是最具權威性的清單，只是列出一些西方哲學中重要的著作，囊括古代及現代，還有一些東方思想，當然希望能涵蓋世界各地、各個時期的哲學家，但礙於篇幅，這本書至少能成為浩瀚文學中的一次體驗。在本書最後，附有另外五十本經典哲學著作，如果我們有充足的版面，這些著作都會被納入討論。

導論或學術文本中，通常較少關注哲學的學派、時期、「學說」、「主義」的分類，這是一本哲學入門指南，你不是在接受訓練，只是希望能讓你有所啟發。說到這裡，不同領域的哲學也有專門的用語或術語，所以本書最後也有詞彙表，希望對你有所幫助。

哲學成為一門正式學科，相對來說並沒有悠久的歷史。伊比鳩魯在雅典的一座花園宅第中開辦學校，而今全世界有哲學團體會在俱樂部或家中一起討論哲學。哲學是活的，它的問題將持續存於人類存在的核心。為此，除了一些無庸置疑的偉大哲學家，本書挑選的五十本經典著作中，也包括一些當代著作，儘管還未成為真正的經典，卻能給予另一種更貼近我們的觀點。

就本書的架構來說，按照字母順序，而不照時間排列似乎有違常理，但像這樣呈現在你眼前，就不太可能強加既定印象給你，你可以在思想、著作、年代、人物之間自由地創造自己的連結。你可能依照這樣的順序讀完這本書後，會知道這是一趟更多啟發的旅程，途中或許還會有意料之外的發現。

額外驚喜

寫信至tomButlerbowdon@gmail.com，標題打上「Philosophy」，我非常樂意與你分享額外的哲學觀點，期待你的來信。

湯姆・巴特勒-鮑登

1958

人的境況

The Human Condition

「我們透過話語及行動將自己嵌入人類世界，就像一次再生，藉此確認及承擔自己最原始的身體樣貌。嵌入行為源於起始，我們出生並來到這個世界，又以自己主動創造的新事物與起始相呼應。」

「人類偉大的任務與潛能，在於透過工作、行動及話語創造新事物的能力。某種程度上，值得與永恆並存。」

總結一句

人的天性是不斷創新發想，每個生命的到來都可能翻轉世界。

同場加映

亨利・柏格森《創造進化論》(8章)
馬丁・海德格《存有與時間》(20章)

01

漢娜．鄂蘭

Hannah Arendt

德國出生的漢娜．鄂蘭是二十世紀美國首屈一指的思想家，因為一本關於希特勒、史達林的著作《極權主義的起源》（*The Origins of Totalitarianism*）而聲名大噪。後又著有《平凡的邪惡：艾希曼耶路撒冷大審紀實》，以納粹德國的劊子手阿道夫．艾希曼（Adolf Eichmann）為主軸，討論「平凡的邪惡」論點。

《人的境況》一書完整地表達了鄂蘭龐大的哲學思想，儘管充滿學者風格（畢竟她是一名古羅馬、古希臘的研究家）也相當艱澀，但精確地傳達了鄂蘭的思想架構。這本書可作為討論政治哲學的文本，對人類潛能的思想，也非常激發人心。

出生與行動的奇蹟

自然是週期性的，鄂蘭說，生與死都是永無止歇且不可抵力的過程，人類總是「必死無疑」。但透過行動能力，人類可以找到出路，人類的自由行為能力可以開創新事物，打破不可違逆的死亡定律。「儘管人類終有一死，但人類的誕生並非為了死亡，而是為了嶄新的開始。」

這就是鄂蘭的「新生」（natality）概念，啟發自聖奧古斯丁名言：「創造一個起始，人類隨之誕生。」鄂蘭寫道：

「起始是很自然的，不能透過已發生過的事獲得新事物，一個新事物必須對抗勝券在握的統計學及機率，它被廣泛運用在日常之中，每天的目標都講求準確性，而新事物總是以奇蹟之名降臨。一個人有行為能力，表示我們可以期許那些不可預期的事物，因我們的行為能力開展，人有能力完成機率極小的事，可能性來自於每個人都是獨特的，每一個生命誕生都伴隨著獨特的事情來到這個世界。」

誕生本身就是奇蹟，更值得驕傲的是，我們能經由話語和行動確立身分。其他動物只能靠既定的生存本能及欲望，但人類可以超越生理需求，為存在帶來新事物，貢獻於社會及大眾（就像蘇格拉底選擇喝下毒堇汁，或有些人選擇為他人奉獻生命，證明我們可以超越本能地行動）。正因為有能力做出完全自由的選擇，我們的行為才如此難以預料。對於行動，鄂蘭說：「以一套自動流程的角度來看，世界的進程似乎已成定局，看起來就像一個奇蹟。」我們的生活是「規律地發生無窮盡的不可能」，在其他的著作中，鄂蘭也寫道，法西斯政權之所以存在，是因為他們否定了新生，否定了個體可能性，而這正是他們如此可憎的原因。

寬恕與承諾

鄂蘭想起拿撒勒[1]人以耶穌為例強調行動的重要性，特別是歷史中非常重要的寬恕，因為寬恕不只賦予耶穌，也讓我們有權力撤銷過去的行為。耶穌將此權力下放於物質奇蹟中，藉由它轉換世界的各種情勢。鄂蘭說：

「唯有彼此持續地互相釋放，人才能維持自由。唯有不斷地願意改變自己的想法並重新開始，才會使人信服，我們值得擁有如此強大的權力，並藉此開展新事物。」

報復的欲望是很自然的，並且是可預期行為，原諒反而像違背自然反應，也不可被預期。原諒具備真實且經深思熟慮的特質，就這一點來說，比起報復的動物性反應，原諒充滿人性，它解放原諒者及被原諒者，這類行為是人類從出生到死亡之間，唯一能阻擋無意義事物的方式。

鄂蘭同意尼采對信守承諾的想法，人類與其他動物不同之處，在於人類有能力承諾並信守自己的承諾。我們為自由付出代價，也是造成人類不可靠的因素，但人類具備實踐承諾的能力，從社會風俗到法律契約皆然。寬恕與承諾行為能維持人類水平，讓我們更上層樓，也是確認人類獨特性、具備創造力的行為，這些行為被定義為「不管過去、現在、未來，每個人都是獨一無二的。」

勞動、工作、行動

鄂蘭將人類基本三種行動區分為勞動、工作、行動：

❖ 勞動是生活、成長及迎向衰敗的活動，全人類都必須經歷這個基本且賴以維生的行為。鄂蘭說，「勞動者的境況是生命本身」。

❖ 工作是人類在自然世界中不自然的活動，工作及其衍生物可以超越世界，或比世界存在得更久，意思是「根據無意義的人類生活，衡量恆久與耐受度的方式，證實人類擁有的時間轉瞬即逝」。

❖ 所有活動中唯一不需要事物或物質的就是行動，也是人類的本質。行動超越自然世界，因為「人類並非獨自生活，而是以群體形式生存並居住於世界之中。」鄂蘭的意思是人類是社群、政治動物，他們為尋求別人的認同而努力行動。

1 以色列北部的小城，耶穌的故鄉。

榮耀再現

在古希臘、古羅馬時期，公共領域中做的每件事都很重要。窮人和沒有參與政治權利的人（包括奴隸及女人），他們的生活及對未來的想法都出不了門，無論在私人領域中帶來多大的好處，都無法增加影響力或能有實質行動的可能性。反過來看，男人不需要為了活下來或是日常瑣事而勞動，只需在公共場合中表演，為了促進及改善社會而行動就可以了。

鄂蘭觀察到，在我們的世代中，家變成焦點所在，人已淪為對政治漠不關心的消費者。我們放棄自己可以改變世界、造福群眾的特權，轉而尋求個人幸福，古代追求榮耀之心對我們而言相當陌生，甚至很倒胃口。我們轉變為純粹的一家之主，捨棄真正自主行動的生活（她稱此為行動生活）：

「人與動物的差別在於，人類透過階級行使權力，唯有最高階級才是真正的人類，他們會持續證明自己是最好的，『在平凡中追求不朽』。其他則滿足於自然帶給他們的快樂，如動物般生活、死去。」

透過愛彰顯榮耀

人類可以知道與自然世界有關的一切，或者物質世界的一切，卻總是不夠了解自己（鄂蘭稱為當局者迷），雖然我們擁有自己的身體，但我們是誰，取決於話語及行為。要認識一個人不是透過支持或反對他，只需花時間和他相處，一段時間後這個人就會原形畢露。因此，人生活在一起不單單是為精神或實質支柱，看到別人真實的樣貌也是一種樂趣。對我們而言行動最有趣的不是行動本身，而是行動展現的樣貌，彰顯一個人最好的方式就是「榮耀」。

然而，我們總是無法透過自己來了解自己，只有別人能看清自己的全貌：

「愛是生命中罕見的事，愛確實擁有不同凡響的能力以表露自我，有著不同凡響的清晰眼界以窺視他人。愛，不在意所愛的人是否完美無缺，優點與缺點不會被他的成就、失敗或過錯所掩蓋。愛，始於激情，摧毀我們和他人結合又分離的關係。」

行動能力賦予人生新的起始點，給予合理的希望與信念。為什麼要有信念？如果我們擁有人類可以行動且改變的基礎知識，就必須抱持信念，對我們所愛的人，甚至全人類抱持信念。

鄂蘭留下美麗的悖論，就是唯有透過愛（超凡、隱密、與政治無關的特質），才能激發我們在公眾生活中擁有影響力。

總評

近三十年，生物學家及社會學家的總結是，人類已經被大腦結構、基因和環境定型，遠超出我們想像的程度，這似乎向鄂蘭的行動及決定理論潑了一盆冷水。

從歷史觀點來看，統計了數以百萬個體的決定後，如果說人類的脈絡是必然的（如黑格爾和馬克思所說），那就大錯特錯了。作為影響鄂蘭的因素之一，海德格直言個體是很重要的。對鄂蘭而言，歷史是超乎預期的編年史，人類太常做出驚人之舉，即使他們原本並不打算這麼做。

《人的境況》最後幾頁中，鄂蘭承認「為公眾服務者」的存在，是我們默許人們拋棄自我的獨特性，企圖簡化人們成為一個「功能」，而非去面對生活中的種種挑戰，或用自我的身分認真地思考及行動。在這個環境中，人們被簡化為被動反應，一個進化的動物，而非真實、有知覺、有決定性的人類。對鄂蘭而言，偉大是一種認證，你並不只是有著各種生存欲望的動物，也不只是有「品味」和「取向」的消費者，你的誕生完全是嶄新的起始，為不存在的事物成為存在的機會。

釐清鄂蘭對勞動、工作與行動之間的區分，需要一點時間，可能要研讀兩三次才能真正理解她的思想。以相信人類行動及意想不到的權力而言，《人的境況》是真正能振奮人心的著作。

漢娜・鄂蘭

一九〇六年出生於德國漢諾威，成長於哥尼斯堡的猶太家庭。父親在她七歲時死於梅毒感染，母親則是活躍的德國社會民主黨員。鄂蘭在馬爾堡大學研讀神學，後以海德格為師。鄂蘭曾和海德格發生一段師生戀（當時海德格已婚）。而後前往海德堡大學，在卡爾・雅斯佩斯的指導下完成博士論文，題目是中世紀天主教經院哲學家聖奧古斯丁思想中的愛的概念。

一九三〇年鄂蘭與第一任丈夫結婚，當時納粹勢力崛起，身為猶太人，她無法在任何德國大學任教，轉而投向錫安主義（猶太復國主義），於一九三三年起開始為猶太復國組織工作，被蓋世太保逮捕後，被迫潛逃至巴黎，致力於救助流落在奧地利及捷克斯洛伐克[2]的猶太兒童。一九三七年鄂蘭與

2 當時還是捷克斯洛伐克共和國，於一九九三年正式成立為捷克及斯洛伐克兩個獨立國家。

第一任丈夫離婚，於一九四〇年和第二任丈夫海因里希・布呂赫（Heinrich Bluler）結婚，幾個月後雙雙被納粹關進南法的德國集中營，後幸運逃脫並拿到美國簽證，於一九五一年正式成為美國公民。一九五〇年代，鄂蘭活躍於紐約的知識份子圈，其中包含知名小說家瑪麗・麥卡錫，並以編輯撰稿維生，隨即出版了《極權主義的起源》。

鄂蘭是普林斯頓大學首位女性政治學教授，亦任教於芝加哥大學、衛斯理大學，在紐約的新學院（New School）教授社會研究。一九七六年鄂蘭逝世，其自傳性著作《心智生命》（*The Life of the Mind*）及《康德政治哲學講稿》（*Lectures on Kant's Philosophy*）於鄂蘭逝世後出版，而她的學生伊莉莎白・楊-布魯爾（Elisabeth Young-Bruehl）也於一九八二年出版鄂蘭傳記《愛這個世界：漢娜鄂蘭傳》（*Hannah Arendt: For Love of the World*）。

4TH CENTURY BC

尼各馬可倫理學

Nicomachean Ethics

「我們因蓋房子而成為建築師，因彈豎琴而成為豎琴手。同樣地，我們因為言行正義而變得正義，因為言行有度而變得有度，因為言行果敢而變得果敢。」

「正義就像奧林匹克，不是頒給最好和最強壯的人，而是頒給所有參與者，只有參與者才能成為贏家。人生也是如此，在眾多善良、優秀的人中，唯有行為正當的人才是贏家。」

總結一句

幸福來自我們將眼光放遠，理性地選擇對我們更有益的事。幸福不是快樂，它是透過有意義的人生，所獲得的附加價值。

同場加映

漢娜．鄂蘭《人的境況》(1章)
伊比鳩魯《書信》(15章)
柏拉圖《理想國》(38章)
伯特蘭．羅素《幸福之路》(42章)

02

亞里斯多德

Aristotle

從物理學、心理學到生物學，亞里斯多德的觀點在許多學科中具有權威性。綜觀整個中世紀，人們只簡單稱他為「哲學家」，而義大利詩人但丁讚譽他為「知識大師」。亞里斯多德對多瑪斯．阿奎那及穆斯林哲學家阿威羅伊（Averroes）都產生了重大的影響。

亞里斯多德以哲學及科學角度，嚴謹且不懈地探究萬物，使其思想在過去兩千年中影響甚鉅。他建立的系統是非常理性且左腦式的思想，正是西方文化的精華。

哲學史上經常以柏拉圖學派及亞里斯多德學派為分界。柏拉圖相信我們在物質世界所感知的萬物，都是形而上之下的實體，「真理」存於表象世界之後，甚至是超越表象的存在。而他的學生亞里斯多德則是具體路線的哲學家，對能見世界更感興趣，他在柏拉圖門下學習了二十年，亞里斯多德認為我們能了解世界必然透過人類的五感，他貫徹嚴謹且分析性的思想，將事物分解為最小單位來剖析，例如幸福及美德，包含看似模糊不清晰的元素。

《尼各馬可倫理學》（獻給他的兒子尼各馬可）是對亞里斯多德倫理學最清楚的闡述，雖然現在他的科學研究比較能引起學者們的興趣，但《尼各馬可倫理學》一直保有影響力，針對如何獲得好的生活提出建議，至今仍被廣泛討論及應用。亞里斯多德提出最高的善（*eudaimonia*，廣泛定義為「幸福」），塑造了當代正向心理學，雖然這本書是由演講稿編撰而成，不甚完整且沒有多加潤飾，但仍非常具有閱讀價值。

我們的功能是什麼？

和柏拉圖的「形式」概念不同，柏拉圖的形式指的是在事物之下的真實，而亞里斯多德的形式指的是秩序和結構。要了解那個物體是什麼（是一張椅子還是一個人），必須要知道它的功能是什麼，例如我們不會理解到船是什麼，它只是一片片木板組成的物體，但我們知道它可以幫我們渡河。亞里斯多德的「最終因」正是說明萬物的本質都是為了一個終點、一個目的所創造，一棵樹或一個人都被規劃著，利用它本身的條件完成目的。

那麼，人類的功能是什麼？我們應該不只是成長，那就和樹沒什麼兩樣了；我們也不應該只有視覺、聽覺或嗅覺，這和一匹馬或一頭牛也沒什麼不同。亞里斯多德說，根據存在理由而行動的能力，就是人類的獨特性。事物本質源於它如何被創造，而人類天生獨特的能力，就是組織心智及行為，人不斷修養的美德，以及過往做出的選擇，就是他們最終的樣貌，人若能依據最崇高的道德標準建構人生，就能成為偉大的人。

我們並不是看到數十億的細胞來斷定人的身分，而是透過人與人之間的差異，他們一生打磨的美德、藝術或技藝，我們可以領會人的本質或功能為何。亞里斯多德說，一名長笛手莊重地演奏長笛，一名雕刻家以絕佳的技藝雕刻，都能成為很好的人，因為成功取決於實踐技能。

幸福實踐

亞里斯多德倫理學始於幸福，因為他相信人是有理性的生物，會做出對的選擇領向最終的善。最高的善經常被譯為「幸福」，但它也可以被視為「做對的事」、「成功」、「盡力做到最好」。

作為有理性的存在，我們最大的幸福就是能理性的選擇。以長遠來看，我們依循「什麼是對我們最好的」這條路而得到的附加幸福。純粹快樂的生活，將剝奪我們所追求的理性、有目標的行為，不會讓我們真正得到快樂。最崇高的路徑是給予真正的快樂（而非短暫的快樂），舉例來說，閱讀愛情或驚悚小說只能帶來短暫的快樂，無法給我們深遠的意義和滿足，不能和閱讀俄國小說家托爾斯泰的作品相比。

大多數人單純追求生活的滿足感，但亞里斯多德認為這樣無異於「草食動物」。要有「完整的人生」，我們必須用行動與美德、持續改進自己、發展技能結合，真正的幸福是長久下來自身與目標結合而成，「一隻燕子不能帶來春天，一天也不行」。亞里斯多德說：「同樣地，僅僅一天或短時間也不能讓我們獲得幸福或快樂。」他形容時間是「探索的好夥伴」，時間會將我們及世界的本質顯露出來。

亞里斯多德說，友誼也是完整生命的一部分，因為友誼可以推動辯論及思考，透過辯論及有幫助的行動，我們能幫助朋友達成目標，彰顯理性素質及特質，自然而然地就能讓我們快樂。一樣的原則運用在我們居住的社群或城市中，我們努力工作就能加強自己的特質，因而倍感幸福。

最後，亞里斯多德將學習視為幸福最重要的來源之一，透過學習能完整表達出我們的理性本質，了解哲學及科學真理的同時，將它們融入於知識之中，這個過程能幫助我們達到人類的巔峰。

令人開心的是亞里斯多德對幸福的結論，他認為幸福並不是由命運或上帝預先決定，而是後天的工作、應用或學習，有意識地實踐積極生活而獲得幸福。他說：「我們因蓋房子而成為建築師，因彈豎琴而成為豎琴手。同樣地，我們因為言行正義而變得正義，因為言行有度而變得有度，因為言行果敢而變得果敢。」換句話說，我們因為某些習慣而成為成功的人。

我們不該以生涯起伏斷定人的一生，而是該看他們發展及表達出的美德，這才是真正衡量成功的標準。一個成功且快樂的人會持續培養美德，讓變幻不定的財富變得無關緊要，而我們所求正是這種穩定、高尚、豁達的態度。「與美德結合的行動是掌握幸福的關鍵。」亞里斯多德如是說。

行動與決定

柏拉圖認為，僅僅是欣賞美德就足以使人成為道德高尚的人。但亞里斯多德認為，好的人生必須由行動表達出美德：「正義就像奧林匹克，不是頒給最好和最強壯的人，而是頒給所有參與者，只有參與者才能成為贏家。人生也是如此，在眾多善良、優秀的人中，唯有行為正當的人才是贏家。」

亞里斯多德區分出自願及非自願行動，年幼的孩子和動物會有自願行為，但不是真正的決定，因為決定牽涉到重要的推理或思考能力，成人才有能力去考慮或做出決定，用在好的地方（例如要求自己限制欲望）就能讓我們有自覺，身為理性動物應該專注於創造有價值的事物。我們可以有所期望，但要達成期望必須做出決定，付諸特別的行動。同樣的，我們可以相信一些已知事物，但那是構成性格的行動，亞里斯多德說，一個「無法自制」的人會依循取向而行動，或是為了短暫的快樂而行動；一個「懂得自制」的人則相反，他們以決定來行動，而非取向。

亞里斯多德也在行動與生產間做出有趣的區分。生產的終點是產出物件，在我們之外的物件，生產必須使用技藝，或有技巧的操作。但好的行動就是它的終點，不需要其他特別的結果。生產技藝會影響產物的優劣，而行動則端看它的品質，能讓人變得好或壞，因此行動是純粹且高尚的。

雖然亞里斯多德對行動與生產觀點的區分，是社會定位造成的觀點差異，但確實具有當代意義存在。如漢娜．鄂蘭在《人的境況》中提及，將自己視為「生產者」及「消費者」是很特別的當代思維。

然而，我們並不是為了生產而存在，而是為了對社群和社會有所貢獻，這就是為什麼《尼各馬可倫理學》看似談論個人美德，而實際上卻有許多章節談論友誼及公民責任。

總評

現在，各國政府開始關心「國民幸福指數」，而不再只是經濟產出的數值。因為國家顧問們看到了亞里斯多德對好的生活及最高的善的想法，並落實在政策上，才可能為多數人創造出最大的幸福，這是很偉大的努力。另外，我們必須仔細考慮，如何為每個人制定出不同的幸福指南，就像亞里斯多德說，每個人朝向好生活的進程不同，因為獨特的潛能會在不同時間被開發，不同於將幸福視為目標追尋，我們的挑戰是追求對我們最有意義的人生，因為這個目標，幸福才會隨之而來。

亞里斯多德經常因為《尼各馬可倫理學》中的註解而受到批評，他說外在因素也是達到幸福的重要貢獻，例如錢、身分地位、家庭。但是，若是針對有意義的人生，則不需要為了滿足或喜悅感而擁有這些事物，如果覺得正在實踐自己的最高功能，就能輕鬆地獲得快樂。

亞里斯多德

出生於西元前三八四年馬其頓王國的斯塔基拉，亞里斯多德的父親是馬其頓國王的醫生。十七歲時他開始在雅典柏拉圖的學院讀書，直到西元前三四七年柏拉圖逝世後，他曾到土耳其、希臘的列斯伏斯島旅行，並四處演說，內容涵蓋海洋生物學、動物學、地理學、地質學。亞里斯多德與柏拉圖學院中一名他的學生結婚，名為皮西亞斯（Pythias），另與其情婦赫皮利斯（Herpyllis）育有一子，名為尼各馬可（Nicomachus）。

亞里斯多德生活於腓力二世及其子亞歷山大大帝統治的馬其頓王國中，當時馬其頓王國勢力強大，征服希臘許多城市及波斯王國。他非常樂於擔任亞歷山大大帝的老師，到亞歷山大統治的最後幾年為止，他一直是亞歷山大非常倚重的顧問。亞歷山大死後，因亞里斯多德不受歡迎的馬其頓血統迫使他離開當地，後死於希臘尤比亞島（Euboea），享年六十二歲。

亞里斯多德三分之二的著作都已遺失，但現存的文稿涵蓋的主題非常廣，可說是當時最博學多聞的人。最知名的著作包括《形上學》（*Metaphysica*）、談論邏輯的《論解釋》（*On Interpretation*）、《靈魂論》（*De Anima*）、《修辭學》（*Ars Rhetorica*）、《大倫理學》（*Magna Moralia*）。

1936

語言、真理與邏輯

Language, Truth and Logic

「哲學，就像它的內容，充滿著疑問。看似事實，其實不是。」
「如果我說：『偷錢是錯的。』只是一個沒有實際意義的陳述句，也就是表達了一個可能為真，也可能為假的命題。就像我寫下『偷錢！』透過驚嘆號的形狀和粗細，貼切的慣例，表達一種特殊的道德不贊同感，其中顯然也沒有任何為真或為假的明確依據。」

總結一句

形而上學、美學、倫理學、神學，都是沒有意義的主題，因為它們之中沒有任何事物可以被證實。

同場加映

大衛・休謨《人類理解研究》（22章）
索爾・克里普克《命名與必然性》（27章）
卡爾・波普爾《科學發現的邏輯》（39章）
路德維希・維根斯坦《哲學研究》（49章）

03

阿爾弗雷德・朱勒斯・艾耶爾

A.J. Ayer

年僅二十二歲，剛從牛津大學畢業時，艾耶爾到奧地利旅行，認識了由物理學家、數學家、哲學家組成的維也納學派（包含分析哲學家摩里茲・石里克（Moritz Schlick）、經驗主義哲學家魯道夫・卡爾納普（Rudolf Carnap）、數學家卡爾・門格爾（Karl Menger）、數學家庫爾特・哥德爾（Kurt Gödel）），他們的共同信念是「邏輯實證主義」，認為以事實為基礎才是真的知識。該學派尤其受到維根斯坦的語言分析哲學影響，試圖以驗證原則角度，尋求重新定義知識的方式，對二十世紀哲學及科學有重大影響。

透過《語言、真理與邏輯》及其他著作，艾耶爾成為英國、美國最重要的思想家。這本書寫於艾耶爾二十五歲時，對形上學直率、近乎攻擊性的批判而聞名，內容涵蓋倫理學、或然性及語言。

可證原則

艾耶爾的可證原則提出，一個句子只有語言的使用者，也就是「我們」同意句子為真，在這樣明確的情形下才有意義。有意義的句子，其真實性必須是可能、可觀察的情況，例如「火星上有外星人」是有意義的，因為我們知道透過觀察關於火星人的線索，這是可以確認的。請注意，我們不太關心句子本身是否為真，而是它有沒有意義，也就是可證性。

然而，艾耶爾仍留有一些餘地，強調我們只需確認宣稱可能為真的部分，不需要明確證實為真，就是有意義的命題，因為很多命題即使大量地觀察，只能確認它可能為真，這類命題最常見的例子就是普遍法則，像是「所有砷都有毒」，我們將它視為有意義的句子，因為這是大家都知道的歸納法，持續大量地觀察，只能確認它可能為真，沒有幾個觀察結果能證實所有砷都有毒，我們無法單從特例導出一般情況中會有更多可能的確定性。

艾耶爾另外提出情緒主義的概念，關於道德的陳述句是不是有價值的判斷，受到說話者的情緒及態度左右，無法以任何客觀道德「事實」或經驗驗證，沒有認知意義，可以說是毫無意義。舉例來說，某人說「瑪麗是好人」時，並沒有定義出任何客觀事實或情境，只是表達了某人對瑪麗的感覺。同樣地，我們聽到「戰爭是錯的」這個陳述句，他不是能以某種方式或他人得到最終證實的命題，它只是一個意見，幾乎沒有任何價值，語言表達出來的訊息大多關於說話者，而非與「真實」相關。

沒有意義的形上學

艾耶爾將驗證原則應用於哲學中，並開始質疑形上學、美學、倫理學、神學的基礎。他參考當時形上學書籍中典型的陳述句，隨機從F.H. 布萊德利（F.H. Bradley）《表象與實在》（*Appearance and Reality*）中找出一句：「絕對存在進入，但它本身不能夠進化或發展。」

他認為，沒有任何情況以及任何人能觀察這個句子是否為真。此外，所謂「絕對存在」（不管它是什麼）、「進入進化」對任何人有意義嗎？如果句子只在可證原則中才有意義，我們無法知道什麼情境下（如果有的話），能觀察到布萊德利陳述句的真實性，所以怎麼有人能說「絕對存在」是否曾經在進化中？在這個假設中，布萊德利用這些詞彙表達他們的普遍意義，艾耶爾則做出結論，認為我們應該判定這個句子毫無意義。

艾耶爾關注事實意義，例如「正在下雨」的事實意義就是正在下雨，這就是形上學陳述句的不足之處。這個句子與其他句子呈現的意義不同，例如情感意義，以詩為例，它可能缺乏事實意義，但沒有理由置之不理，因為詩人並沒有試著將詩句視為現實的真實敘述，其字面意義與一般情況不同。換句話說，當形上學被批評為荒謬，形上學家堅持這些抽象概念的詞彙，如「絕對存在」是表達真實的忠實敘述。儘管艾耶爾是無神論，他仍駁斥談論無神論是有意義的想法，因為說出「神不存在」和「神存在」同等荒謬，兩個陳述句同樣不能被驗證。

艾耶爾對可驗證及有意義陳述句的想法，衍生自「自然主義」信念，以及哲學可與科學同等對待的想法，也就是將所有對真理的斷言，置於嚴密的審視之下。艾耶爾不能對瓦解整個形上學領域抱持希望，但可以約束哲學家去做合理的論斷。

總評

艾耶爾承自他崇敬的哲學家大衛．休謨，強調人類知識的極限，結合了歐陸邏輯實證主義的懷疑論，及維根斯坦的語言分析影響，讓年僅二十五歲的艾耶爾，創造了《語言、真理與邏輯》如此強而有力的著作。

對於現在學術哲學讀者來說，學術哲學通常以非常深入的方式研究特定問題，而這本書卻讓人耳目一新，用字簡潔，沒有艱澀的用詞，非常易讀。雖然許多人說這並不是完全原版呈現，但仍是分析哲學及邏輯實證主義領域中一本絕佳的入門書。

隨著這本書的成功，艾耶爾曾被問及下一步是什麼？一貫自信的他說：「沒有下一步了，哲學到此為止。」

阿爾弗雷德・朱勒斯・艾耶爾

艾耶爾出生於一九一〇年，母親來自一個荷蘭猶太家庭，也是雪鐵龍（Citroën）汽車公司的創始家族，父親則從事金融業。艾耶爾是家中獨子，曾獲得伊頓公學獎學金。

他在牛津基督堂學院（Christ Church, Oxford）學習哲學，指導老師是哲學家吉爾伯特・賴爾（Gilbert Ryle）。二次大戰期間，艾耶爾效力於英軍情報部門，後來在基督堂學院及倫敦大學學院（University College, London）取得教職，也是備受媒體關注的知名人士。

艾耶爾曾有過四段婚姻，其中一次是離婚後與同一人再度結婚，風流韻事更是不斷。其傳記中《A.J. Ayer: A Life》，作者班・羅傑斯（Ben Rogers）敘述一段往事，當時艾耶爾在紐約一場派對中，和一些模特兒一起玩樂，但房間裡卻傳出騷動，超級名模娜歐蜜・坎貝兒（Naomi Campbell）控訴受到拳王泰森（Mike Tyson）騷擾，艾耶爾出面制止時，泰森說：「你知道我是誰嗎？我是世界重量級拳王！」艾耶爾禮貌地回覆他：「我是前牛津大學威克漢姆邏輯學教授，既然我們都是各自領域中的翹楚，讓我們像個理性的人，好好談談這件事。」

艾耶爾退休後，勇於捍衛許多前衛的社會議題，例如為同性戀權利改革法律。一九七〇年獲授爵位，一九八九年逝世。

其他著作包括一九四〇年《經驗知識的基礎》（*The Foundations of Empirical Knowledge*）、一九五六

年《知識的問題》（*The Problem of Knowledge*）、一九七一年《羅素與摩爾：分析哲學之傳統》（*Russell and Moore: The Analytical Heritage*）、一九八〇年《休謨》（*Hume*）、一九八二《二十世紀的哲學》（*Philosophy in the Twentieth Century*），以及兩部自傳作品，一九七七年《我生命的一部分》（*Part of My Life*）、一九八四年《我生命中的更多部分》（*More of My Life*）。

2011

自我欺騙

The Ego Trick

「很多人想抗拒將自我視為一種結構的概念，因為這似乎意味著自我不是真的。但是，結構當然可以是絕對真實的存在。」

「你，這個人，並不被排除在這些思想之外，這些思想圍繞著你，而你才是這些思想的收藏品，這就是自我欺騙的主軸。欺騙你可以從現實一團混亂、破碎的經驗及記憶中，在沒有控制中心的大腦裡，創造出有統一性、單一性的強烈感受。重點是，欺騙是有用的。單一事件無法組成自我，我們必須像以往那樣運作。」

總結一句

大腦及身體提供強烈、持續的自我感覺，讓我們自由地創造個人身分。

同場加映

山姆・哈里斯《自由意志》(18章)
大衛・休謨《人類理解研究》(22章)
米歇爾・德・蒙田《隨筆集》(34章)

04

朱立安·巴吉尼

Julian Baggini

你和童年的你是同一個人嗎？當然是，無論成年的你，如何與過去不同，你的DNA不會改變，你仍然是「你」。但飽受阿茲海默症所苦的人，或是有腦部創傷的人呢？如果他們的記憶不再是他們能理解的範圍，或者他們不再有強烈的時間感、空間感、或能意識到他人，同樣的自我是否仍然存在？「自我」的感覺從何而來？它是真的嗎？還是只是大腦和身體製造的錯覺？

當代哲學家朱立安·巴吉尼在《自我欺騙》的開頭，引用了大衛·休謨的一段話（取自《人性論》）：

「對我而言，當我進入最親密的，稱作自我的部分，我總會無意間發現一些特別的感知或其他感受，熱或冷、明亮或陰暗、愛或恨、痛苦或愉悅、顏色或聲音等等，我從來沒有看過失去這些感知的自我。」

休謨提出了知名的觀點，沒有同一、堅實的自我或靈魂，反之，我們只是一叢感知，持續地改變，長久以來我們感知事物的方式，就證實了這一點。

當代哲學最關注「自我」與「人格」，而巴吉尼身為《哲學家雜誌》（*The Philosophers' Magazine*）的創辦人，讓我們得以了解最吸引人的問題，挖掘兩種對自我截然不同的觀點：一種是「珍珠理論」，一種則是休謨的「叢束論」。巴吉尼一路下來與許多非學者人士交流，他們都是具備特殊視角或觀點的人，例如藏傳佛教的喇嘛、改變性別者、親友患有失智症者。他想提出的問題是：「我們是什麼？我們持續存在的這些時間裡，倚靠的是什麼？」

自我感

「自我珍珠觀」認為，不論這一輩子我們如何改變，有一些「自我」的本質是不會改變的，這個自我有自由意志，甚至可能在死後超越肉體存在。然而，儘管經過許多研究，神經科學仍然沒有找到像這樣的珍珠，也就是說本質「我」，它並不存在於大腦中的任何部分，相反地，大腦中有很多系統一起運作，讓我們有種獨特、受控的感覺。其他生物體，如蜥蜴，就沒有像人類這種程度的自我感，一直以來，正是這種自我感，讓我們與其他動物不同。我們有「自傳式的自我」，可以從經驗中，創造豐富的細節及複雜的故事。

巴吉尼說：「年紀越大，我們就越難有自信，用過去的自己，達到真正的自我認同，我們的思想與行動和陌生人一般無二。但同時，每個人的『自我』感，看起來明顯地持久。」我們可能不同於三十年前的那個自己，但是我們的自我感會持續一輩子。某種程度上，尋找我們是「什麼」，或我們的「真正認同」，並不是重點。對巴吉尼來說，真正的奇蹟是這麼久以來，我們始終維持著同一個自我。

他提到臨床神經心理學家保羅．布羅克斯（Paul Broks），他的病人都是因車禍而大腦永久受損的患者，他觀察到自我感建立於妥善運作的大腦之中，因此自我感其實是脆弱的。布羅克斯也說，即使大腦中的其中一個半球受損，影響到記憶或其他功能，大多數的人還是可以感受到完整的自我感。朝向自我感受的運動非常強大，也有充分的理由：作為社交動物，我們必須將自己及他人的「自我」視為獨立的自我。的確，如果「自我」只建立在大腦中的某一部分（珍珠論點），只要輕微的創傷就可能摧毀「我」的感覺。然而，如果自我感由許多元素組成，或是由各個部位的交互作用，遭受創傷或組成部位被破壞後，自我感仍有可能留存下來。即使大腦有較為嚴重的創傷，還是可以持續創造敘事的自我感。

當代哲學家德里克．帕菲特（Derek Parfit）描述人格為「心理連結及持續性」的領地。巴吉尼解釋「自我欺騙」是大腦及身體的創作品，「從現實一團混亂、破碎的經驗及記憶中，創造出統一性、單一性的強烈感受」，正好大腦中沒有獨立的控制中心，欺騙確實有用。

我們是什麼？

如果自我沒有真正的中心，是否還可以說人有「性格」？

巴吉尼引用一系列心理研究，說明我們性格中的自信是被錯置的，環境對行為有更大的影響。其中一個例子是心理學家史坦利．米爾格倫（Stanley Milgram）知名的「權力服從」實驗，即使知道會造成傷害，人們還是願意電擊他人，只為了取悅執行實驗者，受測者原本都是正常、體貼的人，但事實證明，尋求認同遠比同情他人更為重要。同樣知名的史丹佛監獄實驗，心理學家菲利普．津巴多（Philip Zimbardo）模擬了一個監獄的環境，實驗執行了五天，日復一日，原本平凡的大學生開始對假扮囚犯者做出可怕的行徑，津巴多告訴巴吉尼：「人類的心智給了我們能夠在任何時間扮演任何角色的樣板或潛力。」人類與生俱來的自尊與性格只是迷思。

約翰．桃樂絲（John Doris）的著作《性格缺失》（*Lack of Character*）寫道：「情境因素比個人因素更能預測行為。」巴吉尼說，活在第三帝國下的德國人，如果沒有被置於誘發邪惡自我的環境中，也不會導致這麼多無辜的性命逝去。同理，「很多人之所以能過上好的、有道德的生活，是因為不曾遭受環境的試煉。」

哲學家威廉．詹姆士指出，我們受到社交環境改變的程度很大，家庭、朋友都是塑造我們是誰的因素，與他人一起生活，接納他們的世界觀，他們的觀點成為我們的觀點。詹姆士指出，衣服成為自我認同的一部分，房子、車子、其他附屬品也是。巴吉尼的哲學家同事也曾好奇，自從智慧型手機擁有這麼多我們的資訊，是否它也成為我們感知的一部分。「你」在哪裡？這些物品何時開始圍繞著你？巴吉尼說：「我們在世界中的位置定義我們是誰，建構自我認同的是我們與他人的關係，而不是心智中思想與記憶之間的關係。」我們是各種角色的綜合體。

然而，巴吉尼觀察到，我們不僅僅是各種角色的綜合體，我們有心理的自我感，不管我們在生活中扮演什麼角色，它都存在。詹姆士也將自我視為「在主觀『意識流』中找到的連貫感受」，不管經驗或環境為何，如果我們有這種感受或思想的流動，我們就會持續擁有自我。

創造自我

巴吉尼說，佛教哲學與當代的自我研究驚人地一致。釋迦牟尼相信我們沒有恆久不變的本質，反之，我們是肉體經驗、思想、感受的總和，這與休謨的叢束觀很相似，只是佛教同時專注於恆變自我中的巨大正向潛力。人的一生中，透過不斷精煉感知、思想、行為，我們能以非常有意識的方式創造自我，就像佛教經典《法句經》所說：

「灌溉者引水，箭匠之矯箭，木匠之繩木，智者自調御。」1

巴吉尼承認，將自我視為一種結構是很矛盾的，因為這表示核心中沒有「真的」自我感，而我們覺得的很多真實事物，都是結構：一棵樹是由數十億個原子結合的綜合體，而成為一個系統；網際網路也不是單獨存在著，它是一整個網絡。而由此可見由很多部分組成的合成物，並不會變得不真實或不夠強大。

總評

巴吉尼感興趣的案例之一是布魯克・馬尼安蒂（Brooke Magnanti），一個集學術研究者、部落客、妓女身分於一身的女性，這些都寫在她的「Belle de Jour」部落格中，不管每個角色有多顯著的差異，馬尼安蒂只是將這些角色，視為不同面向的自己，並且從未經歷過精神分裂。如巴吉尼所說：「我們確實不如所想的那麼同一、一致、延續、恆久，但我們仍然是真實且獨立的自我。」詩人華特・惠特曼解釋得更為詩意：

我遼闊博大

我包羅萬象

後現代主義的觀點是，人類本質上是由語言、社會化、權力關係塑造的結構，但巴吉尼的結論是，我們不僅僅是一種結構，我們有同一性及延續性，即使我們有恆變的本質及不朽的靈魂，他說：「自我顯然存在，它並不是獨立於組織以外的事物。」

矛盾的是，充分經驗自我的所有面向，我們不容易迷失，反而可以過著有意義的人生。這麼做的同時，也拒絕了恆久本質或無形靈魂的概念，確實是成熟的象徵。

朱利安・巴吉尼

朱利安・巴吉尼出生於一九六八年。在倫敦大學學院取得博士學位，博士論文主題是個人認同。一九九七年成為季刊出版的《哲學家雜誌》共同創辦人，此外也創辦了很多報紙及雜誌。

其他著作包括二〇一二年與安東尼雅・麥卡洛（Antonia Macaro）合著之《當亞里斯多德遇上佛洛伊德：哲學家與心理師的人生小客廳》（*The Shrink and the Sage: A Guide to Living*）、二〇〇八年《自願被吃的豬：一百個讓人想破頭的哲學問題》（*The Pig That Wants to Be Eaten: And 99 Other Thought*

Experiments）、二〇〇七年與彼得・佛索（Peter Fosl）共著之《倫理學工具箱》（*The Ethics Toolkit*）、二〇〇四年《我們為什麼要活著？尋找生命意義的十一堂哲學必修課》（*What's It All About? Philosophy and the Meaning of Life*）、二〇〇三年《無神論：一個簡明導論》（*Atheism: A Very Short Introduction*）。

1 白話文為：農夫引水灌溉田地，造箭者矯正弓箭，木匠善於修飾木材，有智慧的人應該和他們一樣，學習制約自己的心。

1981

擬像與擬仿

Simulacra and Simulation

「今日的抽象不再是一張地圖、一個複製品、一個鏡子、或一個概念。擬仿也不再是一個領土、一個指示存在、或一個本質。這是由真實模型組成的世代，沒有起源或現實：也就是超現實。這個領土不再先於地圖存在，因為它已不復存在。」

「已經沒有反映存在或表象、真實或概念的鏡子。真實透過最小化的細胞、矩陣、記憶庫、指令模型產出，它可以在這之中無數次再製。真實不再需要保持理性，因為它不再以理想或負面的例子來衡量自己。」

「我們生活的這個世界，有越來越多的資訊，卻少之又少的意義。」

總結一句

我們生活的世界中，不再有指向真理的訊息及象徵，因為它們就是真理。

同場加映

諾姆．杭士基《理解權力》（10章）
哈里．法蘭克福《放屁》（17章）
馬歇爾．麥克魯漢《媒體即訊息》（32章）
斯拉沃熱．齊澤克《活在世界末日》（50章）

05

尚・布希亞
Jean Baudrillard

尚・布希亞於二〇〇七年逝世，至今我們仍被他的思想吸引，並持續了解其精髓。作為後現代最偉大的學者，他在巴黎第十大學（Nanterre University）社會學系待了二十年，嚴格來說是一位社會學家。布希亞的職業生涯橫跨了一九六八年的法國學運五月風暴、共產主義的沒落、以及他所謂以媒體為中心的資本主義「超現實」秩序。

布希亞的思想為傳統西方哲學史做出巨大、甚至是顛覆性的改變，傳統的西方哲學關注於自我問題、自由意志、知識，乃至於存在主義者對生活的觀點，也就是「真實」人生。與其相反，布希亞認為每個個體都是一團謎，人作為一個單位身處於某處，反映了媒體中發生的所有事，他們唯一的目標就是消耗圖像及象徵。在這個新的宇宙中，唯有能無止盡再製的事物才是真的，單一、無法分享的事物必定不存在。

《擬像與擬仿》讓布希亞的名聲遠播，不再只有法國人認識他，這並不讓人意外。他提出文化及政治的事例都發生於一九七〇年代，對大多數讀者來說，當代的例子更容易理解他的思想。

領土不再重要

作家波赫士（Jorge Luis Borges）的一部小說中，提到一個王國地圖製圖者的故事，他製作精細好懂的地圖，遍佈整個王國領土。經由這個故事，布希亞認為現代社會中，這種職業似乎相當古怪，真正重要的就只是這張地圖，我們不想假裝用這種抽象概念幫助我們得到真實——它就是真實。「但它不再是地圖或領土的問題。」布希亞說，某些東西已經消失了：不同於兩者之間的主權，構成了抽象的魅力。

因此，地圖的魅力在於我們不將它定義為真實的展現。如今我們做出這樣的讓步，盡可能讓「真實」符合抽象概念，不再活在二元論的世界：存有及表象、真實及概念。「真實」的事物可以無止盡地從電腦程式中產出，然而最讓人不安的是，新的真實不再參考自真理的理性基礎：

「這不再是模仿的問題，也不是複製，更不是以模仿來嘲弄。這是一種替代，是為了真實而得到的真實訊號。」

布希亞將這個新世界稱為「超真實」，它最有趣的特質之一，是排除需要虛構的部分，因為真實與想像之間並沒有差別。我們共存的世界是一個「巨大的擬像」（一個模擬或相似物），「從未與真實交換，而是在一個沒有參考路線或圓周中，不間斷的迴路裡交換了自己。」

這個不是布希亞採用的比喻，但另一種能幫助思考的比喻是紙幣——它無法換取金或銀，雖然理論上可以交換。換言之，紙幣就是金錢，而不是象徵金錢的某物，「事實上」它只是張紙的事實，一點都不重要。

我們以迷戀過去取代真實

對布希亞來說，歷史中的轉捩點在於我們開始接受世界指向真理或意識型態的訊息，對於不願意改變的世界來說，這是鼓勵守舊的慣性。他說在擬像與擬仿的時代，「不再由上帝辨明你是誰，也不再有分辨真假的最後審判。」

當這種情況發生，懷舊之情就會悄悄來到，外在嚮往著「真理」及「真實」。「生產真實」與「指向」確實讓人驚慌失措，生產物質的焦慮則有過之而無不及。當萬物變得抽象，「真實」的價值就會飛漲，但這真的是我們想要的真實嗎？或者只是真實的訊息？只要我們在擬像與擬仿的世界中，就很難走出來，我們幾乎不知道它與現實的差別。

布希亞說，我們就像塔薩代（Tasaday）族人，一九七〇年代深入雨林的人種學者發現的石器時代原始人，為了避免血脈斷絕，他們移居至難以抵達的原始雨林中生活。生活博物館的目的就是保留

「真實性」，讓他們以傳統的方式活著，封閉他們本身就是最好的擬仿行為。同樣地，西方科學家花了許多金錢保存埃及木乃伊，不是因為古埃及文明對我們來說很重要，而是這些物體都是擔保品，意味著這些古老的東西確實有特別意義：「如果我們無法以清晰的觀點積累過去，整個線性累積下來的文化將會瓦解。」這樣的「博物館化」是文化的標記，厭倦了祕密，希望透過仔細地審視與分類「擁有」更多文化，它們就像真實的符號，對我們來說別具意義，最後又被我們取代。

布希亞認為迪士尼樂園就是擬像的經典範例，因為它展現了虛擬的世界，「只為了讓我們相信，『我們社會』以外的世界是真實的。」迪士尼樂園保留了真實與虛構的個別幻想，也是為了持續生活於虛構世界中所需的幻想。這種地方能幫助我們逃避一個事實，就是比它更大的美國本身，其實屬於擬像領域。

超現實世界中的政治

布希亞超越資本主義左派及馬克思主義觀點，認為他們並不道德，資本主義是「荒謬、沒有原則的企業，一無是處」。資本主義及資本主義媒體專注於「經濟」、「經濟指標」、「需求」，彷彿這些就是社會的核心，為了達到這些目標，「每個真與假、善與惡的理想差別」已被摧毀，「只為了建立等值交流的激進法則」。在資本主義中，我們只是消費者，企圖保留我們仍具有自由意志的假象，身處在活躍的民主體制中，資本主義製造危機，只為了阻止我們看透資本主義的生命概念只是一個構想。

我們今日證實的政治力量，選舉、關注總統動向等等，其實都只是假動作。日益增長的覆蓋範圍，象徵著傳統行政力已不復存在。反之，在整個體制中，權力就是媒體瘋狂圍繞政治，企圖掩蓋真相，人們越來越討厭政治，為了喚醒真實的感受，這種假動作只會日益嚴重。布希亞說，美國總統甘迺迪暗殺案是近代西方最真實的政治終結，因為甘迺迪及他的弟弟博比．甘迺迪（Robert Francis "Bobby" Kennedy）確實是擁有權力的人，因為有實權，他們必須死。然而布希亞也說，擬仿的時代不再需要實際暗殺，只需擬仿暗殺，如水門案及美國總統尼克森辭職，都是當代政治終結儀式的樣本。你越是重要，「犧牲」的機會就越大。

超現實媒體社會

一九七一年，一個電視節目組與加州的勞德（Louds）一家住在一起七個月，拍攝他們的日常生活。在兩千萬觀眾的注視下，這個家庭走向破碎，讓人不禁想問，這個節目在其中扮演了多重要的角色？製作人以「就像沒有攝影機」為賣點，布希亞形容它是一個「現實」的烏托邦，這當然是絕妙的偽裝，證實了真實事物變得超真實，作為觀眾的我們有多喜悅。

這個家庭的典型（中上階級的加州人、漂亮的家庭主婦、三個車庫、幾個孩子），必然走向破碎之途，因為超現實文化需要許多犧牲品。以現代觀點來看，「因為天堂之火不再落於敗壞的城市，為了將它推入死亡之地，攝影機的鏡頭就像雷射，穿透活生生的真實。」布希亞提出疑問：實境電視節目是「參考自這個家庭的真相，還是節目的真相？」電視節目是勞德一家的真相，因為這個文化立基於擬像與擬仿，「這個節目是真的，這個節目渲染了真實」。

在一九七〇年代電影的精彩分析中，布希亞提出了真實事件與電影間的連結。他說，一九七九年好萊塢電影《大特寫》（*The China Syndrome*）就是美國三哩島核災的翻版，電影事件變得與真實事件一樣重要，呈現比藝術表達更重要的訊息，這是超現實世界對真實的暴力。

布希亞推測，隨著網路興起及社群媒體現象發展，評斷人們的依據成為他們在媒體傳播中參與的程度，他說：「任何不接觸媒體的人，都會與社會隔絕，甚至可以說是不合群。」訊息交流無庸置疑地是增加意義的好事，就像資本流動也被視為增加福利及幸福的方式。《擬像與擬仿》中的名言之一是：

「我們生活的這個世界，有越來越多的資訊，卻少之又少的意義。」

他提出一個問題：「大眾媒體站在權力這方操縱大眾，還是他們站在大眾這方，消除了意義，是使用暴力，還是運用魅力隱藏意義？」舊秩序中人們較擔心前者，事實上，第二種才真的更讓人不安。

廣告通常被視為實際事物及產品的表面，但布希亞認為，廣告正是我們文明的核心，它指向的商品沒有價值，真正重要的是對商品故事、象徵、意象的認同，因為這是我們想要也會去消費的重點。我們去購物，主要不是了得到物品，而是為了讓自己保持在超現實的範圍中（這是一種顛覆性思維，反而不是在消費這些象徵及符號）。自由意志、理性個體的概念完全是團謎，最好將人們視為完全、或部分依賴於科技及消費文化的存在。

總評

布希亞讓人歎服的論述是，我們居住的宇宙與「意識形態衝突」的現代主義社會全然不同。他說，九一一恐怖攻擊事件並不是「文明衝擊」或伊斯蘭對抗美國的案例，而是世界對全球化轉變為超現實世界的一大重點反應，這是最後可怕的一槍，為了對抗科技、媒體侵犯我們所有的生活，包括價值體系。

哲學家花了數世紀的時間爭論「主體」（我）及「客體」（世界）的相對重量，但布希亞認為這種長時間的辯論，已淪為無關緊要的議題，客體不費吹灰之力地贏了。今日，一個人不再是自我的投射，更像一個消費、再製想法及畫面的機器，出現於媒體、廣告、政治之中。

最讓人不安的是，隨著超現實到來，現實的替代品是布希亞所說的「完美犯罪」，因為大多數人都沒有意識到，它確實曾經發生過。

尚・布希亞

布希亞出生於一九二九年法國漢斯（Reims），雙親都是公務員，祖父務農。他是家裡第一個唸大學的孩子，一九六六年至一九八七年於巴黎第十大學任教，後來轉至歐洲高等學院（European Graduate School）任教，直至二〇〇七年逝世。

布希亞的第一本著作是一九六八年的《物體系》（*The Object System*），這本書深受哲學家羅蘭・巴特（Roland Barthes）的影響，早期多認為布希亞是後馬克思主義者。之後關於媒體的著作則參考自哲學家馬歇爾・麥克魯漢（Marshall McLuhan）的思想。《擬像與擬仿》是以《駭客任務》為靈感，提出如果超現實被帶入邏輯中，遍及各個面向，我們也許就知道會發生什麼事。

其他著作包括一九七〇年《消費社會》（*Consumer Society*）、一九七二年《對符碼的政治經濟學批判》（*Critique of the Political Economy of the Sign*）、一九七三年《生產之鏡》（*The Mirror of Production*）、一九八三年《在沈默大眾的陰影之中》（*In the Shadow of the Silent Majorities*）、一九八六年《美國》

(*America*)、一九八七年《忘掉傅柯》(*Forget Foucault*)、一九九一年《海灣戰爭沒有發生》(*The Gulf War Did Not Take Place*)、一九九五年《完美罪惡》(*The Perfect Crime*)。

1949

第二性

The Second Sex

「我們並非生為女人，而是成為女人。」

「女人的獨立生活史——受制於女性功能。比起男性，更大程度地依賴著生理命運；比起男性，命運的曲線也更加曲折，更沒有延續性。」

總結一句

「他者」概念幫助我們經由歷史，理解女人的定位及力量。

同場加映

尚-保羅．沙特《存在與虛無》(44章)

06

西蒙・波娃

Simone de Beauvoir

西蒙・波娃在四十歲時已是多本為人熟知的小說作家，但更廣為人知的是她與沙特長久以來的伴侶關係，但自從《第二性》（*Le Deuxième sex*）出版後，一切都變樣了。這本書問世後非常暢銷，波娃發現自己成為法國極具爭議性的女性。

有鑒於她的社會地位，例如教學生涯、大學文憑、在巴黎知識圈的影響力等，波娃從未覺得她受到不公平、不平等的待遇，但她卻漸漸發現人們只因她是女性，將她視為沙特的次等附屬品。當波娃開始動筆寫下《第二性》，她意外發現自己已然放下她存在的客觀事實，那就是「我是女性」。

《第二性》不單純只談論女性在歷史或社會中扮演的角色，還有關於「女性」作為原型及哲學範疇，可以與「他者」互相交換的概念性。哲學基礎將這本書的層次提升，遠超於其他女性主義的書，讀來更加迷人。

這部巨作超過七百頁，不容易總結概述。第一卷探討女性社會地位，遠自青銅時期、中古時期到現代，以及分析五位作家談論的「女性神話」，其中包含亨利・德・蒙泰朗（Henry de

Montherlant）、大衛・赫伯特・勞倫斯（D.H. Lawrence）、保羅・克洛岱爾（Paul Claudel）、安德烈・布勒東（André Breton）及司湯達（Stendhal）。第二卷討論當代女性處境，從童年時期、性別意識、結婚到更年期，側寫女性作為戀人、自我迷戀者、難以捉摸的性格，最後以樂觀看待女性獨立的章節結束。

女性作為他者

《第二性》企圖回答最基本的問題「什麼是女性？」，以一個原型或範疇來討論，而不是女性個體。綜觀歷史，男性根據自己的意見區分及定義女性，而非將女性視為自己同類的存在，單就人（man）這個詞，理所當然地會當作男性，而提及女性時，就必須特別說明是女性，針對這種情況，波娃說因為女性是「附加的、無關緊要的、與必要性相反的存在。男性才是主體，男性是絕對的存在，而女性，只是他者。」

波娃說，「他者」一詞可以廣泛運用在任何不被視為主要群體的族群。舉例來說，西方文化中所有白種男性就是「必要的」、「絕對的」，其他像女性、黑色人種、猶太人，不管是有意還是無意，都被歸類於「他者」。當一個族群被以這種方式歸於次等，他們終將因為被貶低、失去機會，而真正變為次等。

然而，男性並不覺得必須為自己的客觀認知辯解，他們因非生為女性，而充滿優越感。雖然結果陳腔濫調，卻很真實，女性必須付出比男性多兩倍的努力，才能讓自己被平等對待。波娃說，歧視之於女性有一種「神奇的療效，對有自卑感的人也是。越是對男性地位感到焦慮不安的人，在女性面前越是傲慢、挑釁、輕蔑。」時至今日，我們很清楚這個道理，但試想對六十年前法國資產階級而言，這種說法是多大的侮辱。

儘管女性在全人類中佔有一半的比例，但她們仍備受歧視，波娃為此感到相當震驚。她觀察了許多支持民主的男性，他們宣稱平等對待女性（但或許對他們而言，民主就像是謊言），卻仍在許多方面的態度言行不一。

生物學命運？

波娃回溯至早期生物學概念，看看科學是如何站在男性立場削弱女性的權力及潛力。以懷孕為例，以女性的被動，對比男性精子是決定新生兒性別的「主動原則」，在波娃的想法中，無論男性或女性的配子都很好，而受精後雙方配子都不再是個體。

但女性卻仍背負著延續生命的重擔，並在體力及時間壓力下，女性的各種可能性被大大地壓縮，因為「女性卵子的重要性遠超於其自身的要求」。從青春期到更年期，女性都被身體各種轉變所支配，因應生育需求，並且每個月被提醒自己具備生育功能。懷孕初期必須忍受孕吐及食慾不振，「嘔吐是生物體入侵物種時發出的信號」。許多女性疾病並非源自外在威脅，而是自己的身體，通常代表生殖系統的問題。此外，女性易焦慮的情緒與不規律的內分泌有關，反應在緊張的行為上。波娃說，很多特性「建立於女性在物種上的附屬關係」，反之，「男性非常受到青睞：他的性別生活與他身為人的地位並無差異，與生物學運行的路線一致，沒有重重危機，一般來說也沒有天生的缺陷。」雖然女性一般比男性長壽，但她們也較為不幸，無法享有自己身體的掌控權，通常受身體掌控。更年期或許能帶來自由，因為女性不需再因生育能力而被評斷或審判了。

女性的生物特質是了解女性生存處境的關鍵，因此波娃說：「我拒絕讓他們為女性建造一個固定、可預見的命運。」生物學並不足以成為男性或女性不平等的原因，也不足以使女性成為扮演「他者」的理由，女性的身體不該注定維持次要存在的阻礙。此外，動物可以被視為靜態生物體來研究，但要以男性或女性來對人類做出評斷是很困難的，因為不能像其他動物一樣，以性別做為評斷人類的依據。以物理條件來看，女性身體比男性較為脆弱，所以她的計劃與前景更加有限，但是看看海德格、沙特、梅洛-龐蒂（Maurice Merleau-Ponty），「身體不是物件，而是處境」，波娃說，以這樣的觀點，女性前景就能與男性做出區別，也不再受限。更重要的是，很多女性的「弱點」是以男性為背景的前提下產生，例如天生的物理條件，如果沒有暴力事件或戰爭，這個弱點就不復存在。如果社會轉變，對物理屬性的評估就會跟著改變。

成為女人

第二卷中寫著波娃的名言：「我們並非生為女人，而是成為女人。」童年時期，性別沒有太明顯的差異。差異性始於男孩，他們被灌輸身為男性的優越感，以及準備踏上英雄之路時會遇到的困難。大人們灌輸男孩，身為男性有多值得驕傲，女孩身為女性卻沒有受到同等待遇，從小開始塑造性別差異：男孩就像玩遊戲，女孩就是一連串丟臉、不方便的過程。即使女孩沒有「陰莖嫉妒」（penis envy）[1]，性別特徵仍然顯而易見地幫助男孩辨清身分，進而自我轉變，而女孩卻是透過洋娃娃來自我轉變。波娃說，真的沒有「母性天生」這回事，而是女孩玩洋娃娃時，知道如何照顧小孩，這個責任才落在母親身上，「因此，她牢牢記住了她的職責何在」。

隨著她日漸成熟，女孩發現身為母親沒有特權，男性依舊掌握著世界，這個啟示使她了解父親有著「神祕的威望」。當性別意識崛起，男孩變得好鬥、貪婪，反之女孩通常只能「等待」（她只能等待男人）。從遠古時代，女性期盼男性帶來滿足及幫助她們停止等待，所以開始學習如何取悅男性，即使放棄自己的權力與獨立也在所不惜。

波娃說，女性的角色是由她的處境而塑造，女性不在社會上獨立生存，而是成為男性掌管並定義的一個族群，任何由男性創立的俱樂部或社會組織都被賦予男性宇宙觀的框架。波娃指出：「許多女性被指責的過錯，包括平庸、怠惰、輕浮、奴性，都只是傳達了他們的眼界有多封閉。」

女性的迷思

女性鮮少將自己當作主角，也沒有很多像希臘神話中海克力斯或普羅米修斯的女性神話，女性的神話角色總是配角，而她們夢想著男人們的夢想。男性創造很多女性的迷思，所有迷思都不斷地製造女性是次要的印象，否認他們也是從女性子宮裡出生的事實，也否認男性難逃死亡的命運，而出生必定會迎接死亡到來，女性起而譴責男性過於張狂。

女性若使男性著迷，可能被視為女巫或妖魔，男性都對女性又懼又愛，他們喜歡只屬於他們的女人，同時又畏懼身為「他者」的女人，他希望讓這個「他者」變成自己的。跟男性一樣，女性生來具備精神及心智，但「她屬於自然，以仲裁者的方式出現，在個體和宇宙中斡旋。」基督教淨化了女性，賦予女性美麗、溫暖、親切及有憐憫心又溫柔的角色，她不再具體，神祕的形象更深植人心。女性是男性的繆思女神，也是評斷事業價值的裁判，她是必須贏得的獎項，也是包裹所有夢想的夢想。往好的一面來說，女性總是可以激勵男性超越自己的極限。

1　心理學裡性心理發展期的假定，女孩有意識或無意識地對男孩的生理條件感到嫉妒，而渴望成為男性的性別困擾。

總評

波娃會如何看待今日的性別問題？尤其在越來越富裕及自由的世代，許多女性認為《第二性》已經過時了，因為平等已然落實，或者說，至少平等差距是可以靠溝通得來，女性的未來和男性的未來一樣可期。但是，很多國家仍然有厭惡女性、性別歧視的內容被列入法律，同時也表現在國家風俗之中，波娃的書仍然有潛在的力量，能揭露許多男性的真正動機。

這部書被批評談論太多軼聞和循環論證，並不是一部「適當」的哲學著作，但可將其視為一種右腦型、追求系統化的男性哲學家對作者的性別攻擊。確實，波娃經常被忽視她是一位哲學家，因為多數男性企圖證實她的觀點，但最終只能寫下學科史，這並不意外，因為他們總是先關注男性的貢獻。

許多波娃的主張都被科學趕上，事實上我們的性別欄並不是空白的，我們生來就有男性或女性的行為傾向，但不是事實的全貌，我們只能透過了解生物上的差異，以降低對女性的限制。我們對自己的身體和大腦了解得越多，就越能抵抗生物注定的命運。

如果你身為女性，閱讀這部書能幫助你了解近六十年來女性的進程；如果你身為男性，就越能了解，即使到了今日，女性所處的世界仍與男性有著些微的差距。

西蒙・波娃

波娃一九〇八年出生於巴黎，她的父親是一名法律祕書，母親是虔誠的天主教徒，將波娃送到頗負盛名的修道院學校讀書。童年時波娃非常虔誠，並考慮成為一名修女，但十四歲開始她變成無神論者。

波娃在索邦學習哲學，以研究萊布尼茲作為畢業論文，在全國會考中得到僅次於沙特的好成績，也是史上最年輕通過會考的人。而她與沙特的關係促成第一本小說，一九四三年《女客》（*She Came to Stay*）的誕生。

波娃在魯昂的高乃伊中學教授哲學，她的摯友女性主義者柯麗特・歐翠（Colette Audry）也在同一所學校教書。一九四七年波娃受法國政府安排前往美國，為當地的大學演講當代法國文學，同年寫下另一本重要著作《述模稜兩可的道德》（*The Ethics of Ambiguity*）。波娃遊歷許多國家，寫下的旅行日記，包括中國、義大利、美國這些她多次造訪的國家。

波娃住在沙特巴黎住家不遠處，沙特去世後她寫了《再見沙特》一書，回顧與沙特最後幾年的時光。波娃一直持續在寫作及參與社會活動，直到一九八六年逝世。

1789

論道德與立法的原則

Principles of Morals and Legislation

「自然將人類置於兩種主權統治之下：痛苦及快樂。只有這兩者能指示我們必須做什麼，以及決定我們應該做什麼。」

「政府的職責是以懲罰或獎勵的方式促進社會幸福。一部分的責任在於懲罰，特別是刑事法律的主體，它是一種可能擾亂幸福的行為，因此成為創造懲罰的原因。」

「快樂，以及避免痛苦，都是立法者必須考慮的目標，他必須理解它們的價值何在。」

總結一句

一個正義的社會，必須盡可能以客觀計算最大幸福與最少痛苦來達成。

同場加映

約翰・斯圖亞特・彌爾《論自由》（33章）
柏拉圖《理想國》（38章）
約翰・羅爾斯《正義論》（40章）
邁可・桑德爾《正義：一場思辨之旅》（43章）
彼得・辛格《拯救生命》（46章）

07

傑瑞米・邊沁

Jeremy Bentham

傑瑞米・邊沁在十九世紀的英國有很大的影響力，他的知名度卻在一八二〇年代才開始竄升，當時已經是邊沁晚年。想到邊沁，就會聯想到工業革命，包含救濟貧苦、建立倫敦下水道、擴展投票權，及創辦學校、救濟院、監獄（知名的環形監獄）。他的著作經常早了一步，例如這本於一七八〇年寫的《論道德與立法的原則》，談論刑法典籍及民法和憲法的效益原則改革，是多卷著作的序曲（但沒有繼續完成）。

大多數人曾聽過邊沁的效益原則，也知道「最大多數人的最大幸福」一說，但鮮少讀過《論道德與立法的原則》，邊沁承認大多數的著作都相當枯燥，但他辯稱是因為「組成政治及道德科學的基礎真理不是被發現的，而是像數學一樣嚴謹地被調查」。邊沁認為，效益幾乎是數學原則，他希望給人零失誤邏輯的感覺，沒有太多的藝術發展空間。不管如何，這本書確實非常地引人入勝。

約翰・斯圖亞特・彌爾還小的時候，經常去邊沁家玩，被栽培為邊沁效益主義的接班人。一八六三年彌爾的《效益主義》（*Utilitarianism*）問世，將邊沁的思想延伸、深入，是較為易懂的效益主義導論。哲學史可能將彌爾看得更重要，但沒有邊沁走在前面，很難想像彌爾如何有這般成就。

新的管理方式

邊沁討論許多原則，用來指導立法者及反過來解散他們。他說，如果效益原則是對的，它就永遠是對的，其他指導原則都是錯的，只能以效益標準衡量。

儘管只在修道院中實行，但禁欲主義就是其中一項指導原則，邊沁說這從來不會被運用於政府的實際原則中，也是有理由的，因為大多數人都是自私的，他們受欲望掌控而非節制欲望。邊沁不是無神論者，但他很清楚政治中沒有宗教的位置，了解神聖意志是完全主觀的，因此不可避免地有所不足。反之，透過效益原則，我們就能清楚地知道對全體有益的是什麼，從而在行動中看到神聖意志，如果不是為最多數人擴增幸福，那什麼是上帝想要的？

另一個指導原則是「同情與厭惡」：人們以個人喜好來行動或評斷某事，這是一個反原則，因為它沒有建立在普遍原則之上（像效益原則），只是個人意願而已。邊沁說「對與錯」的原則看起來要為莊重些，其實只是喜歡或不喜歡的延伸，政府政策通常總結了政府成員個人取向，沒有效益概念，也沒有為最多數人的利益考量。

政府躲在世俗的「道德感」後，為他們的行為找藉口，掩蓋他們非理性的基礎。刑事審判不在理性效益之中，不考慮什麼是對罪犯或社會最好的處置，而是基於人們的道德偏見，哪些罪是人們最痛恨的。邊沁說：「以嚴重性而言，同情與厭惡原則最容易犯錯。」當群體厭惡特定行為，就會想要過度地懲罰行為者，遠超於犯罪實際的負面效果，這種懲罰會連帶負面效應。然而，「個體的幸福，由哪些人組成的群體，是他們快樂及安全感的來源，也是立法者必須要考慮、唯一的目標。」立法者必須維持的平衡是，在容納可能降低他人幸福的各種行為中，盡可能地提供最大的自由度（彌爾《論自由》中有詳細討論）。

最大幸福原則

邊沁說，即使人們說他們不支持效益原則，但他們確實運用在生活中：規劃行動、思考待會要做什麼、評斷他人行為。基本上我們就是尋找幸福的機器，我們會評斷可能增加或減少我們自身幸福的人，邊沁與亞當・斯密（Adam Smith）一起發現人類自私的本質，那麼在邊沁心中，什麼才是政府應該扮演的角色呢？

邊沁寫這本書的目的是「以理性及法律之手建構幸福的架構」，換句話說，為人類幸福而立法，這也許是烏托邦式的計劃，他表示效益原則是唯一可以理性規劃國家活動的原則。這是激進的想法，因為英國的立法系統奠基於普通法系，或者因循先例，以達到最多數人最高利益的目標作為立法依據的想法，根本不可能落實，邊沁呼籲：「拿出理性判斷，而非習慣被領導」，適時地復興並塑形法律思維。

邊沁宏大的計劃中，歷史或其他文本都不能作為制定法律的基礎，萬一某個文本是被「權力」控制，很容易被其他文本推翻，唯有理性（更明確地說是效益原則）才能作為政策及法律的基礎。確實，邊沁觀察到，如果他們的目標是受人們喜愛，那麼這個原則就會在各個機構或法律中運行，即使他們並不會完全遵循它。

在他的系統中，邊沁提供了十二種痛苦及十四種快樂的類別，每個都有不同的等級，不同的強度、持續度、範圍，這讓立法者，或者說每個人，都能以此評斷任何行為帶來的幸福或不幸福感。儘管這樣的方法似乎有些科技、機械化，但對邊沁來說，這是制定新法律至關重要的基礎，如此就不會被社會中特定團體以少數利益濫用法律。邊沁的目標是，「在法學的荒野中開闢一條新路」，讓法律變得更透明，而不只圖利特定人等，在一個法律保護世襲特權的國家裡，這無疑是重大的改變，儘管英國人的邏輯如此之好，邊沁的思想還是花了很長一段時間才得以在英國推動。反之，邊沁在法國的名聲更為顯著，革命人士將他視為偉人，成為共和國的榮譽公民。

總評

邊沁並不熱衷於「自然權利」的想法，但他相信社會中每個人都有基本權利免於物理傷害，以此為基礎，錯誤的行為會取消或減少個人的幸福權。

邊沁的格言是「每個人都一樣，沒有人不一樣」，正是正義的效益原則概述，當時邊沁是將這個思想應用於所有感知存在的先驅。他在《論道德與立法的原則》中曾寫道，權利不該倚靠理性能力，而是受苦能力。這個不同之處也成為當代動物權利運動的基礎，最知名的作品是哲學家彼得．辛格（Peter Singer）於一九七三年出版的《動物解放》（*Animal Liberation*）。辛格是現代效益主義者，他提出行為測驗，包含我們吃什麼、如何花錢，這些行為如何避免痛苦（不管是人類或動物），或是否增加生命的活力與幸福。

效益原則的批評者說，這與直覺或人類本能不符，例如心理學研究顯示，我們並不會計算多少人會因為我們的行動受惠才有所行動，而是以行動是否會給予我們正向情緒回饋作為基礎。從數百萬年的社會連結到自我保護的欲望，這種偏見與我們連繫在一起，不像看似枯燥的哲學原則那麼好克服。確實，效益主義似乎以相當冷漠且算計的方式看待生命及社會組織，邊沁自己也承認這點，這就是為什麼他更喜歡這個名稱：「最大幸福原則」。他對自己的信念充滿熱情，也是我們對公平、文明社會的最大期望。

純粹從個人角度提出疑問：「如何才能有利於最多人，並且是最好、能延續到未來的方式？」這絕對是貼近生命及各種決定的好方法。邊沁假設多數人都自私，但所有宗教以及很多倫理學，都證實了培養反向思考的好處：事實上，首先想到他人的好處，才是唯一能為自己帶來幸福的方式。

傑瑞米・邊沁

邊沁出生於一七四八年倫敦，祖父及父親都是律師，十二歲之前就讀西敏中學，十二歲後就讀牛津大學，開始學習法律，但從未成為律師。反之，他鑽研自己的興趣，也因為一筆遺產，讓他可以無後顧之憂持續寫作及研究。

邊沁大量地寫作，他的著作仍持續被轉錄。美國創國之父詹姆斯・麥迪遜、南美洲革命家西蒙・玻利瓦（Simon Bolivar）、政治經濟學者亞當・斯密、法國革命家米拉波（Mirabeau）都曾是邊沁書信往來的朋友。他傾向將同性戀視為私人問題而非罪犯；反對奴隸制度，支持女性平等及離婚權利，也是開放政府的推動者。邊沁曾寫下：「沒有公開（完整揭露）就沒有正義」，這是他推動刑法改革的一部分，花了數年時間發展「環形監獄」論，儘管他身處的國家監獄從來沒有落實。

一七九七年邊沁與商人帕特里克．科爾奎霍（Patrick Colquhoun）在倫敦泰晤士河，聯手反對盜竊商船及貪腐，促成建立河畔警力。一八二三年，他創辦了《西敏斯特評論》（Westminster Review），三年後協力創辦倫敦大學（University of London），成為後來的倫敦大學學院（University College, London），此學校精神是不論貧富、宗教背景，為所有人開放的大學（與牛津、劍橋大學相反）。

一八〇八年哲學家詹姆斯．彌爾（哲學家約翰．斯圖亞特．彌爾之父）與邊沁會面，整個夏天都與邊沁及他的朋友們，在邊沁故鄉薩默塞特的福德修道院聚會。一八三二年邊沁逝世，依循他的遺願，將他的遺體以科學方式保留，最終保存的身體置於倫敦大學學院中展示，至今仍可以看到。

其他著作如一七七六年《政府論散記》（*Fragment on Government*）、一七八七年《為利息辯護》（*Defence of Usury*）、一七八七年《環形監獄》（*Panopticon*）、一八一七年《議會改革計劃》（*Parliamentary Reform Catechism*）、一八二五年《司法證據專論》（*A Treatise on Judicial Evidence*）。

1907

創造進化論

Creative Evolution

「我們從不質疑適應環境是進化的必要條件，這相當顯而易見。一個物種會消逝，是敗在臣服於強勢的存在條件之下。但理解到不容忽視的外在進化力是一回事，宣稱他們才是誘導進化的因素又是另一回事，後者排除了假設原始動力的機械論。而我所談論的是一種內在推力，以越來越複雜的形式，帶動生命走向更高遠的命運。」

總結一句

我們希望看到宇宙以機械且固定的形式運轉，但涉及生命及時間，實際上宇宙是流動且充滿變動性的。

同場加映

漢娜・鄂蘭《人的境況》（1章）
大衛・玻姆《整體性與隱秩序》（9章）
伊曼努爾・康德《純粹理性批判》（25章）
亞瑟・叔本華《作為意志和表象的世界》（45章）

08

亨利·柏格森

Henri Bergson

亨利·柏格森是二十世紀前半最閃耀的一顆星，與多數哲學家支持的悲觀主義及命定論相反，柏格森強調創造、自由意志和幸福生活。與當時的學院派其幹練的散文不同，他的寫作風格明顯與康德、海德格形成對比，所著的《創造進化論》更是人手一冊，同時期的哲學家威廉·詹姆士讀後大力讚賞，極力敦促英文版問世，而這本書也為柏格森贏得諾貝爾文學獎，以哲學家而言相當少見。

並非無視科學邏輯，但《創造進化論》確實解決了柏格森在達爾文主義及進化論中看到的缺陷。達爾文主義是絕佳的機械論，但不應被視為事實的全貌，進化論著眼於生命的表現，而柏格森關注的是「生命的力量」。許多人認為柏格森提出的「生命衝力」（élan vital）是鬆散的概念（甚至是神祕的），包含伯特蘭·羅素（Bertrand Russell）和維根斯坦都在批評者之列，他確實走在主流哲學之外，但他強調的創造與活出真實人生，對往後存在主義藝術家及作家有極大的影響力（柏格森關注時間問題，並提出「綿延」概念，對他的伴郎好友普魯斯特影響深遠）。

一九四〇年代，儘管柏格森的著作不再是學院閱讀清單的主軸，透過法國哲學家吉爾・德勒茲（Gilles Deleuze）及其「生成論」（becomings），柏格森的思想再度引發迴響，儘管部分內容已被科學超越，《創造進化論》仍為時間問題提出了基本且重要的發問，為進化生物學中標準的唯物論文本提供另一個有趣的選項。

我們可以變得更好

柏格森在這本書一開始就不斷告訴讀者：人類是存在於時間及空間裡的某物。看起來，我們的智力非常足夠應對物質環境，柏格森說：「顯而易見的，我們的邏輯是固態的邏輯。」我們很自然地將宇宙視為機械、物質的，但我們所見確實為真嗎？我們慣於將所有事情分門別類，將生活注入模具，殊不知「所有模具都有裂痕」。柏格森對生物學的疑問是，它將所有生命視為被研究的物質，但生命該被如此看待嗎？我們對個性及個體的觀點，只是為了方便行事：任何有生命的物體都只是整體的一部分。

我們的智力不僅讓我們理解物質世界，也能理解塑造物質世界的無形力量。如果無法擺脫純粹機械觀點，柏格森說，我們的理解只能維持在「必然人為且象徵性的存在」。我們應該試著了解有一股「創造動力」，將我們的生命向外開展且賦予朝氣。此外，如果進化是為了延續創造的推力，那麼就能使它「不僅成為生命的形式，也能成為人類智力可以理解的思想，而進化只是用以表達這個概念的名詞」。我們要知道自己已然進化到很好的程度，足以了解自己和掌控生命的那股力量。

永不止歇的創造

柏格森說，我們可以服從所有無生命的物質，根據物理和化學定律計算，也可以對一顆石頭有非常清楚的剖析，例如透過科學分析。然而，生命組成是截然不同且瞬息萬變的，我們只能藉由過往和進化史來分析他們現在的樣貌，卻不能明確地知道下一秒會是什麼樣子，即使是昆蟲那麼簡單的神經構造都無法被預測。可是這是為什麼呢？

生命組成的不同（相較無生命體），在於他們有「綿延」性，不只存在於空間，也在於時間，比起分析空間而言，時間是更具挑戰性的觀念。笛卡爾認為世界每分每秒都在創造新的事物，柏格森將進化的力量也考量進去，就是「過去持續留存到現在，從以前到現在，綿延就是一個連結符號」，過去包含於現在，但過去不會決定未來。要真正了解一個生命體，你必須將其視為一部分充滿能量的流體，其本質就是不停地創造：

「我們越了解時間的本質，就應該越了解綿延代表著發明，創造形式及持續發展新事物。」

套用在人生中，柏格森附和漢娜．鄂蘭，他說：

「人的性格不斷地萌芽、茁壯、變得成熟，每個時刻都有新的發展，我們的未來值得期待，因為這不只是新事物，更是無限的可能。」

反之，人造或機械系統，或天文、化學、物理相關的事實，都可以排除時間因素來分析，因為只需單純處理物質問題。換句話說，生命形式不能被明確表述。當然，如果要了解一個人、一朵花、或一隻小蟲，你可以從背景下手來「解釋」這個生命體，但這樣的剖析是有極限的。宇宙的機械觀點認為事件是由起源決定，對柏格森而言「起源」是液態的，這顛覆了一般對因果關係的理解，他認為事件和產物都是物質，物質供應起源，而非起源解釋他們的存在。

柏格森的理論對自然界而言是令人驚奇、前所未見的，但是對人類而言，卻難以忍受。柏格森遺憾地表示，這是因為我們相信「像生產的論點」和可預期性。然而，自然本身就已經應證了柏格森的觀點：當新生兒來到這個世界，我們預期他可能有著雙親的身體或心理特徵，但直觀上我們接受這個孩子是全新的開始，因為他確實是。

直向擁抱生命，而非透過理智，因為「現實展現新事物永不止歇地蓬勃發展」。

看見全貌

柏格森說，科學「只關心重複性的表象」，這導致秩序建立皆以過去發生的事及自然界的模式為依據。為了達到目的，科學將事物分析得越來越精細，甚至到了「鑽研」的地步。然而，唯有將事物視為整體，才能真正了解它，讓整體感知背離科學驗證，就是哲學的真正功用。

柏格森承認生命可以被視為一種機械，其中每個生命體都包含在巨大的系統中，這個系統又是整體的一部分，有著「不可分隔的延續性」。他以紙張曲線做比喻：當你細看曲線，會發現曲線是由數以千計的小點組成的，當你單看曲線中的一部分，會發現那一部分的線一點都不彎曲，所有組成曲線的點、線都是筆直的，只有放大的時候才能看到那些小點真正的意圖和自然傾向，就是成為一條曲線。柏格森說，同理可證，「生命不是透過物理化學的元素組成，而是一連串直線組成的曲線。」

科學家相信他們正有效率地擷取宇宙的樣貌，透過當下擷取的畫面推斷出未來，有了非凡的智慧和足夠的數據，若我們將現在對宇宙所知的一切放進電腦裡，就能精確地預測出下一個新的物種何時誕生、長什麼樣子，在寒冬裡人嘴巴冒出的白煙會飄向什麼方向，或是其他任何事情。甚至，他們認為時間確實可以被暫停，因為這些都是科學建造出的幻覺。

事實是，時間絕不會停止，綿延自然性是生命體不停創造的力量來源，意思就是未來是不能被計算的。如柏格森所說，我們在時間的綿延中領會生命，正如「一條我們無法靠近的河流，那是我們存在的基石，正如我們感覺到的，也是我們生存於世界的基礎。」

心智沒有終點

必須一提，柏格森並不相信生命有所謂的最終目標或終點（目的論）。生命的宗旨就是創造，它具有特別的推動力：

「自然遠比實踐計劃好得多，計劃是為勞工創造的詞彙，計劃本身就使未來停滯，反過來說，在生命進化之前，未來的大門仍是敞開的。」

屏除時間因素後的機械論和目的論觀點才有意義，這意味著「所有事物都在內部改變，現在的現實組成不會再現」，而抱持這種觀點的人並不喜歡「流動的事物」，他們慣於將所接觸的事物「凝結」。

柏格森的結論是，機械論及目的論的觀點只是對於「行為之外的看法，他們精簡了行為中的智慧，而我們的行為卻溜出這些觀點之外，並延伸得更遠。」我們並不是機械論者，我們是創造生命力量的展現。

總評

柏格森提出疑問：在我們合理生活的現代世界中，直覺和本能被置於何處？他說動物之所以簡單，是因為不需思考行動的意義，只需依循本性行動。人類智慧賦予我們計劃、考量、選擇的能力（以及文明），人類不再依靠本能，也因此與生命的本質漸行漸遠。

每個人都可以運用直覺，或在分析運作之前行動，阻止它是我們迫切需要的能力。專注於滿足需求（無窮無盡的需求），意味著我們必須更關切物質世界的多采多姿，而非生命力量的單一、純粹性。哲學是調解兩者的方法，使我們的身體能活在「真實」世界中，也隨時牽引我們關注生命本身。對柏格森而言，好的哲學家不只是分析概念，為了重新結合我們存在的基本事實，也必須培養本能及直覺，作為一個整體，數以億萬計的表達中，他的本質是持續創造與進化。

亨利．柏格森

柏格森於一八五九年出生於猶太家庭，他天資聰穎，是天生的數學家，十幾歲就得到法國中學優等生會考數學科目第一名。他後來轉而研究人文學科，他的數學老師曾惋惜道：柏格森本可以成為一個數學家，而非僅僅只是個哲學家。

柏格森就讀巴黎高等師範學校，與尚．里昂．饒勒斯（Jean Léon Jaurès，後成為法國知名政治家）及大衛．艾彌爾．涂爾幹（David Emile Durkheim）成為同學。柏格森於法國最嚴格的哲學教師資格考試中獲得第二名，大學畢業後在法國中部的高中任教，後轉到法蘭西學院（Collège de France）及他的母校巴黎高等師範學校擔任哲學教授。

《創造進化論》為柏格森帶來名氣及仰慕其才學的人，包括英國詩人T.S.艾略特，初次到訪美國時就使百老匯附近的交通大亂。柏格森是國際聯盟[1]的第一任主席，開創了現在的聯合國（United Nations），時任國際智力合作委員會主席（International Commission for Intellectual Cooperation），並積極推動建立聯合國教科文組織（UNESCO）。

1　國際聯盟於一九二〇年成立。第一次世界大戰結束後，由巴黎和會召開後組成的跨政府組織，是世界上第一個以維護世界和平為己任的國際組織。

其他主要作品包含一八九六年的《物質與記憶》、一九一九年的《精神能量》以及一九三二年的《道德與宗教的兩個起源》。然而，一九四一年柏格森逝世後，許多著作皆依照其遺願燒毀。

1980

整體性與隱秩序

Wholeness and the Implicate Order

「世界的可分割性，區分為不同但互相作用的傳統思想，不再有效或具相關性。相反地，我們必須將宇宙視為不可分割、不可破壞的整體。分割為粒子，或進入粒子及磁場，都只是一種粗略的抽象概念及近似值。由此可知，我們進入一個秩序，與伽利略及牛頓完全不同的秩序——不可分割的整體性秩序。」

「因此，這終將是誤導以及錯誤的假設，那就是每個人都是獨立的現實，人都是天性使然而與他人互動。恰恰相反，這些全都是全體的投射。」

總結一句

人類感知個別對象及創造分類的方式都只是錯覺。事實上，現實是不可破壞、不可分割的，所有現象都只是整體中的擾動不安。

同場加映

亨利・柏格森《創造進化論》（8章）
格奧爾格・威廉・弗里德里希・黑格爾《精神現象學》（19章）
湯瑪斯・孔恩《科學革命的結構》（28章）
卡爾・波普爾《科學發現的邏輯》（39章）

09

大衛・玻姆
David Bohm

大衛・玻姆是二十世紀最偉大的理論物理學家之一，因德布羅意-玻姆理論（DeBroglie-Bohm theory）及阿哈羅諾夫-玻姆效應（Aharonov- Bohm Effect）而聞名，兩者都與電子特殊活動有關。

德布羅意-玻姆理論假定量子力學中的「隱變數」，顯現於本身的非局部性質（例如，粒子之間都有連結，儘管相隔很遠的距離，也會像雙胞胎一樣運動）。玻姆曾在物理學家羅伯特・歐本海默（Robert Oppenheimer）的小組中工作（知名的洛沙拉莫斯原子彈研究中心），也曾與愛因斯坦合作。玻姆的人生貫穿東西方，從科學到形上學，深受克里希那穆提（Jiddu Krishnamurti）的影響，克里希那穆提是一名印度籍哲學家及作家，曾與達賴喇嘛交流，兩人曾有過深度對談。

玻姆特別著迷於實驗結果，他的實驗結果顯示原子粒子即使相隔很遠，也能以某種無法解釋的光速傳播物理信號交流。這種瞬間（或者非局部）的溝通是眾多暗示之一，說明宇宙並不是空無一物、只有物質粒子的空間。反之，空間本身充滿智慧，最好能將空間理解為意識不可分割的整體。某一抽象現象給予一個印象，萬物獨立且自主，心智與物質也不同，這都只是人類的感覺，這些觀點違背了明確的物理機制，科學仍然證實玻姆的觀點是錯誤的。

當多數物理學家滿足於挖掘自己的專業知識，玻姆卻極其關心自己的思想造成的影響。他認為，世界上大部分的問題，來自感知到每個人、事物都獨立於他者，這讓我們想保護自己不受「他者」影響，將人性視為天性以外之物。如此寬闊的視野，使玻姆成為一名哲學家，他的思想解釋了科學無法揭露研究意義，哲學思維是如何顯露它的價值所在。

玻姆為一般大眾寫下《整體性與隱秩序》，一本引人入勝的讀物。

新的宇宙觀

玻姆指出，長久以來原子宇宙觀似乎是對現實最好的解釋，然而相對論及原子物理學顯示，現實的基本層次並沒有這麼簡單。實際粒子難以捉摸，某種程度上，最好將物質理解為能量的一種形式，而不是微小事物的組成物。玻姆說，原子本身就是很難定義的東西，它的存在像「飄忽不定的雲」，非常依賴於它的存在環境，包括正在觀察它的人或物體。原子比現實更像是現實的簡化物或抽象活動，玻姆曾說，粒子像一個「世界管道」，某種程度上一直運動中，就像一個能量點，而不是單純的事物，每個粒子，或是一個世界管道，都會透過空間延伸，它周圍的場域會與其他場域融合在一起。

宇宙觀不是空無一物的空間，容納了一些物質，而是萬物都是統一的場域，「沒有一處分割或破裂」。這就是玻姆的「整體性」概念，他比喻像是地毯上的圖樣：沒有理由說地毯設計的花朵或圖樣是不同的物體，它們顯然是地毯的一部分。

隱秩序及顯秩序

玻姆宇宙論的第一面向是整體性，第二則是他的隱秩序及顯秩序。本質上顯秩序就是我們能以知覺感知的萬物，也就是「真實世界」。在顯秩序中，事物存在於獨自的空間（時間）領域中，顯然獨立於他者。隱秩序則相反，它在時間、空間之外，容納了萬物的種子，顯現於真實世界中，圍繞著萬物的可能性。換句話說，秩序被折疊於空間及時間中，只有少數時間會被以顯秩序的形式表達。隱秩序才是真實、穩定，而顯秩序是傑出的現實子秩序。

波姆提出一個例子，將一滴墨水滴入裝有黏性液體的容器，當容器以高速旋轉，墨水會融入液體，變得模糊，而改為反向旋轉時，墨水會隨著液體中的圓形轉動，回到它原始位置。因此，即使過一陣子這個秩序就會消失，墨水運動的秩序仍折疊於液體之中。玻姆同樣以這個例子，說明墨水在液體中的路徑，就是他的隱秩序，而肉眼可見的部分就是顯秩序。後者之所以可見，是因為光源及我們的眼睛、大腦、神經系統的交互作用。

這個說明如何與整體性相關？所謂整體，包括空間、時間、意識、顯秩序及隱秩序，這些都被玻姆稱為「全體動態」，「不可破壞、不可分割的整體」。而我們將世界分析為自主的每個部分，各自做好自己的工作，又要如何理解這個事實？「總法則」或「整體法則」仍然允許宇宙萬物看似自主，即使他們確實並非自主，每個看似獨立的事物或事件，其實只是一個表象（就像地毯上的圖樣、河流中的漩渦），而不是真的獨立自主。

心智與物質

現實的思考、意識之間的關聯是什麼？

以現實面來說，很久之前人類就在固定性、穩定性、事物的「現實性」、以及思維領域的變化性及不真實性中作出區別，為了方便性，而不是為真理做出的區別。玻姆的「整體性」觀點認為，如果心智及物質來自宇宙的變遷，那麼將「思想」與「現實」區分開來是不合理的。對原子物理學來說這具有重要的意義，對科學來說這是「客觀觀察者」的特質。科學家認為他們與觀察物之間有一段距離，但如果你接受現實就像流動的時間，那麼觀察物、觀察者、觀察工具、經驗結果，都必須被視為同一現象的一部分。

這只是從大腦及神經系統（或稱自我）產生的個人想法，會孳生出分離感、混亂感以及錯誤的假設。不過，我們至少要意識到這種可能性，抱持可能只是我們自己的預測或錯誤分類的想法，與宇宙整體性「是什麼」劃分開來。這就是為什麼，如愛因斯坦哲學告訴我們的，只有我們真正觀察自己的思想，或者在沉思中有片刻「不思考」，我們才能開始知道什麼是真的。你的世界觀會決定你與世界的關係，如果你感知的現實是個別的物體，這就是你的經驗；如果你感知到的是不可分割的整體，自然會改變你與其他生命的關係，以及你的個人意識。

直觀知識與創造力從何而來

玻姆將思想分為兩種，一種是自然與記憶的連結，另一種則是「智慧感知」，這可能是一閃而逝的理解，發現我們所有的想法都是錯的或「有條件式的」。這些感知是全新的，似乎是無中生有，如玻姆所說，較為盛行的觀點是，不管看似多新穎的感知，都是從大腦的神經元及突觸中產生。然而，如果感知是完全新穎且無條件產生，他們不可能來自大腦中儲存記憶及經驗的儲藏庫裡，而是來自意識的普遍流動，超越或優越於任何大腦中粒子與原子的特定排列。

我們可能透過感知「知道」一些事，不需要透過記憶或機械式思維了解它的基礎，只是因為我們簡單地適應普遍流動（確實，我們從來不屬於普遍流動）。同理，真正的創造力也是，從來沒有人能說原始概念來自哪裡，創造力是神祕的，因為它確實不從「我們」而來，它是在智慧的大洪流中，我們作為抽象存在的結果。玻姆比喻為無線電接收器，接通時會產生無意義的嗡嗡聲，他說：「當思想獨立運作時，它是機械式地運作，而非靠智慧運作，因為它將自己從記憶中不相關、不適合的秩序抽離出來。」因為只有思想適應了一種頻率，一個智慧的秩序，它才為成為秩序及意義的工具。

總評

儘管我們知道量子物理，玻姆說科學家們仍有宇宙機械觀，認為最初是原子創造了宇宙，其次是電子，現在是夸克及質子。雖然他寫於大型強子對撞機（Large Hadron Collider）[1]、希格色斯玻色子，也就是「上帝粒子」發明之前，玻姆也將這些視為尋找宇宙基本構造的一部分。即使相對論認為單一穩定粒子只是錯覺，愛因斯坦偏向將宇宙視為一種領域，當空間更像擁有可能性的空間，我們只能努力尋找「事物」，能讓我們將宇宙視為裝滿物品的貨櫃。如玻姆所說：

「我們稱為空無一物的空間，乘載著巨大的能量背景，我們知道在這個背景之上，微小、『量子化』的波量狀激發的物質，不是廣大海洋上的細小波紋，空間滿載著很多能量，而非空無一物。」

玻姆認為宇宙是流動的整體，哲學上被稱為「中立一元論」。極端理性主義者伯特蘭·羅素也認同這種觀點，他寫道：「心智與物質的整體二元論是一種謬誤，世界上只有一種東西是被製造出來的，在某一種排列中被稱為精神，另一種排列則是物質。」

玻姆的觀點中，是否可以說個體人類是否存在？他說：「因此，這終將是誤導以及錯誤的假設，人都是天性使然而與他人互動。反之，這些全都是全體的投射。」我們確實以獨立現象存在著，但只在我們被吸收進更大的運動之前，我們從來不是真的獨立，我們更像是地毯上令人眩目的圖樣，或溪流中的小小漣漪。

大衛·玻姆

大衛·玻姆出生於一九一七年美國賓夕法尼亞州，從小就很喜歡實驗和發明。雙親分別從匈牙利及立陶宛移民至美國，父親經營一間很成功的傢俱公司。玻姆就讀賓夕法尼亞州學院（Pennsylvania State College），畢業後就讀柏克萊加州大學（University of California, Berkeley），並為該校勞倫斯輻射研究室成員，也是物理學家羅伯特·歐本海默主持的物理理論研究小組成員之一。同時，他也參與激進的政治活動，包含美國青年共產主義聯盟（Youth Communist league）及反徵兵議題。

歐本海默希望玻姆在曼哈頓計劃[2]座落的洛沙拉莫斯實驗室工作，協助研發原子彈，但因玻姆的政治立場，並沒有獲得國家安全許可。玻姆轉而在柏克萊任教職並取得博士學位，雖然這段過程有些艱辛，曾因為他的研究被列為機密，一度被拒絕接受。二戰過後，玻姆接受普林斯頓大學提供的職位，跟愛因斯坦一起工作。然而，一九五〇年玻姆因先前與共產主義有關聯，受美國參議員麥卡錫的眾議院非美活動調查委員會（House Un-American Activities Committee）[3]傳喚，並因拒絕指證任何朋友與同事而被逮捕，遭普林斯頓停職，即使他在一九五一年獲釋，也未能再次獲聘。後來巴西的聖保羅大學（University of Sao Paulo）提供物理學教授職位予玻姆，一九五一年發表了《量子理論》（*Quantum Theory*），撰寫量子物理學中為人所熟知的哥本哈根詮釋。

---

1 座落於瑞士日內瓦的歐洲核子研究組織中，用來研究高端物理學。對撞型粒子加速器，有助揭開宇宙奧祕。

2 第二次世界大戰期間，由美國、英國、加拿大聯合主導的原子彈研發計劃，歐本海默為計劃總負責人。

3 一九三八年創立，為監視美國地下納粹活動而創立，後因調查共產主義等活動而聞名，被懷疑者多為政府官員或好萊塢人士，如知名的好萊塢黑名單，造成美國的白色恐怖。

一九五五年，玻姆遷居以色列，認識了莎拉・沃夫森（Sarah Woolfson）後和她結婚。兩年後他成為英國布里斯托大學（University of Bristol）的研究人員，與另一名學生發現了奇特的粒子能力，可以「感知」磁場，稱之為阿哈羅諾夫-波姆效應。一九六一年，他取得最後一個教職，倫敦大學伯貝克學院（London's Birkbeck College）的理論物理學教授，當時最密切的合作夥伴是物理學家巴茲爾・海利（Basil Hiley）。玻姆成為公開論壇的強力推動者，討論世界的社會議題（即為「玻姆對話」）。一九九二年，玻姆於倫敦逝世。

其他著作包括一九六一年《現代物理學的因果律與或然率》（*Causality and Chance in Modern Physics*）、一九八五年與哲學家克里希那穆提合著《時間的終結》（*The Ending of Time*）、一九九一年《變化中的意識》（*Changing Consciousness*）、一九九三年與巴茲爾・海利合著《完整的宇宙》（*The Undivided Universe*）。二〇〇二年尼科・里（Lee Nichol）所著之《不可或缺的玻姆》（*The Essential David Bohm*），由達賴喇嘛著序。

2002

理解權力

Understanding Power

「紐倫堡[1]認為的戰爭罪執行標準，是西方世界從未做過的犯罪行為。換句話說，如果你能拿出證據，證明美國人和英國人也做過一樣的事，將被視為合法辯護。這些都是被直接表述的，假設你讀了一本泰爾福德．泰勒（Telford Taylor）的書，他是紐倫堡審判中的美國檢察官，他描述這件事的方式是，他對整體事件保持樂觀；如果西方世界確實做了這件事，這不構成犯罪，如果德國人做了這件事，而我們沒有這麼做，這才是犯罪。」

「儘管你總是聽說，美國的干涉主義與抵制『共產主義』毫無干係，這是我們一直反對的獨立性，這是有理由的。如果一個國家開始關注人口數，它將無法適當地關注美國投資者的首要需求。當然，這些都是不受歡迎的優先事項，但政府就是必須這麼做。」

總結一句

民主體制中，權力透過濫用語言來保持沈默。

同場加映

哈里．法蘭克福《放屁》（17章）
尼可洛．馬基維利《君王論》（31章）
柏拉圖《理想國》（38章）

1 歐洲國際軍事法庭所在處，又稱紐倫堡審判。

10

諾姆・杭士基

Noam Chomsky

諾姆・杭士基或許是現代最知名的哲學家，但嚴格來說他是一名語言學家，以《句法結構》（*Syntactic Structures*）一書而聞名，推翻我們心靈是一塊白板的說法，認為我們的神經系統與語言相連結（這就是為什麼我們學語言學得這麼快）。也因為他對政治、權力、媒體的看法，將他推上世界頂尖知識份子之列。

什麼是知識份子？字典的定義是：「一個被賦予追求必要智力訓練的人。」更廣泛的社會意義是，一個人不盲從社會安排的腳本，勇於質疑萬物。杭士基經典的著作，一九八八年出版的《製造共識》（*Manufacturing Consent*），打破公正媒體的神話，說明媒體是建立架構的重要部分。《理解權力》以問答形式寫作，是杭士基在一九八九年至一九九九年間的研討會、座談會的內容合輯，讓他的思想以更好理解的方式展現。這本書的編輯彼得・米切爾（Peter Mitchell）及約翰・舍菲爾（John Schoeffel）說：「真正讓杭士基的政治思想與眾不同的，不是新穎的視角或單一全面性的思想，實際上，杭士基的政治立場是奠基於幾世紀以來理解的概念。反之，他偉大的貢獻在於掌握龐大且豐富的事實資訊，以及他一次又一次地揭露當今權力組織的運作和欺騙時展現的卓越技巧。」確實，這本書的支援網站有許多的資料，載明了詳細的註解及真實政府檔案的連結。與他參與陰謀論的傳言相反，杭士基的目的是激發人們懂得為自己著想。

《理解權力》是讓人大開眼界的著作。為了展現這本書涵蓋的內容有多廣，以下總結的議題僅選自第一章。

政治語言

杭士基首先討論為了隱瞞不正義的行為，語言是如何被使用、濫用。

他提到字詞在字典上的意義，與「意識形態衝突」中展現的意義不同之處。舉例來說，「恐怖主義」是只有其他人會做的事，所以「防衛」就被濫用了。杭士基說：「我從來沒聽說過一個國家承認正在進行侵略行為，他們總是宣稱自己在『防衛』。」而媒體也從未提出質疑，例如說，儘管美國其實傷害了南越，也沒有主流刊物質疑美國「保衛」南越的說法。「防衛」成為一種歐威爾式、完全正向的詞彙。杭士基說：「政治談話的術語都經過設計，以阻礙思考。」

杭士基說，美國的願景是將自己描繪成世界民主的後援，實則是種幻想；事實上，他們只援助他們順眼的民主。例如說，因為桑定民族解放陣線在尼加拉瓜並不是重要角色，在美國看來他們不是真正的民主，解散他們的時機也已然成熟。杭士基將其與薩爾瓦多、瓜地馬拉相比，這些國家都由軍閥統治，為當地少數人取得利益（地主、富商、上流階級），他們的利益與美國的利益緊緊相依：

「無論他們是否炸毀獨立媒體、殺害政治理念不同者、屠殺成千上萬的人民、永遠不會運作自由選舉，這一切都無關緊要。因為正義的一方操縱這一切，所以他們是『民主』；如果正義的一方不再操縱，他們也不再是『民主』。」

真正的權力

杭士基不只是單純批評政府，他說：

「在我們的社會中，真正的權力不會發生在政治體系中，它出現於私人經濟中：決定製造什麼東西、製造多少、購買什麼、在哪裡投資、讓誰來工作、誰掌控資源等等。」

只要是這種情況，就不會有真正的民主，因為資本只在少數人手中，而非多數人，是錢的問題，而非政治力的問題，這就是我們社會的核心。今日，我們的經濟就是我們的社會，以「一起讓有錢人更快樂」為宗旨而運作。

杭士基認為很大程度上，自己在堅守古典自由主義的傳統，他強調是在資本主義出現以前的傳統，主張「人們有權利掌控自己的工作，以及在自己的掌控下，有自由且創造力的工作需要。」透過這個推論，今日資本主義下的僱傭是不道德的，如果你無法掌握自己的工作，你就是薪水的奴隸。

杭士基說，經濟從來不受限於對實際工作的人來說，什麼是最好的，而是受限於資本。這並不意味著他希望產業國有化，那只是將權力放在國家官僚的手中。反之，他支持真的有員工的企業，以及市場體制中的資本管控，唯有如此，民主才會擴展為經濟力，直到它實現為止，「『人們』的政治力會維持在非常受限的現象中。」

杭士基比「佔領運動」[2]早了許多年，他說：「有一半的人口認為政府運作是『為自己找到更大的利益』，人們可能知道這點，或者很快相信自己並不牽涉於政策決定之中，政策是由強大的利益制定，與人們沒有太大關係。」

而討論環境時，杭士基說人們在維持、提高生活品質的欲望，以及企業的利潤動力間矛盾拉扯：「美國企業通用電氣（General Electric）的執行長，他的工作就是提高利潤及市場佔有率，而不是確保

2 二〇〇八年金融危機後，大公司紛紛破產倒閉，加拿大組織—廣告克星發起佔領華爾街，抗議政府無力解決金融危機，在全球各地引發迴響。

環境生態可以永續經營，或是他的員工都過著正向的生活。這些目標是衝突的。」

然而，他確實看到樂觀的理由：儘管媒體粉飾現實，企業接管政治，人們仍然非常懷疑菁英階層，及其建立的商業及權力利益。杭士基說，絕不只是左派的理想破滅，這股懷疑會因為某個原因或團體的意願而發動，像佔領運動者及茶黨運動等例子[3]，當中還有傳教者及環保主義者。

獨立國家

儘管世界各地都在推廣自由，杭士基說，美國外交政策的真正目的是盡可能讓更多國家依賴美國。杭士基在二十年前就這麼說，而今日的中國也是如此，他們致力於「收買」它周邊的國家，如尼泊爾，以及許多擁有豐富資源的非洲國家。大國抵制小國獨立，因為他們將會花更多心力造福自己的人民，而非為大國利益制定政策。他說，美國的外交政策是為了美國投資者而設計，如果任何外國政府提出的措施，將自己的人民置於第一位，「那麼這個政府將不能再與美國合作」。

儘管美國堅持開發中國家應該開放市場，杭士基卻指出：「歷史上沒有任何單一經濟體，在沒有受到國家各種干涉的情況下發展起來，例如提高關稅保護、津貼等等。事實上，我們阻止第三世界做的所有事情，都是任何地方要發展起來的先決條件。」

國內需求

杭士基說，所有外交政策舉動都是為了供給國內需求，那麼當局為什麼要防衛呢？他以俄國社會民主工黨的布爾什維克派崛起為例，沒有人會說布爾什維克會對美國發動攻擊，反而是擔心布爾什維克的思想會影響美國政治。就在一九一七俄國革命後，美國國務卿羅伯特・藍辛（Robert Lansing）對總統威爾森提出警告，布爾什維克「意圖發動所有國家的無產階級、文盲、精神障礙者，而他們龐大的數量足以接管所有政府。」換句話說，菁英階級設想的是，美國人民捍衛自己的地位時，他們就會群起反抗，事實上他們只為自己設想，因為他們的反應是派軍隊前往俄羅斯，在自家發動反共產主義的「紅色恐慌」，質疑布爾什維克主義，將他們排除於美國盟友之外。

近代的「反恐戰爭」可被視為另一個證據，為了對抗（也許被放大的）威脅，就可以剝奪公民自由。杭士基指出，龐大的國防預算與縮減的教育、健保基金形成鮮明的對比。他說，原因是社會支出會「增加民主的風險」。如果花更多錢在醫院、學校，顯然會對在地區域產生影響，人們就想參與更多決策。反之，如果花更多錢在隱形轟炸機上就不會引發爭議，因為這對人們的生活沒有直接影響，而一般人也不清楚軍事飛航的細節。杭士基說：「社會政策最重要的目的之一，是保持人們處於被動，

---

3 二〇〇九年源於美國反加稅運動，美國的刺激經濟復甦計劃，國債不斷增加，抗議聲勢因而更為壯大。

掌握權力的人會希望消除任何傾向鼓勵人們參與決策的事物，因為大眾參與會威脅到企業壟斷的權力，鼓勵受歡迎的組織動員人們，甚至導致重新分配利益等等。」

帝國主義的代價都由人民承擔，表達於稅務之上，但利益卻由富人接收。因此，一般人根本無法享受到帝國主義外交政策帶來的好處，還以此為名不停地被勒索。

總評

讀過杭士基後，很難以一樣的角度看待政治及媒體，但將這本書視為對美國的攻擊不甚恰當，權力的腐敗本質是普遍的，不管你住在哪裡，都會有當地的案例浮現腦中。了解權力不只是知道特定的國家、企業、機構做了什麼，還要知道他們企圖要做什麼，是否未經檢驗或做些不可告人的事。但是，他如此毫不留情地攻擊美國，如果美國確實掌握權力，是否早就讓杭士基噤聲了？他自己的答案是因為他是白人男性。在當代西方社會中，白人男性是神聖不可侵犯的存在。殺人是一件嚴重的大事，會對現存利益產生反作用。

當一個人告訴你，他有很多不知道的事情，這是個聰明的說法，而杭士基敏銳地指出，其實科學對世界的解釋非常少，特別是牽涉到非常複雜的因素，例如人類的行為或動機。令人訝異的是，杭士基並不是對我們的未來感到悲觀，而是對權力表示悲觀。他並不贊同宣稱人類某種程度上是自私的社會生物學家，他反而觀察到，「如果你看到人類本性的產物，你就能看到萬物，你可以看到極大的自我犧牲，看到巨大的勇氣，你可以看到正直，也可以看到破壞力。」

任何成果都有可能會被逆轉，但整體來說，杭士基看到了進步。如今將人視為物品或某些為達到目的的手段是不被允許的（不久前奴隸制還被視為好的制度），即使權利架構只是嘴上說說，打著自由、自決、人權的旗號，至少是公認的理想。

諾姆・杭士基

杭士基一九二八年出生於費城，父親移民自俄羅斯，為知名希伯來學者。十歲時，杭士基寫了一篇關於西班牙內戰後法西斯主義構成威脅的文章，約莫十三歲時他開始支持無政府主義政治。一九四五年就讀賓州大學（University of Pennsylvania），認識了傑出的語言學家澤里格・哈里斯（Zellig Harris）。一九四七年杭士基決定專攻語言學，一九四九年與語言學家卡羅爾・沙茲（Carol Schatz）結婚。

從一九五一年到一九五五年，杭士基在哈佛擔任初級教員，同時也在哈佛完成博士學位，出版了

《語言理論的邏輯結構》（*The Logical Structure of Linguistic Theory*）。一九五五年他受聘為麻省理工教員，此後就一直在麻省理工教書。一九六五年，他組織了公民委員會，公開拒絕納稅以抗議越戰，這個舉動讓他獲得大眾認同。一九六九年出版了政治學領域的第一本著作《美國權力與新官僚》（*American Power and the New Mandarins*）。

其他著作包括一九七九年與艾華・赫曼（Edward S. Herman）合著《人權的政治經濟學》（*The Political Economy of Human Rights*）、一九九一年《阻斷民主》（*Deterring Democracy*）、一九九六年《權力與展望》（*Powers and Prospects*）、一九九六年《失敗的國家》（*Failed States*）。二〇〇一年《製造共識》（*Manufacturing Consent*）電影版上映。

44 BC

論責任

On Duties

「在天堂之下，有什麼比智慧更受人喜愛？有什麼比智慧更有價值？對一個人來說，與其本性更為匹配的是什麼？追求這些的人，被稱為哲學家。哲學只是『智慧之愛』，讓一個人能將簡單的字彙組織成慣用語句。而智慧就是『人類及上天對事物的知識，以及這些事物受控的因素』。如果有人貶低哲學，我無法得知他是否能看到世界上美好的事物。」

「哲學的領土是肥沃且多產的，沒有任何地方貧瘠或無用，也沒有比道德責任更為豐碩的領域，我們由此發展出秩序，引領我們走向永恆道德之路。」

總結一句

什麼是絕對真理？什麼是功利行為？這只是一體兩面而已。

同場加映

孔子《論語》（12章）
伊曼努爾・康德《純粹理性批判》（25章）
尼可洛・馬基維利《君王論》（31章）
柏拉圖《理想國》（38章）

11

西塞羅

Cicero

古羅馬最偉大的人物之一：西塞羅，他一生橫跨民主及貴族政治，見證天真的羅馬共和國走向貪婪專制的羅馬帝國。西塞羅的一生值得傳頌至今。

出身自羅馬南部富裕、非貴族的地主家庭，西塞羅的父親斷定西塞羅和他的弟弟昆圖斯（Quintus）將在羅馬闖出名聲。接受高等教育後，西塞羅的第一份工作是戰場上首屈一指的將軍們的助手，但他無心於戰事，回到羅馬後旋即開始律師生涯，他是一名很優秀的律師，非常受到矚目及看好。然而，西塞羅非常渴望學習希臘哲學及法律，他花了數年時間旅居希臘及亞洲，在此期間他聽到了伊比鳩魯學派中芝諾（Zeno）及斐德羅（Phaedrus）的演說，爾後在西塞羅的思想中也能看到這段期間的影響。

西塞羅三十一歲時，在西西里得到了第一個公職：財務官。西西里當地公民十分肯定西塞羅廉正的為人，因此要求西塞羅協助舉發不廉的裁判官維勒斯，他也成功完成了公民的請託。三十七歲時被選為市政官，負責舉辦羅馬的各項活動及娛樂活動，又於四十歲時任裁判官，資深地方官。他的政治生涯巔峰是四十三歲時，以「新人」之姿當上羅馬執政官（相當於今日的首相或總統），以沒有參議院貴族勢力的背景，是非常了不起的成就。

西塞羅在羅馬任職期間，羅馬仍然是以貴族體制運作的共和國，內部卻因內戰，以及如凱薩的獨裁者崛起而日趨混亂。作為執政官，西塞羅發現自己是保護羅馬的不二人選，卻在就任第一年就遇到喀提林叛亂。喀提林（Lucius Sergius Catilina）是元老院成員，因為不當行為未成為執政官而心懷不滿，企圖推翻羅馬政府，西塞羅得到消息後即宣布戒嚴，並迅速抓到共謀者，未經審判將其處死。西塞羅將此事件層級提升至對共和國的攻擊，而他自己就是羅馬的救星，但這一系列行動卻造成後續西塞羅斷送了政治生涯。元老院成員普布利烏斯・克洛狄烏斯（Publius Clodius）一直是反西塞羅的勢力，他以任何人不得在未經審判的情況下處死羅馬公民為由，起訴西塞羅。

為了不被審判，西塞羅曾有一段時間流放在外，將他的心力轉向寫作，定居於羅馬附近的圖斯庫魯姆（Tusculum）。兩年內，他寫出了許多著名的大作，包含《圖斯庫魯姆論辯》（*Discussions at Tusculum*）、《論友誼》（*On Friendship*）、《論責任》（*On Duties*）

責任的哲學

《論責任》是西塞羅最具影響力的代表作，分為三卷，以書信形式寫給其子馬庫斯（Marcus）。西塞羅可能希望內容能被廣泛流傳，故以書信方式寫作，更平易近人。

西塞羅試圖要向兒子說明責任與他息息相關的原因，某種程度上也在為哲學辯護。政治凌駕於所有事物之上的文化中，哲學獲得的尊重少之又少（甚至只是「希臘的玩意」），這卻是西塞羅政治生涯成功的原因之一，因為他在哲學面前非常謙虛。同時，他熱愛將希臘哲學介紹給羅馬人民，《論責任》的目標就是面對倫理、社會義務這類實際問題時，如何用哲學打下良好的基礎。「沒有學習過責任之重要性，如何被稱為哲學家？」西塞羅說。

西塞羅相信宇宙依據神聖的計劃運行，每個人都是上帝發出的火花或碎片，因此對別人不好就是對自己不好。他發現一件荒謬的事，那就是有人會說他們不會強奪或欺騙自己的家人，這個說法儼然將社會中其他人置於另一個籃子裡，否認其中的義務、關聯與公眾利益，代表著社會腐敗。同樣地，只關心自己國家的公民，而對他國人民視而不見，「將毀滅人類在宇宙間的同伴之誼」，以及伴隨人類的善良、正義都將一起毀滅。西塞羅引柏拉圖之言：「我們並非獨自生活於世界之中，我們與國家共存，朋友也與我們相伴。」我們是群體動物，生來必定在群體之中，生命的目的非常簡單，西塞羅說：

「透過交換善意的行為，為公眾利益奉獻；透過給予及接受，透過個人能力、天利或社會產業，將人類社會緊密地接在一起，拉近人與人的距離。」

面對肩負重大的責任，西塞羅建議的順序是：國家及父母優先，其次是子女及家庭，「因為他們需要我們協助，沒有其他人能依靠」，最後則是所有人類，我們必須保持和睦的關係，因同為人類而團結在一起。

絕對真理與功利行為

西塞羅企圖引爆這個觀點：為了讓功利行為發生效用，有時候必須犧牲絕對真理。它採用了斯多葛學派的觀點，「如果一件事在道德上是絕對真理，它必為功利行為；如果一件事不完全是道德上的絕對真理，它就不是功利行為。這些斯多葛學派的人，認為責任是完美且絕對，並『滿足所有數據』的『絕對真理』。」

只關注效益及成功的人，在日常中會自然地分配好的行為和權宜行為，但西塞羅說他們被蒙蔽了。做對的事，和普遍道德法則相符，不會讓你「自掏腰包」，就像有人想要欺騙別人，卻發現自己沒有本錢。有人說「對的事，同樣會招來風險」，但西塞羅觀察到：「他錯誤的判斷，會讓他拋棄本性中的兩個概念」，打開了「不誠實、錯誤、犯罪行為」的一扇大門，兩件錯誤的事不會產生對的結果，無論你多麼擅於粉飾，「受到本性拒絕及抵觸，不是道德上的絕對真理，就無法作為功利行為」。

西塞羅說，即使僅是稍微違反自然正義，仍會帶來嚴重的後果。有幾個最好的例子，像政治人物或商家謊報帳務，就算是很少的金額，一旦被發現就會失去工作。顯然，沒有任何好處值得毀掉一個「好人」的名聲，何況這個人的自我感受仍充滿正義感、榮譽感：「一個人真正變成野獸，或仍保有人類的模樣，但內心則是野獸的本性，這兩者有什麼不同嗎？」讓人想起聖經的名言：「一個人得了世界，卻失去靈魂，又有什麼用呢？」這也使早期基督徒對西塞羅非常感興趣。

斯多葛觀點看待生活

《論責任》中有許多觀點參考自希臘斯多葛學派哲學家帕奈提烏斯（Panaetius），他生於西元前一八五年至一一〇年，其著作幾乎全部遺失。西塞羅清楚地表達了斯多葛學派看待生活的觀點，概述如下。

成功之險

「當幸運向我們微笑，生命之泉如願暢流，我們必勤於避免自大、傲慢、驕傲。這必是衰弱的徵兆，逆境中成功的錯覺。」

節制與自制

「所有行為都不應過於輕率或大意，也不該做出沒有合理動機的行為，這些都包含在責任的定義之中。」

「人們應該享受心靈平靜，擺脫各種激情。如此，強韌的性格及自制力會發出光芒。」

「牢記本性的優點及尊嚴，就能理解拋棄自己，過著奢華縱慾的生活是多嚴重的錯誤，過得節制、克己、樸素、勤儉才是正確的生活態度。」

個人特質與「天賦」

「每個人都必須牢牢抓住自己特有的天賦。我們必須依循天賦而有所作為，不違背人類天性的普遍法則。即使有更好或更顯貴的人生，我們仍該依循天賦追求自己人生應有的樣子。反抗本性是不可行的，將目標放在不可能達成的成就，也是不可能的。『不合常理』就是，與人的天賦反向為之。」

「所謂得體，就是生活與所有行為均一致相符。模仿他人特質及失去自我將失去一致相符性。」

權力運用

西塞羅節錄柏拉圖的話：「所有脫離正義的知識都被稱為狡詐，而非智慧。」非出於公眾利益的大膽行為，「應稱為無恥而非勇氣」。矛盾的是，越是有野心的人，越是禁不住成就與名利的誘惑。如果他們有榮譽感，得經歷「考驗及風險」才能贏得成就，唯有如此才會有「我應得」的心態，讓他們想繼續維持權力，或變得脆弱，變得容易接受不在他們掌控的現實。

總評

西塞羅是一個謎團。一方面他是羅馬共和國及法治理想的偉大捍衛者；另一方面，在未經審判的前提下，他處死了數名共謀者。當時是以軍事法論處，但這些共謀者仍為公民，輿論認為這是不可饒恕的行為。

然而，他的影響力是不容質疑的。他將希臘哲學帶入羅馬知識階層，特別是柏拉圖思想，而他的思想也由基督哲學家承繼，最知名就是奧古斯丁（Augustine），據說西塞羅的《歐爾天希烏斯》（*Hortensius*，現已遺失）改變了他的一生，他的倫理學和普遍法則的概念是中古基督哲學的基礎。哲學家伊拉斯謨（Erasmus）認為西塞羅是典型的人文主義，啟蒙主義思想家伏爾泰及休謨則讚譽他的懷疑論及對世界的觀點，西塞羅的共和思想也對美國國父有很大的影響（約翰．亞當斯相當尊敬他），甚至是法國革命也汲取了他的想法。哲學家弗里德里希．恩格斯（Friedrich Engels）則認為西塞羅從未關心富裕階級之下的經濟或政治權力的發展。

在辦公室中強硬又不妥協，你可能會覺得西塞羅是個強人，但實際上他為了責任捨棄個人抱負。他的人文主義與殘暴的獨裁者蘇拉（Sulla）及凱薩大相逕庭，他也語重心長地說，人們應該盡可能地貼近自己的特質發展生涯。西塞羅的觀點啟發了斯多葛學派，儘管它以禁慾聞名，實際上斯多葛學派相當關注個體，認為每個人在世界上扮演獨一無二的角色。

西塞羅

凱薩被暗殺後，西塞羅希望羅馬共和國能重生，於是支持屋大維（奧古斯都）對抗馬克・安東尼（Marc Antony）。曾有一段時間，奧古斯都及安東尼曾同意共享獨裁政權，後世稱之為後三頭同盟[1]（Second Triumvirate），他們互相也都希望消滅對方的勢力。西塞羅企圖逃往馬其頓時，已經被列入刺殺清單中，西元四十三年西塞羅遇刺身亡。死後，安東尼將西塞羅的頭手砍下，展示於元老院中。據說安東尼的妻子芙爾維亞（Fulvia）非常開心地拔下西塞羅的舌頭，並用髮簪反覆刺穿，以此宣洩對

1 後三頭同盟是古羅馬政治同盟，包含奧古斯都、安東尼、雷必達。前三頭同盟是凱薩、克拉蘇、龐培。

西塞羅的恨意。

西塞羅這個姓氏來自拉丁文cicer，「鷹嘴豆」的意思。他的弟弟昆圖斯・西塞羅也是一名裁判官，與龐培一同治理羅馬的亞洲領土。西塞羅的妻子特倫提婭（Terentia）來自富裕的家庭，兩人育有一子一女。西塞羅的女兒圖莉亞（Tullia）在三十中半時逝世，西塞羅悲痛欲絕。

英國作家羅伯特・哈里斯（Robert Harris）二〇〇六年的作品《最高權力》（*Imperium*），及二〇〇九年《權謀之業》（*Lustrum*），是一系列描述西塞羅的三部曲長篇小說。羅伯特以西塞羅的私人祕書、曾身為奴隸後被西塞羅釋放的提羅（Tiro）的角度，寫出他眼中西塞羅的一生。

5TH CENTURY BC

論語

Analects

「子張問孔子何為仁？孔子曰：『能將五種美德行於天下，就是仁。』子張追問五種美德各為何？孔子曰：『恭、寬、信、敏、惠。對人恭敬，人必敬之。對人寬厚，人必順之。對人誠信，人必任之。行事敏捷，則顯成效。能施惠於人，人必能反而惠之。』」

「子曰子產具四項君子特質：為人謙遜、事君恭敬、為民施惠、對民公義。」

「樊遲問仁，孔子曰：『愛人』。再問知識為何，孔子曰：『知人』。」

總結一句

我們生而為人，因無私地滿足社會責任而成為人。

同場加映

西塞羅《論責任》（11章）

12

孔子

Confucius

孔子可說是歷史上最有影響力的哲學家，成千上萬人受他的思想啟發，影響深遠。早在柏拉圖創立學院前兩世紀，孔子就已經設立學校，培育政治領袖，而他對個人美德的哲學及政治理念，以及「吾道一以貫之」的思想，更是中國春秋戰國時期中最偉大的產物。

孔子的儒家思想引領中國數百年，然而毛澤東文化革命中，卻極力貶低孔子，因為孔子思想被視為封建體制的一部分，正是共產黨意欲銷毀的目標。近年，中國政府開始復興儒家文化，因為它能延續傳統美德，建立「和諧社會」，在西方自由民主潮流下提供與之匹敵的選項。現在中學也開始教授儒家經典，中國政府在世界各地設立海外孔子學院。

強調忠誠及奉獻精神，儒家哲學相當重視無私美德及融入社會。「禮法」更是封建時期的代表，告訴人們如何不受多變的情緒及個人環境影響，以中庸的態度行事。研究孔子的學者劉殿爵（D. C. Lau）說：「一旦脫離社會關係層面，就沒有個體，沒有『自我』或『靈魂』，人就是他所扮演的角色而已。」人生目標就是維繫和諧關係，唯有好好地對待父母、人群及君上，才能滿足這個目標。這不代表人不能有獨特性，就像房子是為群體而建造，不同的樂器也能演奏出和諧的音樂。

孔子一般英譯為Confucius，譯名為拉丁文，音譯為Kongfuzi。《論語》則簡單譯為*Analects*，採文選之意，將「子曰」的思想及寓言編撰為文冊。孔子逝世後，他的弟子將其講學內容傳播至中國各地，強調孔子哲學的觀點能反映出個人美德不足之處。

成為人

「仁」是儒家的核心思想，在《論語》中有許多不同的解釋：可視為「寬容」，是我們必須發展的優點；或者是「成為人」必經的過程，身為人必須培養出全方位的美德，它包含恕、敬、天下無私等。舉例如下：

「孔子曰：『君子心懷仁德，小人心懷家鄉；君子心懷法制，小人心懷實利。』」

「孔子說：『為私利行事，必招人怨[1]。』」

1 原文：「放於利而行，多怨。」

「孔子說：『君子所知在於義；小人所知在於利[2]。』」

有智慧的人珍愛美德，只做對的事情，美德就像人的韁繩，約束野心及欲望。孔子以誠信為例，他說就像掛在車上的橫桿，可以拖著馬車往前走，一旦沒有它，馬就會失去控制狂奔，引發混亂。

正如下述文章，一個人必須忠於「自我」。但弔詭的是無論我們如何分析自我，褪去層層無知，仍然很難找到偉大的人格。若非如此，我們只能成為表達素質的工具：

「孔子出門後，其他弟子問道：『夫子之言何意？』，曾子說：『夫子之道，就是忠於人忠於君，並仁慈地對待他人而已[3]。』」

孔子的為人

《論語》不僅收錄孔子之言，也有孔門弟子對孔子的描述。有人說：「孔子溫和中帶有端肅，有威嚴而不凶暴，待人謙恭且平易近人。」[4]。或說：「孔子有四大優點：不妄加揣測、不武斷否定、不固執己見、不自以為是。」[5]

孔子經常善意地告誡弟子，成為弟子們言行的一面鏡。孔子有感性的一面（他非常喜愛的一名弟子於三十一歲英年早逝時，孔子傷心欲絕），也有超脫的一面，他擁有不拘又透澈的心靈。許多文章討論孔子沉著的性格，及時且恰當的言行，正如孔子說：「君子心胸寬大，小人心懷憂慮。」[6]，他對君子及小人的妙語也格外讓人印象深刻。

「孔子說：『君子能與人和睦相處而不同流合污，小人只能同流合污而不能和睦相處。』」[7]

「孔子說：『君子坦蕩而不驕狂，小人驕狂而不坦蕩。』」[8]

他的弟子們總是希望從孔子身上汲取智慧，有一天，孔子卻說：「我不想繼續說話了。」弟子問：「如果夫子不再說了，我們又要轉述什麼呢？」孔子說：

2　原文：「君子喻於義，小人喻於利。」

3　原文：「子出。門人問曰：『何謂也？』曾子曰：『夫子之道，忠恕而已矣。』」

4　原文：「子溫而厲，威而不猛，恭而安。」

5　原文：「子絕四：毋意、毋必、毋固、毋我。」

6　原文：「君子坦蕩蕩，小人長戚戚。」

7　原文：「君子和而不同，小人同而不和。」

8　原文：「君子泰而不驕，小人驕而不泰。」

「天說了什麼嗎？四季循環生生不息，天又何曾說過什麼呢？」[9]

更上層樓

在孔子的時代，所有年輕人都渴望能獲取官職。子張問孔子如何得到好的官職，孔子說：

「少說錯話，少做悔事，自然能獲官祿。」[10]

接著，孔子也說：

「人不怕沒有官祿，只怕居其位不能造福百姓。不怕不能為人所知，只求值得為人所知。」[11]

如何以正義及遠見帶領國家

「孔子說：『以道德帶領國家，如北極星定而不動，讓群星環繞周圍[12]。』」

孔子為國家及執政者建言，他將重點放在如何編制更好的政策，幫助人民發展美德，而非祭出嚴刑峻法處置罪犯。

「孔子說：『以政策管理人民，以刑罰統治人民，雖然人民會畏懼刑罰而不敢犯罪，但並不會引以為恥。以道德管理人民，以禮法統治人民，人民非但會遵守法紀，更引以為榮[13]。』」

另一位與孔子相似的學者，就是軍事家孫子（著有《孫子兵法》），兩者的哲學皆把理解人性作為核心概念。

作為執政者，要如何贏得尊重，又能避免貪腐呢？孔子說很簡單，執政者應推舉「正直的人」，廢除心思不純的人，人民看到執政者正義的舉動，自然會尊崇執政者。如反而為之，讓心思不純的人為民服務，人民只會在表面上支持國家。孔子列出好執政者的特點，確保人民都獲得良好的報酬，避免過度消費；確保勞工機制不過於嚴苛；執政形象不應令人畏懼，而是有威嚴。

最後，孔子強調建立社群或國家時必須有耐性，不能隨個人心念建立制度，而該順其自然地因應

9 原文：「子曰：『予欲無言！』子貢曰：『子如不言，則小子何述焉？』子曰：『天何言哉？四時行焉，百物生焉，天何言哉？』」
10 原文：「言寡尤，行寡悔，祿在其中矣。」
11 原文：「不患無位，患所以立；不患莫己知，求為可知也。」
12 原文：「為政以德，譬如北辰，居其所而眾星拱之。」
13 原文：「道之以政，齊之以刑，民免而無恥；道之以德，齊之以禮，有恥且格。」

情勢，以長遠的角度將所有事物，甚至是將下一代都考慮在內，並肯定古人或上一代執政者的努力。戰亂時期，執政者更應該具備遠見，穩定國家和平，繁榮國家經濟，實踐公平正義。

學無止境

孔子是偉大的學者，編撰許多魯國的詩集及歷史文本，為《易經》寫了註解十篇。他視讀書為自我實踐，面對較愚鈍的弟子也非常有耐性，《論語》中有其弟子子夏所言：「工匠一定要在各自的作坊裡完成工作，君子也必須勤於學習，才能尋獲真理。[14]」，孔子則更簡潔地說明自己學習的動力：「如不能善辨言語，何以善辨人心[15]。」

總評

孔子非常講求孝道，對父母必須恭敬，在《論語》中也曾數次提到父母逝後，必須守孝三年。當其弟子問孔子孝道時，孔子說如今之孝，意思是「養」，但狗和馬也都有人養，所以孝道中最重要的就是尊敬。尊敬父母也是精進自己的方式，透過父母，我們知道自己是連結過去與未來的橋樑。

孔子雖生在古代，但並未被傳統束縛。有個故事在說，孔子救了身為奴隸的男孩。主人過世，依照當時的風俗，這個男孩必須陪葬主人。孔子批判這個風俗過於野蠻，是孝道過於極端的展現，男孩也因此得救。孔子說，責任固然重要，但必須透過美德，才能將責任降於人身上，而非特定的風俗或傳統。當一切都會隨著時間改變，尊重及誠信的美德必定歷久不衰。

孔子

生於西元前五五一年中國山東省，孔子生平眾說紛紜，但最有可能是商代宋國後代。孔子的父親在他兩歲時去世，儘管家世背景顯赫，童年時期卻非常窮困。

孔子二十歲到四十歲間做過非常多工作，因其出眾的智慧吸引許多學子向他學習，孔子除了公職外，也在民間授課教學。他是名出色的官員，五十三歲時任職魯國大司寇，掌司法權。而後與執政者

14 原文：「百工居肆以成其事；君子學以致其道。」
15 原文：「不知言，無以知人也。」

意見分歧，孔子遭流放，周遊諸國為諸國提供政治建言。西元前四八五年，魯國准孔子回國後，他編撰了許多著作，如《詩經》、《尚書》。

孔子晚年備受尊崇，其門下子弟據說超過三千人。於西元前四七九年逝世。

1641

第一哲學沈思集

Meditations on First Philosophy

「後來我馬上察覺到，儘管我決定認為所有事物都是假的，但是我所想的必定是某物，可以由此觀察這個真理：我思，故我在。非常明確的是，所有懷疑論最誇大的斷言都禁不起動搖，我認為我可以毫無顧忌地接受它，作為我尋覓哲學的第一原則。」

「我在此用來證明上帝存在論述的整體力量，是我認知到這不可能是我的本性。也就是說，即使上帝真的不存在，我的心中應該有上帝的概念。」

總結一句

我可以懷疑任何我感知的真，但事實上我懷疑等於我能思考，我有意識。如果我有意識，我必定存在。

同場加映

伊曼努爾・康德《純粹理性批判》(25章)
湯瑪斯・孔恩《科學革命的結構》(28章)
哥特佛萊德・萊布尼茲《神義論》(29章)
巴魯赫・史賓諾莎《倫理學》(47章)

13

勒內・笛卡爾

René Descartes

勒內・笛卡爾是啟蒙時代的人，不只對哲學產生深遠的影響，科學及數學也是。例如說，他發明了直角座標系（又稱笛卡爾座標系）及座標平面，也為天文學、光學帶來很大的進展。在他的時代，宗教、哲學、科學被視為同一領域，他以一顆樹的隱喻，捕捉他對知識的理解：

「樹根是形上學，樹幹是物理學，從樹幹中形成的分支是其他科學，大致分為三個學科，名為醫學、機械學、倫理學。」

他加入巴伐利亞軍隊時期，冬日躲在房子裡，產生新的哲學思想，在新哲學之中，每個領域的知識都能互相連結。父親留下的遺產足以讓笛卡爾無後顧之憂，因此他離開軍隊，隱居於荷蘭（荷蘭的言論自由遠勝於法國或英國），後來幾年創作大量重要著作，包括科學、科學方法、哲學領域。

笛卡爾從未當過老師或教授，他的著作是寫給聰明的外行人看的，《第一哲學沈思集》是為了找出真正可以被了解的事物所著。他寫道：

「因此，現在我的心智從煩惱中解脫，我在平靜的隱居之中，獲得了真實的閒暇，我應該認真地實踐自己，自然地打破我以前所有的言論。」

他的理性目標是「如果我希望於科學上建立任何穩定的東西，就必須完全地推翻所有事物，從基礎建立對的事物。」即使在今日，這本書仍有能力讓人為之驚艷，保持可讀性，既簡短又明瞭。

笛卡爾認為自己是科學人，致力於為神在世界的關係中找出理性的因素。這也是這本書經常被忽視的另一個觀點：它巧妙地結合了科學及宗教。

有什麼是我們肯定為真的嗎？

笛卡爾前兩個沈思是以他著名的「懷疑法」進行。他提到，所有透過感官聚集的資訊都可以被質疑，最明顯的例子就是當我們得到豐富的經驗，醒來卻發現這只是一場夢；又或者是遠方出現的方型塔狀建築物，或是觀點作弄我們的感知，這些看似小例子，笛卡爾卻將其視為重要的問題：像天文學、醫學這類的物理科學，倚賴我們感官的觀察及測量，因此它們是不可信賴的。他提到如幾何學、算術這類學科，不倚賴任何存在於世界之物，抽象性讓它們成為絕對可靠的知識，不管我是否在作夢，2＋2＝4是不變的事實。換個角度說，因為人類的算術經常出錯，我們必須懷疑數學判斷的正確性，所以也不能說這個領域中有知識。

笛卡爾指出我們的知識是如何充滿不確定性、薄弱，並找出我們真正能倚賴的事物。他了解到為了在某些知識上被誤導，即使被我認為是知識的事物欺騙，必定有一個「我」被欺騙：

「我由此得出結論，我是一個物質，我的本質及天性存於思考中，不需空間也不需依賴物質就可以存在。」

成為人類本質的是我們「思考的東西」。儘管我們對世界作出的各種判斷可能充滿瑕疵（確實，我們甚至無法確定物質世界是否存在），即使我們持續被感知為事實的事物欺騙，但不能懷疑的是我們能感知，我們確實有意識。這個思考的路線導出笛卡爾知名的結論：「我思，故我在。」哲學中廣為人知的「我思」，起源自拉丁文cogito, ergo sum。如笛卡爾所說：

「我說服自己，世界上什麼都沒有——沒有天空、沒有地球、沒有心智、沒有身體，是否我也不存在？不，如果是我確信著某事，我必定存在。」

笛卡爾想像一個「偉大的騙子」，總是使出障眼法，為了看看什麼是真的。然而，他的理由是如果他確實被欺騙，那他必定存在：「當我認為我確實存在，他永不會覺得我不存在。」

笛卡爾在這條思路上另一個見解是，雖然可以想像自己沒有身體，存在於某種奇怪的情境下，卻不能想像自己有身體，卻沒有心智存在。因此，人的本質就是他的心智或意識，身體是次要的。

論證他的心智確實存在後，笛卡爾希望確保心智以外的事物確實存在，懷疑了所有事物後，他試圖再次建立知識的基礎。感官知覺的物體，我們看到、聞到、聽到的事物，都不能成為心智的一部分，他總結道，因為他們不自覺地強迫自己對我們產生影響，並不是意識決定讓我們聽見物品掉落在地板上，這個聲音自行讓我聽見。因此，這個聲音無法起源於我的心智，它必定屬於外部，這個結論讓笛卡爾確信外部有形的物體確實存在。

反之，虛構的騙子試圖讓他對萬物抱持懷疑，笛卡爾說，上帝的仁慈給予我們身體及感官並不是騙子。上帝不會讓感官數據看似起源於外部物品，但實際上卻不是，對現代哲學家來說，這個假設是不可靠的。例如說，一個有精神分裂錯覺的人，會認為他們聽到一個聲音正在和他們說話，實際上這些全是他們的錯覺。笛卡爾的意志證明，正是人類的本質，獨立於身體之外，是巧妙的哲學策略。

笛卡爾找出我們確切可知事物的旅程風險是，可能導出虛無主義的結論，儘管事實上它似乎傳達了確定性的基石，提供人類對宇宙的信心。存於心智及身體間的「心物二元論」，讓現代科學繼續蓬勃發展，因為在觀察者（我們）及被觀察者（世界）之間有明確的分界，包括我們的身體及其他動物，我們有可推理、可觀察的心智，所以人類能支配自然、創造事物是合理的，可視為表達我們的完美性，因為我們的意識是上帝全視、全知本質的縮小版。

懷疑及證明上帝的目的

笛卡爾認為懷疑本身其實格外人性化。

它倚賴著你的觀點，我們都被懷疑折磨或關照，但是了解顯然比懷疑好，因此去了解偉大「完美性」的展現，遠勝於懷疑。因此，鑑於我們對事物多有懷疑，人類必須是不完美的，此外，不完美的存在可以產生完美性，無論是我們或他者，因此必須有完美的某物居於首位，讓他們產出完美的概念。笛卡爾推論，假如是他創造了完美的自己，但實際上卻不是，那麼必然是某物創造了他，而這顯然是上帝。因此，他做出結論，就是上帝必須存在。

對笛卡爾來說，上帝的概念並不僅僅是人類瘋狂的想法，而是重要的想法，創造者非常肯定我們會有的想法。透過這個想法，我們才能發現自己並不完美，而是源自完美的某物。笛卡爾說，上帝的概念是「創造者對我們留下的印記」。

不僅僅是全能，笛卡爾的上帝兼具仁慈之心，等待人類推論出上帝存在的真理，在過程中伸出援手，近乎期待我們會來到懷疑萬物的時刻（不只懷疑上帝，還有世界是否存在）。然而，上帝也期待我們推論基本真理，他並沒有將我們領向無解，上帝的本質不僅僅是透過信仰或理性讓我們理解萬物，我們必須親身經驗、發出疑問、為自己找出答案。

笛卡爾開始相信，不信仰上帝是不正常的，然而他也提出獨立於宗教及科學外的思想，如果你相信這些就是心智或物質的象徵。最終，所有人類在科學、藝術、理性的成就，都是我們回到永恆真理的方式，物質只是表達真理的一種方式。

總評

現代哲學家喜歡掩飾或抨擊笛卡爾的形而上觀，將它視為美好世界概念的一個污點，教科書企圖「原諒」他提供上帝存在的證明欲望，指出這個理性的人也無法逃出他當時的宗教本質。如果笛卡爾活在今日，他難道不會涉足於形而上的泥沼之中？

我們別忘了笛卡爾的「知識之樹」，形上學就是它的樹幹，萬物都由此發展出去，他的意識觀，心智與物質的切割，以及他熱愛的自然科學只是其中的樹枝。科學及懷疑論觀點，對於摧毀神的現實性毫無幫助。

然而，笛卡爾也是極端的理性主義者，幫忙消除認為物體由「精神」發展的中世紀思想，笛卡爾的心智與物質二元論廢除了這種迷信，允許經驗科學發展，同時駁斥宇宙是充滿智慧的心智創造物。確實，笛卡爾的智慧，讓心智與物質、物理學與形而上學達到平衡，是對聖多瑪斯思想的偉大迴響，笛卡爾早在年輕時就已研究透澈。他的二元論系統也對後來的理性主義者產生很大的影響，如史賓諾莎及萊布尼茲。

勒內．笛卡爾

笛卡爾出生於一五九六年法國拉艾（La Haye），後來為了紀念笛卡爾，拉艾改名為笛卡爾。他在耶穌會學院受到良好的教育，學習亞里斯多德邏輯學、形而上學、倫理學、物理學，沈浸於聖多瑪斯神學中。笛卡爾在普瓦捷大學（University of Poitiers）修讀法律，二十二歲時加入軍隊，旅居於歐洲各地，為巴伐利亞公爵（Duke of Bavaria）效力的同時，他開始有自己獨特的哲學觀。之後的日子他過著低調的生活，後世對他的個人生活所知不多。五十多歲時，笛卡爾受邀前往瑞典，擔任克莉斯蒂娜女王（Queen Christina）的哲學教師，但這份工作要付出的心力遠比他平常的獨居生活多。一六五〇年，笛卡爾死於肺炎。

笛卡爾的第一本著作是《論世界》（*Treatise of the World*），但他決定不出版這本書，因為其中提及地球圍繞著太陽轉，這種說法在當時被視為異端，而他並不希望步上天文學家伽利略的後塵。其他著作包括一六三七年《談談方法》（*Discourse in Method*）、一六四四年《哲學原理》（*Principles of Philosophy*），以及他死後出版的《論靈魂之情》（*The Passions of the Soul*）。

1860

命運

Fate

「如果有不可抗拒的命令，這個命令必定了解自己的意義。如果我們必須接受命運，就必須肯定自由、肯定個體的重要性、肯定責任的崇高性及性格的力量。」

「這兩者的行動及反應造就了歷史——自然及思想，就像兩個男孩在人行道的石階上互相推擠，萬物都是推動者與被推動者：物質與心智永遠處於傾斜及平衡之中。人脆弱時，地球是他的支柱，人種下自己的智慧與情感，慢慢地，他就會成為地球的支柱，他會擁有井然有序的花園及葡萄園，滋養出豐碩的思想。宇宙中的每一個固體，都在心智的流動中成為液體，流動的力量正是心智的尺度。」

「意志的氣息沿著正確且必然的方向，永恆地吹向宇宙中的靈魂。」

總結一句

對我們來說，僅僅成為命運的產物已足夠強大，但矛盾的是，唯有接受這個事實，我們才能實踐自己的創造力。

同場加映

亨利・柏格森《創造進化論》（8章）
山姆・哈里斯《自由意志》（18章）
巴魯赫・史賓諾莎《倫理學》（47章）

14

拉爾夫・沃爾多・愛默生

Ralph Waldo Emerson

美國偉大的先驗論者拉爾夫・沃爾多・愛默生在還不到四十歲的年紀就寫下了《自立》(*Self-Reliance*)，這篇廣受讚譽的散文讓他成為美國個人主義的倫理象徵，但它的內容遠比一般人看到的還要複雜許多。儘管他強調面對社會一致性時，要堅持做自己的個人責任及義務，但愛默生更深層的訊息是，成功的欲望不是將意志強加在世界之上，而是與世界萬物一起合作。

二十年後，他的散文《命運》試圖解決這個問題：在多大程度上，我們是自己努力的成果，還是隱形力量的產物，這是哲學基本問題中極佳的省思。

命運之境況

愛默生首先認同生命中「不可抗拒的命令」是真的，也就是說，命運是真的。然而，他也肯定「個體的重要性」及「性格的力量」是真實的力量。人要如何協調這些明顯的矛盾？在個人層面，大多數人認為，我們的個體性與世界保持良好的平衡，儘管有「不可抗拒的命令，而命令必定了解自己的意義」，但某種程度上我們填補了必然性與自由的鴻溝。本質上在我們生活的時代，生命是依據精神與各種限度下的個人意志來運作，愛默生說：「這個時代的謎題，每個都有專屬的解決方法。」

愛默生認為，典型的美國人觀點中有膚淺的看法，他說偉大的國家並不是由那些「誇大吹牛、粗俗無知的人組成，而是領會到生活的恐怖，仍勇於面對的人」。他提到斯巴達人樂於在戰鬥中迎接死亡，而土耳其、阿拉伯、波斯人也一樣，他們坦然地接下「注定的命運」，愛默生說，即使是過去的歸正宗[1]也有一樣的風骨，根據這種想法，他們的個體性與「宇宙的重量」沒有太大關係，愛默生在這裡暗指，認為渺小的自己能產生多大程度的影響，根本是過於狂妄自大的想法，同時英國詩人喬叟（Chaucer）也說，命運是實際決定導向戰爭或和平、恨與愛的「總指揮官」。

愛默生寫道，更重要的是，自然並不善感，「並不在意淹死的是男人或女人」，就像吞下一粒灰塵一樣吞噬整艘船，動物之間互以為食，火山爆發，海洋變化使城鎮沈沒，霍亂侵襲城市。「天命」是否會在種種災害中留一條生路給我們？如果天命確實存在，它移動於我們看不見的軌道中，也不是我們能以個人層面了解的力量，它是全然透明的東西，「以乾淨的襯衫和神學院學生的白色領巾，裝扮這位了不起的大恩人」。

---

1 基督教流派之一，由法國牧師約翰．喀爾文（Jean Calvin）所創。

自然不僅不善感，它的形式是暴虐的。就像鳥的存在，取決於喙的形狀及翅膀伸展的長度，所以人類的性別、種族、環境、天賦塑造了他們的可能性：「靈魂打造自己的家，但之後，家禁閉了靈魂」，我們的DNA及家族遺傳創造我們的命運：

「人由母親產出。你可以問製造粗布的織布機，為什麼不製造羊絨，這就像期望工程師寫出詩句，要臨時工有新的化學發現，或壕溝中的工人解釋牛頓定律。他大腦中那些精密的構造，已經被過勞工作以及百年來父親傳給兒子的貧窮擠壓，所以他只有一種未來，預定於他的大腦中，這世界所有的特權或法律，都無法干涉或幫助他成為一個詩人或王子。」

愛默生相當熟悉東方靈魂思想，尤其因果概念、轉世、輪迴，這些都顯示自然以及我們現在生活的環境，有很大程度受到前世的行為及經驗影響。他也在西方傳統思想中找到這種觀點的支持者，德國哲學家弗里德里希·謝林（Friedrich Schelling）曾說：「每個人的內在都有明確的感受，他一直是永恆的形態，絕不是一時半刻成為現在的樣子。」如果是真的，是什麼讓我們草率地覺得自己是一塊白板？

回溯科學史，特定時間內會出現新的發現，似乎是必然的。我們喜歡將發明或觀點歸於某一個人，但通常有兩三個、甚至四個人同時做出一樣的結論，這是一個客觀過程，有它自己的動向，我們以為特定的人，其實是可互換的「工具」，若不這麼想，必會引來眾神的嘲笑。

然而，命運意志的重量似乎對不同的人有不同影響。愛默生說，粗野的人會發現自己被同樣粗野的命運包圍，因此優秀的人會對自己的行為做更詳細的檢視。當我們的限度、或者命運，變得不那麼重要，我們的靈魂就會更純淨，「那枚必然性的戒指，將永遠被置於高閣之上」。

個人權力之境況

愛默生忽然改變方向，對命運的重量提出強而有力的論證。他說，命運本身受制於限度，事實上有別的力量推動著世界，他稱之為「權力」。如果命運是「自然歷史」，權力就是它的反面，人類不是「可恥的包袱」，而是「強大的對立面」，向明顯已命定的歷史丟進一個有力的扳手。

愛默生說，命運中的其中一部分是人類自由，「就像人類所想，人是自由的」。細想命運，其實它並不健全，命運還有疲弱懶散的一面，能讓它能輕易地怪罪任何事情。看待命運正確的方式是，在不降低我們行動自由的前提下，運用命運的自然力量激勵我們保持堅定，否則我們可能被情緒或環境的風吹得搖擺不定。

「人應該與一條河流、一棵橡樹、一座山相比較，他不應少於這些流動、張力與頑強。」

他人相信命運具有傷害的力量時，我們應該將它視為向善的力量，知道我們是被「命運天使守護」。先前已談過無預警的自然憤怒，愛默生認為我們可以「和命運一起面對命運」，因為「如果宇宙發生殘暴的意外，原子也會為了反抗而變得野蠻」。此外，創造力解放了我們，讓我們不致成為機器中的一個齒輪，而是揭開宇宙奧祕的參與者，頓悟宇宙的運作並找到屬於我們的地位來滿足創造力。當我們擴展到理解事物的同一性，自然地我們會提升世界的價值，我們可以陳述的「那是什麼」，與命運之書寫下的一樣多：

「思想可以分解物質宇宙，將心智置入全是塑膠的球體之中。」

愛默生更進一步地說：「總是有一個人比其他人更能傳達上帝的旨意。」真理的感知「是加入了成為主流的欲望」。自然力量很重要，但熱心的人類意志也很重要，這很可能激勵整個國家或激發出新的宗教。某種角度來說，英雄行為似乎無關命運，甚至沒有考慮到世界可以有其他可能。

愛默生說，更仔細地觀察後，命運其實是我們還沒完全解釋完的簡單因素。死於傷寒或許像「上帝的一時之念」，直到某人找出正確的管道，才能排除它，就像壞血病（或稱水手病），無數的水手死於這種疾病後，我們才發現只要多飲用檸檬水就能阻止疾病擴張；大片的土地讓人傷透腦筋，但鐵軌鋪好後就不成問題。人類的聰慧經常讓看似無所不能的「命運」成為笑柄。

愛默生的結論

散文最後，愛默生回到人與事件的關係，他說：「靈魂包含著應該降臨的事件，這些事件只是落實了種種想法，是形式的轉印，它與你就像肌膚般契合。」愛默生接著說：

「一個人的命運就是他性格的果實，從他的野心、他的同伴、從他的表現中展現出他的成長，這些看起來像是一些小幸運，其實是一連串的因果。」

他將歷史比喻為兩個男孩在人行道上互推，人既是推動者也是被推動者。脆弱的人被環境推動，聰明且健壯的人將似乎不可移動的物體，視為可以推動的事物，如此我們才能將思想紀錄在這個世界上。愛默生說：

「我們立足的這座城市是什麼？是遵循某人的意志，聚集著不和諧的物質堆砌的嗎？花崗岩雖然不情願，但人類的雙手過於強壯，讓花崗岩也不得不進入城市。」

總評

愛默生早期的兩篇文章：《自立》、《命運》，兩者的關聯是什麼？比較吸引人的說法是，後來的著作反映了更有智慧的愛默生，他更能適應自然的力量及人類居住的環境，就像愛默生正挑戰自己，相信早期關於個人權力的文章，是更為坦率的表現。

雖然《自立》表現了年輕人的積極感，《命運》則更為細膩，表達愛默生對個人與宇宙關係的基本定位。在《命運》的最後，他談到「美麗的必然性」，似乎是推動著宇宙的偉大智慧或「生命規律」。引領自然的力量超越文字，它既不是非個人力量，也不屬於個人。有智慧的人看見的不是偶然，也沒有意外，萬物都證明了自己的既有意義。注意到這個明顯的命定論後，有人認為愛默生最後仍選擇站在命運這邊，他說這是美麗的必然性（自然、上帝、規律、智慧），「在純淨的心靈中汲取全知的力量」。

這是我們最終得到的序曲。即使生命規律不會停歇，有它自己的內在因素，同時也希望我們與它並行，這麼做會失去一小部分的自我，但過程中將逐漸適應強大的事物，變得更有力量。我們不再只是一個客體，而是揭露宇宙過程中，強大的共同創造者。

拉爾夫・沃爾多・愛默生

拉爾夫・沃爾多・愛默生於一八〇三年在波士頓出生，家中有八個小孩，他的父親在他未滿八歲時過世。十四歲入哈佛大學，四年後畢業，當了一陣子中學教師後，再入哈佛大學就讀神學院，成為一位論[2]牧師，並與名為艾倫的女子結婚，艾倫後來死於肺結核。因為神學爭論，愛默生辭去職位，到歐洲旅行期間認識作家湯瑪斯・卡萊爾（Thomas Carlyle）、詩人塞繆爾・泰勒・柯勒律治（Samuel Taylor Coleridge）及詩人威廉・華茲華斯（William Wordsworth）。

一八三五年愛默生回到美國，定居於麻州康柯特（Concord），並與莉迪亞・傑克森（Lydia Jackson）再婚，兩人育有五子。一八三六年他發表《論大自然》（*Nature*），陳述先驗論的原則，他的先驗論者好友包括亨利・大衛・梭羅（Henry David Thoreau）、瑪格麗特・富勒（Margaret Fuller）、阿莫士・奧爾柯特（Amos Bronson Alcott）、伊莉莎白・帕博迪（Elizabeth Peabody）。接下來兩年，愛默生在哈佛發表許多極具爭議性的演說，一是提倡美國知識脫離歐洲（美國知識獨立宣言），二是要求信仰獨立於所有教條與教會之上。

一八四一年及一八四四年，他出版了兩系列的散文，包括《自立》、《精神的法則》（*Spiritual*

2 主張上帝只有一位，否認三位一體（聖父、聖靈、聖子）及基督有神性的說法。

Laws）、《論超靈》（*The Over-Soul*）、《論補償與經驗》（*Compensation and Experience*）。一八五〇年至一八六〇年，出版了《代表人物》（*Representative Men*）、《英國人的性格》（*English Traits*）、《生活的準則》（*The Conduct of Life*）。一八八二年愛默生逝世。

3RD CENTURY BC

致希羅多德、皮多克勒、美諾西斯的三封信

Letters

「我們必須追尋為幸福而存在的事物。因為擁有幸福時，我們感到滿足；失去幸福時，我們盡全力得到它。」

「最可怕的惡魔——死亡，對我們來說不算什麼，無論何時，當我們活著，死亡必不存在；當死亡出現，我們必不存在。」

總結一句

放下不理性的信念及恐懼，簡單生活，就能得到平靜及幸福。

同場加映

亞里斯多德《尼各馬可倫理學》（2章）
大衛・休謨《人類理解研究》（22章）
伯特蘭・羅素《幸福之路》（42章）

15

伊比鳩魯

Epicurus

西元前三〇六年，伊比鳩魯在雅典自家及花園開辦哲學學院，他不只招收男性成員，也對女性敞開大門，這使許多人認為伊比鳩魯提倡縱欲的享樂主義。確實，「伊比鳩魯學說」就是要人活在快樂之中。實際上，肉體上的快樂只是伊比鳩魯思想中的一部分，他強調肉體的部分實則是代表遠離身體病痛，因為伊比鳩魯視疾病為惡魔。

伊比鳩魯哲學真正的意涵是簡單、理性地生活，只須滿足個人基本需求，好好享受友誼及自然即可。他並不認同形而上的概念，例如柏拉圖的「形式」論，而傾向唯物論的宇宙觀，唯有我們可以感知的物質才是真的。伊比鳩魯不相信來世說，因此在世時能得到幸福是最重要的事。

伊比鳩魯於西元前二七一年逝世，留下超過三百卷著作，至今已遺失大半，其著作《主要學說》（*Principal Doctrines*）是希臘作家第歐根尼．拉爾修（Diogenes Laertius）在《哲人言行錄》（*Lives of the Eminent Philosophers*）中，收錄伊比鳩魯人物傳記而流傳下來，西元一八八八年考古挖掘時，在梵蒂岡文稿中也發現許多伊比鳩魯格言。同樣流傳至今的還有三封書信，伊比鳩魯寫給三位學生：希羅多德（Herodotus，不是那位知名的作家）、皮多克勒（Pythocles）、美諾西斯（Menoeceus），這三封書信表達他的主要思想，也是我們接下來討論的主軸。

這些書信花了很多篇幅討論宇宙及自然，讓人不免好奇為什麼伊比鳩魯對這些如此感興趣，但我們別忘了，在科學還沒自成一派前，「天堂」的物理性問題也在哲學探討的範疇。

宇宙自然觀

致皮多克勒的信中，伊比鳩魯寫道，我們可以透過觀察了解宇宙，不該依賴故事或神話解釋宇宙的運行。例如說，月球上沒有「月亮之神」，我們看到的月亮就是月球的一面。同樣地，天氣轉換也和勃然大怒的神無關，僅是大氣變化的結果，地震和火山爆發也是同樣的道理。宇宙運行不是說變就變，不是掌控於諸神手中，早在世界之初，所有物質就已經存在，依照它們自有的特質有序地運行。宇宙中沒有事物是「隨機變化」的。

我們必須敞開心胸了解宇宙究竟如何運行，如果原本信奉的觀點與事實不相符，就該拋棄它轉而接受事實。伊比鳩魯說，人類於宇宙運行的原則上，強加自己的想法及動機時就會面臨窘境。我們害怕自己的行為會招來報應或死亡，然而放大格局來看，這些根本沒有意義。了解宇宙及它運行的道理越多，對宇宙未知的恐懼及不理性的想法就越少，他對皮多克勒說：「我們不該認為天堂的知識除了帶來平靜心靈及穩定自信，還有其他目的存在。一如我們一貫追求的目標。」換句話說，知道得越多，害怕得越少。揭露事實是一件好事。

伊比鳩魯在致希羅多德的信中，闡述了他對宇宙起源及自然物質的細節看法。他認為宇宙及自然是從物質及虛無的對立面創造出來的，將無止盡地發展下去，「組成它的元素及空間都會持續不斷地增加」，他甚至說因為「原子」（古希臘語中最小粒子之意）是無限的，所以可以創造出無限多的世界。伊比鳩魯所說的可能就是量子物理學家寫下的這段話：

「原子一直持續移動。有些和其他原子保持相當遙遠的距離，有些則與其他原子交錯，或被其他原子覆蓋時，仍然保持急速震動。」

然而伊比鳩魯說，我們不能將物質不停分解成最小、最小的單位，這樣會使我們到達不存在的某處。另一個有趣的宇宙論觀點是，宇宙可能有很多肇因，由簡單的「故事」去解釋這一切是不合理的。反之，以理性的角度會揭露許多現象的成因，他說：

「在同樣的基礎下，我們認同某個解釋，而推翻另個一樣合理的論證時，就代表訴諸科學探索宣告失敗，只能仰賴神話。」

真正的幸福來源

科學方面，伊比鳩魯似乎是走在時代尖端，但他的宇宙觀是如何影響生活觀？他的名言：「我們的人生不需要愚蠢且無用的意見，遠離混亂即可。」可以同時應用在科學及個人生活上。簡單來說，幸福就是遠離不切實際的幻想。

寫給美諾西斯的信中，他說，我們所有的選擇都必須以此為準則：「身體健康或心靈平靜，因為這是快樂人生的目標」，避免病痛或恐懼是自然且有益處的行為，也會帶來快樂。當然，這不代表我們可以一直沈溺於快樂之中，理性的人會在心中衡量伴隨快樂而來的困境，也知道有時候痛苦比快樂更益於人生，因為它們終會帶來快樂：

「因此，每種快樂都是好的，它與我們有自然的連結，但不是每種快樂都是被選擇的。」

論及食物，伊比鳩魯說，我們應該習慣於簡單的飲食，而非「奢華的筵席」。如果我們天天吃筵席，就會害怕有一天不能再吃到美食，反之，偶爾吃一次美食，就更能享受吃美食的樂趣。

伊比鳩魯知道他主張快樂與幸福的哲學，經常被視為感官享受，但他的目標其實更為實際：「免於身體疼痛及精神苦痛」。創造快樂的人生不是靠飲食、性愛，而是謹慎地思考所有選項，才不會去做或思考會折磨心智的事。對他而言，好的人生就是快樂的人生，做對的事自然能讓心靈平和。壞的行為將導致痛苦的結果，與其如此，我們更該自由地享受簡單的生活，與朋友、哲學、自然及小確幸相伴。

伊比鳩魯也說，我們不該相信機運或運氣，唯有謹慎思考才能有平穩的人生。明智的人「會願意維持謹慎的態度，不仰賴運氣，而非做蠢事期待好運降臨。人類行為中，比起輕率決定卻幸運成功，敗於明智的決定會更好。」

伊比鳩魯要美諾西斯依照上述的方法生活，「不該被清醒或沈睡打亂日常，你應該活出出色的人生」。

總評

伊比鳩魯並未否定上帝存在，他只是說他們並不關心人生的瑣事，因此企圖懲罰人類的神是不對的。伊比鳩魯哲學尋找幫助人類遠離不理性的恐懼及迷信，並證明若人以理性做出選擇，必會帶來更遠大的幸福。兩千年前就預知了哲學家威廉．詹姆士的實用哲學，他說如果這些選擇能帶來快樂，並保持心靈平靜，我們就會知道理性是人生最好的引導。具有善德性的人不會為自己找麻煩（如伊比鳩魯在《主要學說》中寫道：「不受憤怒或偏好驅使」），也不會造成別人的困擾。他對我們的另一個勸言也流傳至今：

「若心靈不平和，即使擁有金貴的沙發、華麗的餐桌，也比不上心無畏懼地躺在稻草堆裡。」

伊比鳩魯說，心靈平靜的另一個來源是人與人的牽絆，宣揚與人為友是人生最大的快樂，所以第歐根尼．拉爾修才說伊比鳩魯的朋友比任何人都多。

伊比鳩魯

生於西元前三四一年，希臘薩摩斯島，伊比鳩魯曾在柏拉圖學者潘菲路斯（Pamphilus）門下學習哲學。十八歲時，他到雅典完成兵役，父母定居於亞細亞海岸的科羅豐。在那裡他遇到另一位老師瑙西芬尼（Nausiphanes），傳授德謨克利特（Democritus）的哲學，包含「清淨無擾」的人生目標。

西元前三〇六年，伊比鳩魯在雅典創立哲學學派，他的學院被稱為「花園」，伊比鳩魯被稱為「花園哲學家」，特別的是他的學生也包括女性及奴隸。多虧花園成員們的幫助，伊比鳩魯才得以安定下來，學生們遵照他的格言「低調度日」，以生活得沒沒無聞為宗旨。伊比鳩魯學派在古希臘及古羅馬都複製了原始花園的樣貌。

伊比鳩魯在世時，他的哲學散佈各地，一直到西元前二七〇年伊比鳩魯逝世。在羅馬，哲學家盧克萊修（Lucretius）幫助伊比鳩魯提高名聲，而西塞羅也在自己的著作中提及伊比鳩魯。中世紀初期，基督教諷刺伊比鳩魯為粗俗的享樂主義者，但六世紀時，伊拉斯謨（Erasmus）及蒙田等人卻以相反的觀點看伊比鳩魯，認為相較於天主教的迷信與縱欲，伊比鳩魯是明事理且理性的指標。

伊比鳩魯的著作有許多優秀譯本，本書參考自Eugene O'Connor 英譯本。

1966

事物的秩序

The Order of Things

「歷史學家想寫出十八世紀的生物學歷史，但他們沒有發現生物學並不存在，過去一百五十年我們熟知的知識模式，在這段時間裡都是不成立的。如果生物學是未知的，只有一個極單純的原因：生命本身不存在，真正存在的是活著的存在，透過自然歷史架構出的知識網格觀察出的存在。」

「科學是做工精美的語言。」

總結一句

每個年齡對於世界運轉的方式都有不自覺的假設，讓知識在每個世代所展現出的風貌全然不同。

同場加映

湯瑪斯・孔恩《科學革命的結構》（28章）

卡爾・波普爾《科學發現的邏輯》（39章）

16

米歇爾・傅柯

Michel Foucault

《事物的秩序》[1]是造就傅柯成為法國頂尖知識份子的著作，副標是「人文科學的考古學」，揭露知識如何成為文化產物，以不同學科表達出普遍世界觀。一九七一年美國出版《事物的秩序》時，文學評論家喬治・史坦納（George Steiner）寫道：

「坦白來說，第一次閱讀有種冗長、傲慢、含糊的陳腔濫調之感，一頁頁的修辭，就像有點疲憊的女預言家沈迷於自由自在的幻想中，溯源至法文文本，發現這並非起因於拙劣的翻譯。」

這本書確實有很多地方難以領會，和內容沒有太大關係，是因為這就是傅柯的風格，他會花上整整一頁的篇幅說明一個想法，但其實只需要一句或一個段落就可以了。幸運的是，有英文翻譯的前言提供了很多線索幫助閱讀。

傅柯的基本思想，或者是說「知識型」，都充滿著「積極的無意識」，觀看世界的方式是相當無自覺的。例如生物學或經濟學，都被視為不斷發展的知識領域，從最早的概念直到現在，然而，它並不會反映現實。人們從十七世紀開始看待生命科學（生物學）的方式，相較於他們當時看待財富及金錢的方式，更像十九世紀有生物學時的樣子。每個知識型都被文化包含在內，也不會「引發」另一個知識型。

分類規則

這本書的靈感來自傅柯閱讀波赫士小說時，提及參考了中國百科全書對動物的分類：

「(a)屬於皇帝的；(b)塗香料的；(c)馴養的；(d)哺乳的；(e)半人半魚的；(f)遠古的；(g)流浪的；(h)歸入此類的；(i)騷動如瘋子的；(j)不可勝數的；(k)用駝毛細筆描繪的；(l)等等；(m)破罐而出的；(n)遠看像蒼蠅的」

這個奇怪的分類法讓傅柯意識到，我們都有某種思考及觀看的方式，讓其他方式變得不可能。但什麼是我們真正發現的不可能？波赫士列出的清單詭異之處，在於每個分類之間毫無關係，毫無知識

---

1 法文原文書名《詞與物》（*Les Mots et les choses*）。

根據。這導出一個問題：我們自己的分類是以什麼作為依據？什麼才會被我們認為是真或假、有相關或不相關、存於文化還是時間之中？傅柯說，不僅是我們沒有客觀地感知事物，我們分類的系統也充滿假設，無意識地接收和接受：

「秩序是在一段或一樣的時間中，賦予事物的內在法則。隱藏的網絡定義他們面對彼此的方式，在一個個網格中沒有例外，都是透過一瞥、一個測驗、一種語言建立的；在網格中的空白處，秩序彷彿就在那邊，證明自己的深度，靜默地等待表現自己的時刻。」

傅柯希望以「針對特定時期的知識論」，取代具有起始點和線性歷史的科學或知識領域，以此取代傳統歷史思想，「如此發現了某些事物，以及他的影響是……」，這樣的分析結果告訴我們，任何人都會在某個世代中有他們思想和信仰。傅柯的考古學並不是要挖掘出特定的人，而是希望了解整個社會曾經如何生存，當時的信仰為何。舉例來說，如果目標是瑞士自然科學家林奈（Linnaeus），不足以列舉出他的研究成果，但必須了解知識及文化的「話語」，如此才能被表達、被注意到，這就是時代中「不言而喻的秩序」。文化的基本規則，管理了它的語言、價值、感知模式、貨幣交流、科技發展及實際的階級制度，「從一開始就為每個人打造了一切，他必須根據這些處理經驗秩序，並歸屬其中。」

傅柯開始研究古典時期知識的界限（十六世紀前的知識），以及組成現代世界的思想及知識。他以研究藝術（維拉斯奎茲的畫作《宮女》）及文學（唐吉軻德）作為序幕，以分析三個領域：語言、經濟、生物學。

創造現代：語言本身

對傅柯來說，古典時期知識的關鍵是心理表徵。當時的思想家可能會不同意真理或其他思想，但他們都會同意思想就是他們的客體表徵。從這個意義上，語言僅僅成為真理或客體的表徵，其本身可能沒有真正的意義。語言是思想的物理表徵，除非與它們相關，否則就沒有意義：

「從另一角度來說，可能有人認為語言在古典時代並不存在，但這是語言的功能：它存在於它表現出的角色，語言被精準地限制在這個角色中，最後消耗殆盡，除了表現時的語言自身，它沒有其他軌跡，也沒有價值可言。」

傅柯說，在康德之後，語言得到了獨立且具有必要性的生命，超越表達思想的框架，一般的文法已經無法滿足語言，於是開始發展語言學，研究自然語言的歷史及它關注的文本，乃至試著釐清語言中混亂及扭曲的分析哲學。以上兩種現代思維的互補方法就成為分析哲學及大陸哲學的基礎。語言從直接表述思想的框架中解放，被視為一個自主本體，沒有相似的系統將其與世界結合，劃分了內容與形式，以評註的形式轉移到評論，語言成為自身的真理。

這個嶄新的知識型也容納了「純粹文學」領域。尼采曾發問：「誰在說話？」法國詩人馬拉美（Mallarmé）回答：「語言自身。」文學既非相似物，也不是陳述，而是力量。分析《唐吉訶德》時傅柯寫道：

「語言中斷了與事物的舊有關係，轉向孤獨主權之中，在此它將於獨立領域，以純粹文學的模式再現；以相似的觀點，標記了相似性進入一個世代，一個瘋狂且充滿想像的世代。」

如果你要寫任何關於觀點、信仰、偏見、迷信的歷史，傅柯說：「這些主題的價值總是低於文字本身的價值。」為了找出人們在某一世代的想法，不是他們說了些什麼，而是他們如何表達自己的想法，做出哪些假設，才是我們要思考的部分。

創造現代：「人之誕生」

現代模式的思考發展中，比語言更重要的是找出「人」的知識論概念。傅柯說：「人」並非存在於古典時代（或更早之前）。並不是因為當時沒有人類是物種的概念，或心理學、倫理學、政治理念中沒有人性的概念，不如說，「當時沒有人的知識論概念」。

然而，現代將我們從事物的水平分類拉到垂直分類，即為抽象。有了人的概念，就像「生命的科學」（有生命體的分類）提供了生物學更抽象及科學的概念。然而，傅柯說：「人是最近期的發明，也可能臨近終點。」他的意思是如果我們現在的世界觀已然崩解，我們對自己崇高理想也即將崩解，同時也會相當受限。

總評

傅柯對知識型的概念與湯瑪斯·孔恩（Thomas Kuhn）的科學思維「典範」並無不同，有趣的是孔恩的《科學革命的結構》只早了《事物的秩序》四年出版，或許證明了知識進入特定世界的形式，也是個人沒有意識到的觀點。兩本書針對現代知識的狂妄，及知識累積的線性模式信念提出矯正方法。而事實上，不管在什麼領域中要構成知識根基，都不會忽然開啟並吞下所有事物，新的認識形式會在完全不同的地方展開。

當代法國哲學的特性就是許多斷言都沒有背景支撐，而《事物的秩序》也一樣。雖然這本書的價值在於「後設」的知識方法，對假設及偏差的質疑。傅柯曾寫道：「我無法想像對所有人宣稱，我的論述是獨立於條件及規則之外，因為我完全沒有意識到。」確實，我們現在覺得波赫士提到的中國百科全書分類很可笑，但一百年後，人們可能也會認為現今我們稱之為的「知識」，這些奇怪的分類和無關的關聯非常可笑。

米歇爾・傅柯

傅柯一九二六年出生於法國普瓦捷。他的醫生父親希望他就讀醫科，但他在學習時發現自己對文學及歷史更有興趣。一九五六年傅柯離開普瓦捷，去就讀巴黎的亨利四世中學，隔年即進入巴黎高等師範學校。雖然他的成績很好，但社交能力非常糟糕，也因為同性戀身分而感到痛苦，這段時間中，他和一名馬克思主義哲學家路易・阿圖塞（Louis Pierre Althusser）成為好友，後來傅柯取得了哲學、心理學、精神病學的學位。

一九五〇年傅柯成為里爾大學的助理講師，一段時間後他離開法國前往瑞士烏普薩拉大學教書，後成為波蘭華沙大學及德國漢堡大學的法國研究中心負責人。他開始對歷史有興趣，尤其是臨床精神病學的觀點轉換，使得《古典時代瘋狂史》（英文書名：*Madness and Civilization*）一書推出後大獲好評。

一九六三年出版了《臨床的誕生》（英文書名：*Birth of the Clinic*）。

傅柯的伴侶丹尼爾．德菲（Daniel Defert）被指派去突尼西亞服兵役時，他也於一九六五年前往突尼西亞大學任教。一九六六年《詞與物》出版後頗受讚譽，傅柯與雅各．拉岡（Jacques Lacan）、克勞德．李維史陀（Claude Lévi-Strauss）、羅蘭．巴特（Roland Barthes）被譽為當代最偉大的思想家。同年他出版了《知識的考掘》，並擔任克萊蒙費朗大學（University of Clermont- Ferrand）哲學系主任一職。一九七〇年，他受聘為法蘭西學院思想體系史教授。他活躍的政治活動及對社會行為的濃厚興趣，促使一九七五年的《規訓與懲罰》（英文書名：*Discipline and Punish*）問世，以此書檢視組織及控制的「技術」。

一九七六年《性史》（英文書名：*The History of Sexuality*）第一卷出版。傅柯的聲譽在一九七〇年至一九八〇年代不斷飆漲，他到世界各地演講，也在美國院校待了很長一段時間。傅柯曾造訪伊朗兩次，曾為伊朗伊斯蘭革命撰文，由義大利報社刊登。一九八四年傅柯逝世於巴黎。

2005

放屁

On Bullshit

「我們文化中最顯著的特色之一，就是有太多屁話，眾所周知，每個人都有所貢獻。但我們傾向將這個情況視為理所當然。多數人都認為自己有能力明辨屁話，避免被它欺騙，所以這個現象沒有喚醒更多人仔細地思量，也沒有引來更深入的調查。因此，我們並沒有好好理解什麼是屁話，為什麼這麼多屁話？它的功用又是什麼？」

總結一句

屁話籠罩了我們的文化，我們必須知道它與欺騙有什麼不同。

同場加映

諾姆．杭士基《理解權力》（10章）
米歇爾．德．蒙田《隨筆集》（34章）
路德維希．維根斯坦《哲學研究》（49章）

17

哈里・法蘭克福

Harry Frankfurt

二〇〇五年，一本只有六十七頁的書意外躍上暢銷書之列，它似乎挖掘出美國及英國發動第二次波斯灣戰爭中大眾對此的恐慌，而它的訊息也在特定事件之外得到共鳴。

哈里・法蘭克福，一名普林斯頓大學的道德哲學教授說，我們周遭圍繞著屁話，但我們看不出這是什麼，所以我們需要一個放屁理論。

為什麼它與欺騙不同

法蘭克福問，是否放屁就和「鬼扯」一樣。一九八五年馬克斯・布萊克（Max Black）所著之《鬼扯連篇》（*The prevalence of Humbug*），定義鬼扯是「欺騙的錯誤陳述，欺騙的成分較少，主要是裝腔作勢的話語或舉動，大多是某人自己的想法、感覺、態度。」

放屁與鬼扯相似，都是故意誤導的企圖，但沒有徹底的謊言。放屁也是一種裝腔作勢，是有意識地扭曲人看清情勢的錯誤陳述。因此，鬼扯與放屁都是意圖創造我正在思考或相信某事的印象，即使我沒有站出來實際地說出口。在這個差距中，即使我沒有說謊，不信任感也會出現。鬼扯的主要目的不是透過改變「事實」，創造不同的現實，而是讓別人對說話者有不同的看法。舉例來說，大型政治演說的目的不是述說世界實際的樣貌，真正的目的是讓演說者看起來就像個愛國、高尚的人，甚至是道德捍衛者。

法蘭克福的結論是，鬼扯並沒有捕捉到放屁的真正本質。他引用美國詩人朗費羅（Longfellow）的詩句解釋：「藝術的往昔時光／工匠無不細心雕琢／每分每秒無微不至／因為上帝無所不在」，一個固守舊風的工匠不會做出讓人印象深刻的事？恰恰相反，他們會確保每個細節都是精確的，沒有人可以找出他們工作的痕跡。反之，粗製濫造的物品都是放屁，過程中沒有顧慮到時間、工匠、照護的細節，一切都希望得到短期效應，只有製造者因此受惠，品質和耐久性都不在考量之內。

法蘭克福提到一段費妮亞・巴斯卡（Fania Pascal）與他的朋友維根斯坦的回憶，費妮雅在醫院進行扁桃腺手術時，維根斯坦打電話給她，她對維根斯坦說，手術後她覺得自己就像「被車輾過的狗」，維根斯坦不以為然地說：「妳根本不知道被車輾過的狗是什麼感覺。」維根斯坦的重點並不是狗的感覺，而是一個語言分析學者認為巴斯卡並沒有善用語言，她既沒有好好地陳述自己的感覺，也不能知道狗的感覺。雖然維根斯坦的反應的確太大，法蘭克福卻運用這個故事，更新他的放屁定義：這不是單純徹底的謊言，經常也不是謊言，而是不關心事物是否為真。

騙子跟屁話藝術家的不同

在「公牛時段」中（一群男人聚在一起談論女人、政治、運動或車子等等），目的並不是為了揭露或陳述任何偉大的真理，談論這些只是為了開心，就像這個動詞「說屁話」，可以只是顯露一個人個性的方式（遠離對某個主題下結論或承諾的世界）。這或許是個聰明的方法，然而，這種自我意識的桌邊對談，沒有人關心真理，就成為一個人存在的方式。想要好好地生活，我們就需要真相，有些人光說不練時，我們就會被激怒。

法蘭克福說：「說謊是極端專注的行為。」這種行為可與工藝元素相關，因為我們必須對所知的事實及公認的道德創造不信任。因此，騙子「為了發明謊言，讓我們認為他知道的是真相」。

反之，一個人想要在生活中透過說屁話的方式擁有更多的自由，他們不需要根據事實編造謊言，比起「建構一個故事」，他們說出來的話甚至不需要與事實或虛構有關。他們有更多的創造力，比較恰當的比喻是藝術，而不是工藝。屁話藝術家不需扭曲或改變事實，因為他們支持或證明自己要做的事，以自己的方式編撰自己，成為自己的主人，不像騙子或誠實的人，說屁話的人一點都不關心事實，事實只有在能幫助他們「逃脫懲罰」時才變得重要。有鑑於此，法蘭克福說：「比起謊言，屁話才是真實的最大敵人。」

為什麼有這麼多屁話？

法蘭克福承認，我們無法說現在的屁話是否比以前多，但肯定的是現在的屁話「不可否認地多」。其中一個原因是，我們許多人被迫談論所知不多的事。民主政體中，我們被期待對各種政治議題有自己的意見，所以我們建議大家避免說「不知道」。此外，我們活在相對的世界中，可以辨別及孤立真理的信念本身就很可疑，揭露什麼是正確的理想，已被真誠的理想取代：

「個人已不是將尋求一般世界的精確表達為首要目標，反而轉為嘗試提供自己的誠實表述，確信現實沒有與生俱來的天性，人們希望辨別事物的真相，而致力於讓自己的本性成為真實。」

雖然法蘭克福並沒有提到他，但我們可以說這種特殊的廢話起源於哲學家蒙田，蒙田非常坦然地說，事實上他對世界所知甚少，所以只好回頭檢視他確實知道的事物：自己。法蘭克福指出這個觀點中的瑕疵：我們不能一邊說我們有對自己正確、真實的觀點，同時又說其他事情沒什麼可說的。反之，我們是越了解這個世界，越可能揭露自身的真相。

總評

謊言會讓人震驚或驚呼，但我們會接受它，畢竟它與人類的本性一致。然而屁話，特別是它從個體擴展到組織、政府，就是不正當的行為，是人性的腐敗。拒絕「真理的權威」，接受販售或編織故事會導致如希特勒、柬埔寨共產主義者波布（Pol Pots）這類狂人崛起，他們渲染歷史，讓它看起來如此迷人，因而吸引百萬追隨者。

屁話很重要，所以才發展為放屁論，法蘭克福為哲學做出重大貢獻。當然，也有人以別種方式寫作這類主題：例如說，哲學家沙特給我們「本真性」概念，但這是另一本冗長、艱澀的書中提到的概念。如果有更多哲學家可以用通俗的用語，寫一本非常簡潔的書，例如《放屁》，他們對一般人的影響力必會增加許多。

哈里·法蘭克福

法蘭克福出生於一九二九年，一九五四年在約翰·霍普斯金大學（Johns Hopkins University）取得博士學位。先在耶魯大學（Yale University）、洛克菲勒大學（Rockefeller University）任教，後在普林斯頓大學取得教職，在該校擔任道德哲學教授直到二〇〇二年。他的學術興趣領域包括笛卡爾哲學中的理性及真理、自由意志決定論議題（特別是對道德責任的暗示）、同理心及愛。其他著作包括一九八八年《事關己者》（*The Importance of What We Care About*）、二〇〇四年《愛的理由》（*The Reasons of Love*）、二〇〇六年《真話》（*On Truth*）、二〇〇六年《認真待己、好好做人》（*Taking Ourselves Seriously and Getting It Right*）。《放屁》最早出版於一九八六年文學季刊《拉里坦》中。

2012

自由意志
Free Will

「自由意志是一種錯覺，我們的意志根本不是自己制定的，思想及意圖顯露於沒有察覺到的背景因素，而我們沒有意識地採用它。我們沒有自己所想的那麼自由。」

「我接下來要做什麼，為什麼仍然是一個謎，因為這完全由自然法則及宇宙的先驗狀態所決定。」

總結一句

不管在任何時候，我們的行為都是大腦狀態的結果，又歸因於先前的因素，所以歸咎於人們是無用的。

同場加映

朱立安·巴吉尼《自我欺騙》(4章)
拉爾夫·沃爾多·愛默生《命運》(14章)
大衛·休謨《人類理解研究》(22章)
弗里德里希·尼采《善惡的彼岸》(36章)
巴魯赫·史賓諾莎《倫理學》(47章)

18

山姆・哈里斯

Sam Harris

山姆・哈里斯在這本短短一百頁的書中，首先提到一個可怕的罪行。二〇〇七年，一個寧靜的美國小鎮，兩名男子於天亮前潛入一個房子，趁一名成年男子熟睡時，用棒球棒痛打他，接著上樓找到他熟睡中的妻子和女兒們，將女兒綑綁在床上，其中一名男子載著妻子到銀行，領出一萬五千美元（約新台幣四十五萬），回到家裡，兩名男子前後強暴其中較年長的女兒，聽到樓下父親的腳步聲，就在屋子裡潑灑汽油縱火，這名父親僥倖脫逃，但女兒們及妻子都因吸入太多濃煙不幸喪生火場。當警察抓到犯人，問他為什麼沒有在縱火前解開被綁住的人，他說：「我完全沒想到。」

哈里斯說這個故事的重點是什麼？我們覺得犯人的行為很可怕，因為我們假設他們可以選擇不這麼做，但他們仍犯下暴行，正是這種冷酷的意向性，讓我們覺得可怕（我們並不在意其中一名犯人曾在孩童時期被長期性侵，或者另一名犯人最近因自責而企圖自殺）。哈里斯指出他們的行為有多令人髮指，也承認如果和其中一名男子交換人生經歷，他也會成為這樣的人：「我不可能在同樣的處境下，看到不一樣的世界。」有一樣的基因、一樣的人生經歷、一樣的大腦甚至靈魂，我們也會在那個時刻，做出同樣的事情。

自由意志在哲學中一直是重要的議題，最近變得更熱門是因為神經科學的發現。哈里斯引用的實驗顯示，決定要做什麼事（舉起一隻手、移動椅子）有時候是在我們有意識地發覺前，大腦做出的決定，神經學幾乎讓我們相信可以自由行動的錯覺。哈里斯說，事實上，我們的行為和思想，都是神經傳導及大腦狀態產生的直接結果。

如果我們是自己，就不能有別的選擇

大腦中有很多過程是我們無法控制的，我們最多只能控制自己的心跳或呼吸，並沒有「決定下一個想法」的思考主動地發生，決定並不由意識產生，而是出現於意識之中。

但是，如果我們的有意識地思考及行為，是身體及情緒傳承的結果，如何讓人們為他們的行為負責呢？哈里斯說，他的想法並沒有免除人們的罪過，對待蓄意殺害幼童的人，顯然與車禍過失殺人的人有所不同。不過，強暴犯與殺人犯可能有不同的行為，他們其實可以抗拒自己的衝動，但鑑於大腦狀態都是沒有主觀意識到前因的主體，又怎麼會做出不同的行為呢？而如果確實如此，我們又如何「怪罪」他們呢？

然而，如果我們確實只是生物現象的工具，怎麼會有道德責任？這對我們的刑法系統又有什麼影響？即使自由意志是種錯覺，我們的行為確實有正面及負面的影響，以刑事法律來說，重點是必須從處罰轉為風險評估。哈里斯說，可能對他人造成威脅的人，只需要嚴加管控，而與犯罪相關的傳統輿論已不再有效。

我們的選擇從何而來？

哈里斯說，我們並沒有決定自己的欲望，它們「來自宇宙」，我們無法捉摸。你覺得渴的時候喝了一杯水，而不是果汁，為什麼不是果汁？因為它沒有出現在你的腦海，就像犯人也沒有想到在縱火前鬆綁受害者。

哈里斯指出，心智的意志與非意志狀態不同，它們受大腦不同的系統掌控。因此，意識非常真實。但是，我們在有意識思考的狀態，不代表我們的意志是自由的，因為「直到意向出現，我們都不會知道我們意圖做些什麼」。

傳統思考觀點想像「人類中介必須神奇地超越物理因果的表象」，我們意識的意向展現了意志自由。哈里斯說，對，意向確實告訴我們關於人類的很多事情，但意向的起源完全是一個謎。

哈里斯的爭議點是我們的「歸因中介」（做某事的原因）總是錯誤，事實上，下達指令給心智後，我們開始就編造理由，但實際是我們不知道為什麼、也不知道怎麼做。「我們做任何自己能做到的事，但斷言我們可以做到其他事是沒有意義的。」或者，換句話說：「你可以做任何你決定要做的事，但你不能決定你將要決定的事。」

總評

自由意志是錯覺的觀點，在哲學領域得到很多支持。哲學家叔本華駁斥自由意志，普羅提諾（Plotinus）則說，幾世紀以前「我們的思想都由一系列的前因所決定」，尼采在《善惡的彼岸》中寫道：「我永不厭倦於強調小小的、簡明的事實，那就是想法會在『它』希望的時候到來，而不是『我』希望的時候。」尼采認為有自我意願的自我是個謎團，更精確地說，「人」所做的事，意味著複雜的感受、情緒及思考。

哈里斯視自由意志的觀點為宗教的衍生物，主要功能就是提供心理信念。但在《自由意志》後半，他提出疑問：沒有意識到自由意志是錯覺，是否會降低生命的品質？這是主觀問題，他只能依據自身經驗回答，他說這只會增加對他人的同情，降低優越感及驕傲感，因為他的成就不能說完全是「他的」，這些都來自於他幸運的成長環境、基因、以及生活的時刻及地點。

察覺到自由意志是錯覺，不會讓他變得宿命論，反而增加了自由感，因為他的希望、恐懼等等，將以不可抹滅的方式而非個人行為被看待。

哈里斯花了數年時間練習佛教冥想，最終目的是消除不可抹滅、堅實的自我，這個練習的影響在他的著作中顯而易見。當然，佛教的另一個特色是強調因果關係，我們對他人的行為塑造了我們的生命，但我們可能永遠不會發覺這點。無論我們是否相信自由意志，因果報應都在運作中。

山姆・哈里斯

山姆・哈里斯出生於一九六七年，在美國洛杉磯長大，母親是猶太裔，父親是基督教貴格會信徒。他沒有宗教信仰，但宗教一直是他非常感興趣的領域。哈里斯原本在史丹佛大學就讀英文系，但在大二時離開學校前往亞州與印度教和佛教導師學習冥想。一九九七年他回到史丹佛大學取得哲學學士學位。二〇〇九年於加州大學洛杉磯分校（University of California, Los Angeles）取得神經科學博士學位。

哈里斯的暢銷著作包括二〇〇四年《信仰的終結：宗教、恐怖行動及理性的未來》（*The End of Faith*）、二〇〇六年《致一基督教國度書》（*Letter to a Christian Nation*）、二〇一二年《自由意志》。同時，他也是理智工程（Project Reason）的共同創辦人，致力於傳播科學知識及社會普遍價值的非營利機構。

1807

精神現象學

Phenomenology of Spirit

「將哲學帶往科學的形式，在這個目標中，它可以將『熱愛知識』及『實際知識』暫時放在一邊，這也是我要自己做的事。」

「歷史，是一種意識，自我沈思的過程——清空精神，進入時間。」

「真理是全體。」

總結一句

人類發展的真實故事不是科學進程或「世界新發現」，而是意識本身的認知，以及意識透過人、政治、藝術、制度尋求表達的方式。

同場加映

大衛·玻姆《整體性與隱秩序》（9章）
伊曼努爾·康德《純粹理性批判》（25章）
索倫·齊克果《恐懼與戰慄》（26章）

19

格奧爾格·威廉·弗里德里希·黑格爾

G.W.F. Hegel

一本傳奇、費解的《精神現象學》，讓那些曾認真閱讀、見證力量的人，心中發出對黑格爾的懇求：「我有點懂你想說什麼，但為什麼你呈現的方式如此艱難？」但仍可以諒解這本書之所以難懂的原因。如同研究黑格爾的弗雷德里克·貝澤（Frederick Beiser）所說，黑格爾的著作「經常是一次次嘗試、疲憊的體驗，就像用智力咀嚼礫石」。

貝澤也說，我們的時代似乎失去了黑格爾的「喜愛絕對精神」，世界大戰後的大屠殺、數不盡的罪惡，在這些過程中黑格爾的信念似乎天真的可怕。從世俗層面看，我們現在生活於特殊、原子、多元的世界中，「整體」及「統一」這兩個黑格爾最喜愛的觀念，似乎沒有多大意義。

然而，黑格爾透澈的觀點依舊迷人，也不像一開始那麼與當代生活格格不入。如今，把黑格爾放入塵封的箱子裡，外面寫著「十九世紀德國唯心論」，阻止我們了解他如何解釋他的學說，以及做為現代化支持者的才華。反對科技、自由、資本主義會傷害靈魂的不切實際觀點，黑格爾說，其實現代社會是我們最偉大的成就，這是人類等很久的機會，無法阻止對「精神」或意識的絕佳表達，在這之中個人角色並不是很清晰，但我們會發現，黑格爾提出實際的解決辦法。

《精神現象學》確實非常艱澀，但錯過了如此完整透徹的見解，必會感到羞愧。儘管很難簡化這本書的內容，卻可以提出一些黑格爾哲學的要點。

宏觀的概述

如黑格爾在著名的前言中提到，傳統哲學家將他們的專長視為一場競賽，只有一個系統才能「獲勝」，他們看重意識形態戰場的觀點，但黑格爾反而採取原始方法，換句話說，就是鳥瞰一切：他認為競爭的哲學有自己的地位，隨著時間推移會展現「進步改變的真理」。放在植物學術語，他說這就像花苞一旦開花就會被遺忘，花朵一旦結果也會被遺忘，其揭露了一棵樹的真理或目的。黑格爾的目標是把哲學從單一層面中解放，展現整體的真理，最好將文化及哲學的多樣性、豐富性視為一場偉大的運動。

這本書的名稱也可以被譯為《心智現象學》，這樣就無關神祕的「精神」，而專注在意識本身。現象學研究可以被證實或存在的事物，字面意義即為意識如何在真實世界中證明自己。每個人都是數千年發展的產物，黑格爾的目標是找出身為一種物種，已經發展到什麼程度。對他來說，「科學」不僅僅是自然現象的研究，也是這段時間的意識發展，「歷史」則成為我們對自我意識感受更強烈的過程。整個宇宙顯現的只是精神的一段過程，在一次運動中擴展、又回到自身。幫助理解黑格爾目標的方式，就是回到這本書的原始書名，或許多少能為讀者釐清概念，那就是：「意識經驗的科學」。

遠大的科學觀

黑格爾反對從古至今的經驗主義或唯物主義哲學家，他認為將知識限制在自然、物理現象中，是很瘋狂的想法。反之，完整地看進現象世界中，我們終會抓住其背後的內在真理，得到絕對的知識。認為人類的腳步應該止於物質世界，或認為這就是唯一世界的人，黑格爾認為他們過於缺乏勇氣，或者過於懶惰，要有全面性的了解，必須接受所有不管是不是物質世界的事物，所謂的「科學」，就是如此真實的工作，黑格爾的「概念」(Begriff) 指的就是事物的自然本質，不只是顯而易見的證明。黑格爾寫道：

「真正的思想及科學觀點只能透過勞動『概念』贏得，唯有這個概念才能產出知識的普遍性，既非模糊不清，或一般不足的常識，而是真正完整的發展、完美的認識。」

換句話說，真正的科學，必須超越純粹物理及辨別看不見的邏輯，或者真相被揭露的過程。黑格爾承認這樣的科學觀永遠不會得到好的反饋，也可以了解為何後來的分析哲學家，如艾耶爾（A.J. Ayer）及羅素（Bertrand Russell），對黑格爾如此漠不關心。

身為後啟蒙時代思想家，黑格爾必須以「科學」的方式談論，這是史蒂芬·霍金不會承認的科學。黑格爾認為，自然科學很有魅力，因為我們只需看著出現在眼前的事物，不會錯漏任何細節，它讓我們有正看著所有事物的感覺，但這其實是一種貧乏、抽象的知識，因為它只提供資訊或數據，並沒有理解。此外，「客觀」分析只是假象，事物只會存在觀察者感知的內容中，客體與主體被綁在一起：客體、觀察者、觀察的動作，都成為一體，以這種方式觀察事物是對「科學事實」的嘲弄，告訴我們意識是科學的一部分，如同意圖分析的客體世界一樣。對黑格爾來說，這是理解世界最實際的方法。

海德格在《精神現象學》講座中，特別提到黑格爾區分了「絕對」及「相對」現實。相對知識是了解事物之間的關聯，絕對知識是存在於自身的現實，不需和任何事物有所連結。根據黑格爾的思想，科學可以透過意識辨別絕對現實，這明顯地轉向科學的一般定義，檢視、合理化世界的實際事物，但黑格爾說，世界的相對現象就像樹林，而我們必須看到的是樹木，或者說，是萬物背後的非物理現實。真正的科學家願意看遍萬物（絕對、相對知識），只為得到真理，幸運的是，我們的意識適合做這件事。黑格爾將哲學稱為科學，因為早於所有知識之前，它就能意識到絕對知識，就像前言所說，他的目標是將哲學從純粹愛好知識，變成「真的」知識。

對黑格爾而言，科學的真實故事不是我們「發現了宇宙」，而是我們發現了自己的心智，以及意識本身。科學、歷史、哲學只是說明這段時間內，我們的意識如何覺醒。而科學發展的軌跡是將所有事分解成更小、最小的單位及類別，完成之後，再次將它們組合起來，回到整體的理解。

黑格爾世界觀的個體

理解到世界的發現就是意識（精神）的發現有什麼意義？黑格爾說，人必須了解在偉大的運動中，自己的貢獻必然微小，我們顯然得做到力所能及的限度，其中確定的是，世界不會因此轉向我們。

對如此宏觀的思想家來說，令人驚訝的或許是，黑格爾提供了個人幸福的祕訣。人發現自己的個體性是虛幻的，就會變得快樂，擁有軀體的經驗只是暫時的「物性協議」。我們發現相信個人獨特性已然不可行，雖然我們欣賞與其他事物的統一性，但這不能讓我們成為快樂的人。痛苦會讓我們困在自己的小世界中，相信這就是現實，然而，意識只是一種自身統一性精神的表達或媒介，讓我們超越了幸福／不幸福的二分法真理。

黑格爾說，在一種文化或國家中，人們有鮮明的個性，要感謝國家的「力量」，提供了適當的環境，讓人們得以展現。但是更普遍、抽象的術語是，我們所擁有的只是「技能及慣例」，我們為自己所做的，似乎是為了滿足他人的需要，以及整個社會的發展（個人在獨自的工作中，無意識地執行一項普遍的工作），若能在更大的格局中扮演自己的話，我們的性格就能充分表達出來。黑格爾說，古代最有智慧的人知道「智慧與美德在於國家的風俗」，透露了他守舊的政治主張。

人自然會尋求他們的目標，勇於捨棄，追求及享受事物，「把握生命，就像摘下成熟的果實一樣」，不需要思考幸福的抽象概念，更不用思考法律或風俗，地球只是個遊戲場，為了滿足欲望和快樂而存在。然而，我們終會發現，為自己而活不會得到滿足，最終目標只是為了讓人意識到，「人只是瞬間的存在，一個『普遍物』」。

自我意識中的轉變，從簡單的自我意識，也就是一束欲望（為己存在），到理解自我是更大的普遍性或意識的一部分（在己存在），或至少是群體中的一部分。這不會一直是好的經驗，因為我們只將自己視為必然性的一部分，這使我們失去了個體感受，但沒有任何事物能取代它。「不被理解的普遍力量」之上，人可以被「砸成碎片」，然而，個人意識並沒有真的終結，只是提升到意識的新層次。在此之中，自我已經理解自己是必然性的一部分，或是普遍法則的規範。從宇宙中的客體，進而成為宇宙運作的一部分，或是「內心法則」，更願意找出人類的福祉所在。

我們曾享受的快樂，讓我們有了驚人的理解：就是我們總是打算放棄自我的獨特性。即使我們從一開始、甚至永遠都不願意這麼做。自我能激勵我們，但自我無法理解這個運動中它寫下自己的死亡判決。如今，我們看到的內心法則，成為每個人的內心法則，而「我」只是意識中發展得較大的部分。對黑格爾來說，「美德」只是意味著忽視個體性的欲望，然而我們確實是個體，就像飛濺的水珠也是個體，在空中短暫地分離過後，他們終會回到、掉進它們的源頭之中。

黑格爾的宗教觀

根據研究黑格爾的學者－斯蒂芬．赫爾蓋特（Stephen Houlgate）所說，黑格爾最關心的是理性，宇宙根據理性運作，推測性的哲學將會被解碼，而大多數人不是不能，就是不想研究哲學，宗教因而變得重要。黑格爾認為，我們生活在理性的宇宙中，如果能感知得到，就會產生更大的影響，而這正是宗教所提供的，哲學用語可能是「存有的根基」，這導致物理世界中的宗教稱之為「上帝」，因此愛上帝只是理性本身的愛，如果我們覺得上帝永遠都能創造完美之物（可能不是現在，但過去都是），我們就會接受基於理性，而非隨機性的宇宙觀。

黑格爾等化了理性與上帝，現代人仍可以說：「好吧，我會相信理性，你也可以相信上帝。」這是另一種看黑格爾觀點的方式，但他會這樣反駁：「這樣也好，但如果你只看得到物質條件，就無法充分理解世界中的理性如何運作。」對無神論者來說，所有宗教信仰都只是童話，但是對路德教派的黑格爾，基督教不是照著聖經的一字一句來理解，宗教意象和敘事只是揭示理性及運作的方法，「信仰」及「愛」的感覺，才是能讓我們跳脫大腦智力表達理性的方式。

值得注意的是，黑格爾並沒有視宗教為「拐杖」或「安慰」，反而說這是一種心理錯覺。而信仰與愛，是人類走向真實核心的自然途徑，超越物理世界的表面真理。如赫爾蓋特所說：

「我們必須謹記，黑格爾並沒有視信仰與哲學為世界的兩大對立面。反之，他認為它們說的是同一件事，揭露同一個真理，只是以不同的方式闡述真理。」

確信我們是神聖之愛的對象，表達出理性是運轉宇宙的力量，這讓信仰者及無神論者都宣稱黑格爾支持他們，雖然他們只揀選對自己有利的內容。黑格爾認為，以精神或物質式的方式觀察世界同等重要且真實，而他的哲學如此浩大，讓兩者在他的哲學中都不會構成矛盾。

總評

每個世代都會重新審視黑格爾，檢視他的「科學」成為一種潮流，因為他的觀點依賴著顯然無法證明的形而上學。對許多人來說，對黑格爾哲學感興趣的原因，是因為他的思想觸動很多反應，於是產生新的哲學，包括存在主義、實用主義、傳統分析哲學，當然，還有馬克思主義（馬克思的「辯證法」就是黑格爾歷史觀的分支）。一九八〇年及一九九〇年代，人們忽然又對黑格爾思想產生濃厚的興趣，但他強調的目的論（世界朝著積極的方向），仍受到許多當代哲學家懷疑，抨擊黑格爾就像一種運動，但越是反感，他的名聲就越為顯著。

他的基本原則錯得如此離譜嗎？今日，我們必須勇敢地站出來說，歷史本來就是意識增長的結果，因此所有事都要有一個理由才會發生。

很多人與黑格爾的初次相遇，是從美國政治經濟學者法蘭西斯・福山（*Francis Fukuyama*）一九九二年出版的暢銷書《歷史之終結與最後一人》（*The End of History and the Last Man*），寫於東歐共產主義瓦解後沒多久，他透過全球轉變為自由民主政體的觀點與歷史發展得出結論，這個觀點很大程度上是受到黑格爾啟發。許多評論家譴責認為歷史具有方向性、概念性的觀點，許多事件的發生（種族戰爭、九一一事件、經濟大蕭條）似乎就反駁了這點。然而，現代許多人甦醒了，積極對抗極權主義，黑格爾認為自由要尋求表達，就必須透過現代化制度（科技、藝術、自由民主）才合理。

《精神現象學》提醒了我們，（我們自己的政治、歷史）意識通常是積極的。確實，這本書寫於拿破崙軍隊粉碎德國舊有帝國之際，給了黑格爾的理論一個恐怖、近在咫尺的範例。他寫道：

「精神與它長久存在及觀念的世界決裂，將心智淹沒於過去之中，在它自身轉變的勞動之中。其實精神從未停歇，而是永遠忙於前進。」

如同意識之增長（體現於人、制度、風俗、法律中），摧毀或改變它創造的一切，讓那些更大的自我覺醒顯現出來，進而取代意識。當然，事件的洪流會有明顯的轉變，但整體模式是清晰的。

格奧爾格・威廉・弗里德里希・黑格爾

格奧爾格・威廉・弗里德里希・黑格爾出生於一七七〇年，初階公務員之子。黑格爾卓越的表現讓他得以就讀杜賓根大學（University of Tübingen），認識後來的唯心主義哲學家弗里德里希・謝林（Friedrich von Schelling），以及浪漫派詩人弗里德里希・荷爾德林（Friedrich Hölderlin）。大學畢業後，黑格爾在德國伯恩及法蘭克福當私人家教，後來在耶拿大學（University of Jena）擔任講師。他完成《精神現象學》後，拿破崙軍隊進入德國耶拿，大學關閉，沒了工作的黑格爾，到了德國班堡任報紙編輯。一八〇八至一八一五年間，在紐倫堡一所中學擔任校長一職，這段期間也完成了《大邏輯》（*Science of*

Logic）三卷，以及《哲學科學百科全書》（*Encyclopedia of the Philosophical Sciences*）。

黑格爾在紐倫堡結婚成家（一個女兒出生沒多久夭折，育有兩個兒子）。一八一六年重新開始了他的學術生涯，於海德堡大學（Heidelberg University）擔任教授。一八一八年他搬到柏林，一八三一年於柏林逝世。黑格爾死後，他的追隨者分為左派及右派，卡爾・馬克思（Karl Marx）成為左派的主要領導者。

黑格爾的第一本著作是一八〇一年《費希特與謝林哲學系統之間的差異》（*The Difference between Fichte's and Schelling's System of Philosophy*），《精神現象學》的後續是一八一二年及一八一六年《大邏輯》，而一八二一年《法哲學原理》內容包括黑格爾的政治哲學，一八三一年《歷史哲學》則是於黑格爾死後出版。

1927

存有與時間

Being and Time

「為什麼存有存在，而無反而不存在？這是好問題。當然，這不是時間順序中的第一個問題。我們每個人都至少一次，甚至時刻被這個問題隱藏的力量觸動，無法恰當地理解發生在我們身上的事。比如說，強烈的絕望之際，事物的重量逐漸減輕，對事物的知覺變得遲緩，問題就浮現眼前。」

「我們已經定義存在是即將成為存有的能力，一種屬於自己的特性，它可以具真實性、非真實性，或是與兩者沒有區別的模式。」

總結一句

人類存在是個謎團，一個真實的人會反映謎團的樣貌，同時活在真實世界中，創造無限的可能性。

同場加映

漢娜・鄂蘭《人的境況》(1章)
勒內・笛卡爾《第一哲學沈思集》(13章)
伊曼努爾・康德《純粹理性批判》(25章)
索倫・奧貝・齊克果《恐懼和戰慄》(26章)
尚-保羅・沙特《存在與虛無》(44章)

20

馬丁·海德格

Martin Heidegger

馬丁·海德格被譽為二十世紀最偉大的哲學家，他對表面上顯而易見的問題或命題採取的辯證法，至今仍對當代哲學產生極大的影響。《存有與時間》是海德格的代表作，出版時非常受到矚目，經過十二年「沈默時期」後似乎更無處不在了。事實上，多年來海德格持續講課，在德國學生中名氣甚高，認為他是真正原創的思想家。如同他的學生漢娜·鄂蘭曾寫下：「這個名字不過是個名字，但這個名字傳遍德國，彷彿傳說中的地下國王。」

《存有與時間》是海德格為了申請佛萊堡大學正教授職位而著，而這只是原定浩大出版計劃的第一步。此書出版後享譽國際，海德格也升任為佛萊堡大學的校長，並接任其指導教授埃德蒙德·胡塞爾（Edmund Husserl）的教席。然而，這個職位暴露了海德格對政治理解的「天真」（或黑暗面，端看你怎麼想），他成為納粹黨的支持者，起因於第一次世界大戰後德國蒙受屈辱，海德格（及其他許多人）都希望重振德國，而他是否真的反猶太，至今仍是個問號。海德格曾和猶太學生漢娜·鄂蘭有一段戀情，之後鄂蘭仍忠實地支持著海德格。不管對海德格的爭議想法為何，海德格哲學確實離不開他的政治觀，也恰恰證明他的觀點，人看似以個體存在，但他們永遠無法與身處的社會環境切割。

《存有與時間》是眾所周知的難以理解，解決閱讀困難的最好方式就是透過絕佳的評註。如果你能讀透它，就能體會恍若身陷流沙的感覺了。

存有及人格

《存有與時間》的一開始，海德格就先提及關於「存有」的問題，許多中古世紀的哲學家都已各自闡述，但沒有人深刻地探究過。這個問題幾乎被視為理所當然，因為所有人都「正在」經歷存有，因此我們知道「將會」是什麼樣子。然而，海德格說，根據哲學分析，「存有的意義被隱蔽於黑暗之中」。

評論家們一直苦思海德格的答案，他將答案包裹於各種德文詞彙中，要譯為英文並不容易，其中最重要的Dasein（中文多譯為此在），字面上直譯是be there（在這裡存有）的意思，海德格認為它具有自我反射的意識性，而人就是最明顯的例子。海德格提出的大問題是：什麼是人格？人類存於世界上，受時間及空間限制，又是什麼感覺？

對海德格而言，哲學關注外在世界是否存在以及我們已知的問題，實則是在浪費時間，真正重要的是「在世界上存有」（在世存有），或我們存於世上是否極具意義及可能性。先前的哲學家將自我視為觀察力敏銳的意識，海德格受中古世紀天主教神學影響，重新定位自我於世界的位置，使他走向完全不同的道路。笛卡爾認為自我的座右銘是「我思」，海德格則是「牽掛」，不同於道德情感的普遍意義，更像是尋找、探索、創造、處理、建立起某物，是我在他者中的社會或政治地位（也包含對他者的關切），以及自己的發展或改變。

海德格認為觀察世界有三種模式：環視（Umsicht），「觀看四周」；顧視（Rücksicht），「體貼」其他存有者；透視（Durchsichtigkeit），看透我們自身。每一個基礎都不同，超越笛卡爾二元論的「心靈」與「物質」。透過這樣的差別，我們開始了解為何海德格認為「存有」遠比我們看到的還多。

被拋入世界

胡塞爾創立現象學，海德格曾是他的學生及助教。海德格辯證法中，他回溯希臘文phainesthai的起源，這個字的意思是「展現自己」，其字源是由phaino發展而來，意思是為某物帶來光亮。海德格現象學的主軸在於解釋事物如何展現自身，特別是人類在世界上如何「展現」自己。他在人生劇場中屏除所有神學概念，人以永恆的本質和靈魂存在趨向存有，如同人展現自己，此在（*Dasein*）的本質是不斷的自我提問，探索自己的地位，釐清不確定性及確認自己身分，另一部分是對世界展現及揭露自身，人類透過談話及行動展現自己，人生就是在環境中探索自己的可能性，找到自我價值。

「被拋擲性」是《存有與時間》的核心思想。人類被投入特定的地點、時間、家庭，並非是自己的選擇，而人生就是要合理化「掉落」這件事情。我是怎麼來到這裡？我為什麼在這裡？我要做什麼？感到茫然的部分起因於內心感覺「罪惡」或「虧欠」，覺得活著有責任要做一些事，幸運的是我們有談話及行動能力，可以透過它們找出生命的意義。的確，在我們之前，意識和環境都已備妥，生命不可能毫無意義。死亡也是海德格哲學的重點，代表著人結束了自我展現，而死亡也是展現自身的本質。

情緒是什麼？

海德格所認為的情緒和情感，與傳統心理學的解釋截然不同。他將人類的本質視為多種情感變化的恆久狀態，我們的感覺和情緒並不是真實生活或工作中可以迴避、縮減的事物，這些是我們存在的核心。我們無時無刻都與情感共存，或有「朝向某物的感覺」。

不管是負面或正面情緒，都是我們向世界傳達與回應的媒介。有了情緒，我們無法再置身事外，情緒警醒我們當下存在的樣子。確實如此，我們對世界的理解並非透過置身事外的邏輯因素，而是源自我們的性格或情緒。研究海德格的學者湯米．格里夫（Tom Greaves）說，海德格不會支持「情緒智力」可以作為多種智力分類之一，但恰恰與其相反，所有智慧都來自感覺和性格，如同海德格所說：「理解總是參雜情緒。」

情緒的德文是*Stimmung*，曾是使樂器聲音和諧、調音的意思。情緒是我們存在於世界的「協調性」，我們可能時而偏離（恐懼、焦慮、擔心），或恢復正軌（生活順遂），或者正好遇到一件事、一個地方、一個人，注入全新的情緒（一場絕佳的演說或置身絕美的森林），我們始終在協調自己的情緒。

真實的自我

對海德格而言，真實意味著認清擁有意識的可能性不高的事實，並持續「合理」我們的存在。反之，不真實的人生，是透過社會「他者」（They）塑造而成。真實的個體可以完全掌握自由，在有限的時間、空間及社群範圍內，成為自身存有的主人。真實性有程度上的疑慮，畢竟沒有人真正從公眾、社群的聲音抽離，海德格也稱之為「同一」。

存在的基本特性就是「我的」，這是重大的理解。少數人可能無法抓到真實生活的意義，對人類而言更自在的存在模式就是和群眾一樣，而非選擇自我實踐或嚴厲地自我審判，即使有人選擇後者，也不會有完全「創造自我」的人。

對生命最好的回應就是將自己拋擲進去，無視大眾的意見，在拋擲途中為哪些是實際或真實定出結論。矛盾的是，唯有承認我們是世界的一部分，才能精確地看出我們能創造改變的地方，而人類只需單純地存在就能幫忙建立世界。

畏懼與決斷

就海德格的觀察，焦慮的感覺是人類在世的經驗中，一種「流離失所」（not-being- at-homeness）會產生的自然結果。而畏懼也是真實生活中的一部分，因為真實性的特性並不是與世隔絕，而是我們認知到這個事實，並且與其共存下去。事實上，當一個人完全獨自生活，一人在家的感覺，就是不真實的警訊，因為這代表他們並沒有完全警覺到自己的存在有偶發性和神祕性。存有的偉大之處在於質疑神祕性，帶著不確定性（及所有的恐懼）選擇在生命中發揮人類的價值。

「良知」在海德格的詞彙中並不代表道德，而是提醒我們持續走在自我檢視及行動的道路上。「決斷」則不被歸於「他者」及「同一」中，不受公眾規則及意見左右，必須體認到我們在世界及他人中扮演著獨特的角色。

存在於時間

海德格認為，關鍵在於存有是受限於時間的。我們存在於時間中，一種永遠朝向某物的感覺，所以人的特性就是擁有未來的展望。儘管我們是過去的生物，居住於過去，但人的真實特性就是往前看，我們就是自己的無限可能。

海德格拒絕將哲學僅僅置於可觀察的知覺或邏輯之上，他完全否定叔本華式（唯意志論）的思想：世界只是我們心智反射出的影像。我們的的確確存在於世界中，不可能與自身存有剝離，我們的存在與世界息息相關：愛、行動，且具有影響力，這是存有的特性，與我們的人生共存。

總評

海德格對沙特及其他存在主義者有莫大的影響力，雖然他否認自己是存在主義者，主張他的思想重點在於人並非他的存在，而是存有自身，人才是最高深的闡述。而一般學者的論點是，海德格對存有的探究，並非為了益於生活，《存有與時間》並不是一本勵志書，即使確實會從中獲得啟發。

常識可能證實他對存有的真實性、不真實性的區分。我們一方面要求人要善於交際，接受時間觀，參與政治活動，另一方面我們又得要接受真實的人生，希望可以好好運用人的特性，創造更多可能。儘管《存有與時間》有著冰冷如診療般的風格，它所呈現的卻是對人類可能性及存有權利的熱情，告訴我們能夠在有限的時間中打造強大的自我，克服被拋入世界的混亂而存在著。

馬丁・海德格

海德格出生於一八八九年，成長於德國西南方的梅斯基希（Messkirch）小鎮中一個保守的天主教家庭。十四歲時他就讀中學，準備成為神職人員，而後轉為研究文學、哲學及科學。十八歲那年，海德格讀了他的哲學啟蒙書——德國哲學家布倫坦諾（Franz Brentano）所著的《論亞里士多德學說中「存在」的多重含義》，因此將他導向胡賽爾（Husserl）的思想。二十多歲時的海德格有多篇文章刊登於天主教刊物中，並於一九一三年取得哲學博士學位，兩年後以研究哲學家鄧斯・司各脫（Duns Scotus）的論文取得教授資格，一九一八年，海德格於佛萊堡大學成為編外講師[1]（Privatdozent），從旁協助胡賽爾。一九二三年，海德格受聘成為馬爾堡大學的助理教授，並於一九二八年回到佛萊堡大學任職哲學教授。他具有強烈的德國民族意識，也因此深受納粹黨強大的「民族社會主義」所吸引，任職佛萊堡大學校長期間，海德格遵循納粹指示重整大學，其中包含對猶太學生的種種歧視。然而，二戰後開始「去納粹化」，漢娜・鄂蘭曾為他辯護，稱海德格只是一位天真的民族社會主義信徒，無法預見納粹掌權後的暴行。海德格與鄂蘭始終保持聯繫，直到一九七六年海德格逝世。

1　德國的編外講師具有教授資格得以授課，但不支薪。

6TH CENTURY AD

赫拉克利特著作殘篇

Fragments

「無論醒著或睡著、年輕或年老的人，生或死都是同樣的事情。前者在各種面向中成為後者，後者又成為前者。」

「人的本質裡沒有目的，但神有。」

「神發現了人的愚蠢，就像成年人看小孩一樣。」

「整體與非整體，將歧異匯聚一身，協調不和諧的一切，從所有的一切，從微小的一切。」

總結一句

萬物隨時都在改變，但有隱藏的和諧存於宇宙中。

同場加映

大衛．玻姆《整體性與隱秩序》（9章）

柏拉圖《理想國》（38章）

21

赫拉克利特

Heraclitus

早於蘇格拉底和柏拉圖之前，赫拉克利特是當時最偉大的哲學家之一，他是小亞細亞以弗所（Ephesus）家族的長子。以弗所是古希臘世界主要城邦之一，古城中最有名的就是阿提米斯神廟。

我們對赫拉克利特所知不多，只知道他努力避免與政治扯上關係，喜歡獨來獨往，當時哲學家們以演說交流思想是很普遍的事，他卻專注於寫作。正如我們所知，他的思想仍被存留下來，著作中的論述也在古世界裡流傳，柏拉圖及其他哲學家都曾討論他的哲學，又以斯多葛學派受其影響最深。

《赫拉克利特著作殘篇》收集赫拉克利特的言論及論述，內容涵蓋物理世界的本質、倫理學、政治學，他的形上學思想一直保有影響力。

邏各斯

這本書以這句話作為開始：

「雖然邏各斯具有永恆效力，但人卻無法了解它——沒聽過之前不理解，即使第一次聽到也無法理解。雖然萬物都依循邏各斯而來，人類似乎不曾經驗過。我的方法是根據事物的本質區分，詳細說明它們運作的方式；反之，其他人不管是醒著還是睡著，都一樣健忘且不關心身邊的事。」

但是，赫拉克利特所謂的「邏各斯」到底是什麼？邏各斯（Logos）是古希臘文，字面意義是「字詞」，有時則是「敘述」的意思。這本書裡提到的是某物永恆、真理的敘述，也就是一種看不見的力量，與聖經中的「道」或道教中的「道」都不同，是一種規律、運行宇宙的力量。

如果人類的行為與邏各斯一致，他們就只會做對的事，但大多數人並不了解這個道理，並不了解正是這個力量塑造了他們的生命。如果有人認為他們有獨立的心智，自成一國地做自己的主人，就是自我欺騙，他們寧願相信自己的想法，而不願正視於真理之光中的所見。赫拉克利特說：「思考是所有人共有的能力。終究，我們都有著同樣的心智，無視這個事實只會造成痛苦。」

不斷改變

讓赫拉克利特名聲遠播的原因之一，是他認為沒有任何事物擁有永遠靜止不動的思想。自然科學初萌芽時，人們試圖精確地找出宇宙中明確且穩定的事物，赫拉克利特說：「萬物都在流動，沒有一物靜止；萬物都在移動，沒有一物固定不變。」《赫拉克利特著作殘篇》中，最知名的一句話是：

「同一處河流不可能踩進兩次，因為水流是不停地在湧進。」

在認同物質的世界中，這幾乎是一種異端思想，造成赫拉克利特與其他哲學家對立，例如巴門尼德（Parmenides），他認為動機與變動不是真實，所謂真實應該是不變且穩定的。確實，赫拉克利特認為物質宇宙的固定性只是錯覺，我們因而聯想到東方哲學，他寫道：「冷會轉為熱，熱會滋長冷；潮濕會變得乾燥，乾燥會轉為潮濕。」

這樣的宇宙觀本質上是充滿能量的（赫拉克利特認為火元素是組成物質世界的基本因素），永遠有不同的形式，對人類的境況也有重大的影響。赫拉克利特是出了名的「哭泣哲學家」，因為他總是對人類的一切感到絕望，我們是有意識的存在，充滿各種感受，但我們存在的世界本質，卻讓我們如此矛盾。

如赫拉克利特所見，存在於物質組成的世界（在充滿智慧的動物中爭執真理的概念），衝突是不可避免。戰爭決定人類的命運，讓一些人成為奴隸，另一些人活得自由。他提到詩人荷馬（Homer）的願景，「衝突在神與人之間消失」，接著他說，事實上「萬物都來自衝突的推動力」。衝突，以更抽象的話來說，是敵對的動態張力，是宇宙的真實本質，赫拉克利特也說：「敵對帶來和諧，不和諧就是最公平的和諧。」

隱藏的和諧

我們的本質就是將事物分成各個部分且做出區分，但如果有至高存在，這是他看待宇宙的方式嗎？赫拉克利特說，「不需聽從我的話，聽從邏各斯，它的智慧足以知道萬物皆為一體。」而他不僅僅談論物理世界，也談論所謂的倫理學：「對上帝來說，萬物都是美、善、真，換個角度來看，人類則會認為某些為善，某些為惡。」這並不代表我們應該放手做自己喜歡做的事，而是無論善與惡、好與壞，都是龐大整體的一部分，整體中的一切都為善，既是整體的一部分，就不該有別種可能。

赫拉克利特似乎在是否有上帝的問題中自相矛盾。邏各斯不是上帝，在某些論述中，他認為宇宙有永恆不滅機制，「並非由上帝或人類創造，它一直都在，也會持續存在——它是一直存活的火，以規律的方式激發自己，以規律的方式外顯。」然而他也說，在某處有神性的心智，有著充滿智慧的目的，與人類的盲目相反：

「人並非理性，唯有圍繞著它時才能獲得智慧。」

我們可能會知道或察覺到，「萬物都被萬物引導的智慧」，這就是宇宙中「隱藏的和諧」，我們可能有近似它的名稱：上帝、宙斯、邏各斯等等，當本質的同一性超越了語言及概念，這些名稱都只是我們的設想。赫拉克利特說，對一般人而言：「他們只是向不同形象禱告，彷彿和不同房子說話一樣，因為他們並不知道上帝的本質。」阻止我們察覺隱藏和諧的唯一事物，就是疑心病。我們的心智如此執著於物質，與現實相對的水平事物就是一切，但有一個絕對真實，正等待著我們的目光。

總評

赫拉克利特的論述：「萬物都來自衝突的推動力」，可以被解讀為世界是一團混沌，或機率決定了萬一，這是許多人都曾經驗過的。赫拉克利特似乎給出了關於人類的灰暗觀點，人類是盲目的，透過繁殖維持著這種盲目。

有方法能擺脫這個循環嗎？的確有某物超越了生、死、痛苦的輪迴，那就是隱藏的和諧（也可以說是邏各斯、上帝、心智或道）。唯有感覺到它，欣賞它，我們才能以更透澈的方式看待人類生命。人類最大的痛苦來自相信短暫之物穩定且不朽，唯有接受變遷，我們才有空間讓自己看看什麼是穩定、永恆。

1748

人類理解研究

An Enquiry Concerning Human Understanding

「簡單地舉例來說，我們以自己朝向外部物體，思考各種因素的運作時，無法發覺任何力量或必然的連結。將成因與成果綁在一起的特性，會帶來永無失誤的因果關係。」

「最完美的自然哲學只能暫緩人類無知蔓延。也許最完美的道德哲學或形而上學，也只是探索的另一部分，而非全面了解。」

總結一句

我們不能假設一個成果是由某個確定因素造成，或一個確定因素只會造成某個成果。人類習慣從事件中看出固定的模式或由來，但在物質之間並沒有因果關係的必然性（或者說，至少不是人類可以理解的範疇）。

同場加映

勒內・笛卡爾《第一哲學沈思集》（13章）
伊曼努爾・康德《純粹理性批判》（25章）
湯瑪斯・孔恩《科學革命的結構》（28章）
約翰・洛克《人類理解論》（30章）
納西姆・尼可拉斯・塔雷伯《黑天鵝效應》（48章）

22

大衛・休謨

David Hume

大衛・休謨被譽為最偉大的英國哲學家，影響力之廣大，哲學家康德也說，是休謨讓他從「教條式的睡夢」中醒來，休謨可說是哲學界近兩百五十年來最重要的人物之一。

他的第一本著作《人性論》，「報章反應一片死寂」，沒有引起任何注意，休謨在二十多歲時就完成這本著作，是相當偉大的成就，但休謨的宗教觀點，卻讓學術界對他避而遠之。休謨在四十多歲時出版《論政治》（*Political Discourses*）、《大不列顛史》（*History of England*），為他打開知名度，而後經濟也寬裕許多。

以哲學史的角度，二十世紀邏輯實證論者阿爾弗雷德・艾耶爾繼承了休謨哲學（也為休謨寫了傳記）。如今，休謨是所有哲學系所的守護者，他捍衛經驗主義，並否定形而上的推測，我們接下來可以看到從不同的角度詮釋休謨哲學。

《人類理解研究》是成熟版的《人性論》，也相對淺顯，探索休謨最好的方式，就是先拋開學術界一貫的風格。

我們應該成為真實的研究對象

休謨被視為偉大的懷疑論者，他始終不相信他的研究能有一番成就，如現在我們看見的休謨哲學。最後數十年間，他就像「人性的科學家」，企圖為哲學取得突破性的發展，如同牛頓為自然科學跨出的一大步。

休謨認為人類理性的能力只是語言能力的展現，而「人性」或現在的心理學，可以被視為透過知識來了解大腦及神經系統。跟隨約翰・洛克（John Locke）及經驗主義哲學家喬治・柏克萊（George Berkeley）的腳步，他說我們的觀念或印象是由五感而來，而哲學不該以推理作為基礎。

休謨說：「所有科學或多或少都和人性有所關聯。」早一步說出科學哲學家湯瑪斯・孔恩在我們這個年代的想法。如果我們認為自然科學只是人類之外的客體知識，那就大錯特錯。事實上，休謨通過了解人性，認為人類可以創造「一個科學的完整系統」，他覺得邏輯、倫理、政治的問題應該被置於與自然科學同等的位置，如果他活到現在，毫無疑問地會成為心理學及社會科學的擁護者，正如他在《人性論》中說的：「人類科學是其他科學唯一堅實的基礎。」

知識的極限

對休謨來說，古往今來的哲學家都將人類理智想得太強大了，他們認為有一套完整的系統，足以了解人類、上帝和宇宙。休謨要說的是，把這些通通徹底地忘記吧，最終我們能知道的只有透過五感所知覺到的一切罷了。與笛卡爾背道而馳，休謨說沒有永恆且抽象的概念，所有觀念都是五感對事物最初的知覺或印象中的二手資料，在沒有經驗到之前，我們無法對事物有概念，例如說，如果我們從來沒看過金山，就只能透過在此之前對黃金與山的概念結合，想像一座金山的樣子。

因果關係是休謨思想的核心。他說，當事物出現導致另一結果發生，自然會在心裡產生連結。我們不能非常肯定是某一事物造成的結果，只是兩件事物經常會組成一種「習慣性的結合」，例如說，火燒到皮膚時，我們就知道會痛，看到下雪就知道冷，但並沒有什麼明確的事證實這些有關聯。

我們也不能說某件事物看起來是真的，因為它確實是真的。事實上，休謨說很多人類「知識」只是對習慣的信賴感，或別人說是真的就聽從別人的說法。習慣從不傳遞真理，它只會讓生活變得簡單，使我們能創造有意義的世界，而不用因為五感的隨時更新，而不停地重新創造世界。

分析人類知覺，休謨發現印象與真實之間並沒有差異，只是存於不同的信念層次。「真實」就是我們非常相信的東西，休謨否定有一個實在、統一、至高無上的「我」存在，那只是一叢知覺的聚集物，我們的心智就像一個劇院，每個瞬間都有不同的組合和場景在轉變（這和佛教觀點有點相似，沒有實在的本體，而我們經驗到的「我」只是短暫情緒與知覺持續性的展現）。休謨質疑笛卡爾「我思故我在」的思想，他認為他所感覺到的是「想法確實存在」，但不能用來證明我們確實存在，或至高無上的永恆存在，甚至是個體靈魂的存在。

休謨爭論

休謨哲學儼然成為學者的戰場。

休謨的傳統實證主義詮釋出可以總結因果關係的「規律論」：事物不能觸發其他事物，只能說事件發生可以被推測為一個準確且規律的模式。以休謨的例子來說，我們看到一顆撞球撞擊到另一顆撞球，認為這就是造成另一顆撞球移動的原因，但我們無法確認就是這個原因造成撞球移動，只能說這兩個物體「連續、依次且不斷地接近」，沒有其他不可見的「力量」或「能量」移動這兩個物體。休謨說：「一個物體接近另一個物體，並先於另一個物體開始運動，而期間沒有其他成因造成這個運動。」

實證主義陣營支持休謨的觀點，宣稱可以準確地找出成因及其成果的人，都免不了談論那些「難以理解的術語」（意指形而上學），這對哲學來說是一種侮辱。休謨確實為《人類理解研究》寫下完美的句點，以嚴謹的態度要求哲學對形而上研究存疑。不包含「任何數量或數字的抽象推理」著作，或不依賴立基於「事實及存在問題」的推理，他認為這些必須通通燒毀，「因為它們毫無內容可言，只有詭辯及不真實的幻象」。

休謨的實在論觀點（蓋倫・斯特勞森有特別解讀）在《人類理解研究》中，特別強調一句話，也許在事物之間確實有連結，也就是休謨說的「必然的連結」（也許有點矛盾），但是我們只能透過五感，以有限的能力看到世界的表面，我們並沒有能力看到背後的成因為何。休謨有一句話可以用來支持這個觀點：

「經驗只是告訴我們，一個事件如何持續地跟隨另一個事件，而非以神祕的連結教導我們，如何將它們視為一種無法分離的連結。」

對實在論者來說，規律論主張事物之間無法互相觸發是很荒謬的。畢竟，休謨對常識深信不疑，而事物或思想的「自然信念」，一般被視為常識。如果這些自然信念會在真實生活中導致另一事物發生，為什麼在哲學中就不為真呢？休謨說：

「自然將我們與它的奧祕隔絕，只提供少數物體的表面知識。而它所隱藏的力量及規律，完全是取決於這些被隱藏之物體的影響力。」

休謨提出這點為後來的哲學家鋪路，如康德、齊克果，他們都發現確定第一因素、至高存在、或事物背後不可知的秩序（受限於五感）是不可能的事，但不代表我們可以說在物理世界背後什麼也沒有，也沒有潛在因素的存在。

哪一個詮釋是對的？

關於物體、因果關係、宇宙，休謨探究的主題可以被視為邏輯上的研究，就像笛卡爾和他的《第一哲學沉思集》一樣。簡單來說，休謨的結論就是在他所探究的問題上，找出邏輯的「位置」，並非將他個人的信仰定調，就像他寫給朋友的信中說：「我可能不是你想像中的懷疑論者。」

休謨反對他是無神論者的指控，雖然他極端的懷疑論引起當時神學家的憤怒，休謨反對的關鍵在於他從未說過「上帝不存在」，只是人類各種揣測上帝存在的「證據」，將使人類無法進步。

總評

「成為一個哲學家。但在你的哲學中，仍然保有人性。」

如休謨所言，他對哲學本身並沒有抱持極大的信念。和朋友歡度幾小時後，休謨有時會回房間，讀一讀自己寫的文章，把覺得荒謬的地方註記下來。他認為尋找必然的事物是傻瓜才會做的事，而持續哲學研究是因為他在研究之中找到快樂。休謨發現，相較於「迷信」及宗教，大多數人對冷門的哲學推理不感興趣。

《人類理解研究》中有句一直出現的話：「我們真正知道些什麼？」休謨並沒有給我們肯定的答案。但是休謨說，缺乏真正的知識不該成為我們放棄世界的理由，他非常欣賞像西塞羅這樣的哲學家，他所關注的不在意義本身，而是活出精彩的人生，深思熟慮後理性地行動。對大多數人來說，這樣的哲學已然足夠，而其他喜歡鑽研的人（像休謨），雖然抱持興趣，但不會成為生活中的方針。然而，他也消遣自己的樂趣，在《人性論》中他說：「一般來說，宗教上的錯誤是危險的，哲學上的錯誤是可笑的。」儘管他認為我們受五感的限制，對世界客體的知識了解有限，但他也說人類必須透過經驗汲取意義，我們必須與經驗共存，而不是像哲學家一樣思考，對所有事都抱持懷疑。

休謨非常受歡迎（法國人對他的暱稱是「完美大衛」），他的寫作風格反映了他的性格：拋開教條主義、富有同理心。就像他的朋友、哲學家亞當・斯密（也是經濟學家，著有《國富論》），休謨的寫作風格盡可能地平易近人，讓所有人都能讀懂，這也是讓他更受歡迎的原因。

大衛・休謨

休謨出生於一七一一年蘇格蘭愛丁堡，家庭背景雖好但並不富裕，父親在他年幼時就過世了。就讀愛丁堡大學時開始寫作《人性論》，他尚未畢業就前往布里斯托（Bristol），在一間會計事務所工作。而後休謨搬到法國住了三年，這段期間他進行了極為嚴格的自修計劃。

《人性論》於一七三九年出版，卻沒有得到任何迴響，但是他的《道德與政治論文集》（*Essays: Moral, Political, and Literary*），其中談論亞當・斯密的政治經濟學竟大獲好評。他從未任職哲學教授，因為對宗教的觀點使他無法在愛丁堡大學或格拉斯哥大學任教。休謨的工作經歷相當豐富，曾是一位瘋狂英國貴族的家庭教師，也當過圖書館管理員、國務次卿、英國大使的私人祕書。在巴黎任職私人祕書期間，藉此認識許多歐洲啟蒙運動的代表人物，如尚-雅克・盧梭，兩人曾是知己好友，後來因故絕交。休謨是一七〇七年時英格蘭與蘇格蘭合併為大不列顛王國的支持者。

休謨的著作包含一七五一年《道德原理研究》（*An Enquiry Concerning the Principles of Morals*）、一七五二年《論政治》、一七五四年至一七六二年分為六冊發行的《大不列顛史》。一七五七年發表的《四篇論文》（*Four Dissertations*），也包含了極具爭議性的《自然宗教對話錄》（*Dialogues concerning Natural Religion*），休謨特別安排這篇於死後再正式出版（休謨死於一七七六年）。傳記作家詹姆士・包斯威爾在休謨臨終前曾去拜訪他，並說這位知名的「無神論者」即使只剩下最後一口氣，仍然保持著輕鬆的心情。

1907

實用主義

Pragmatism

「實用主義者斷然拋開許多專業哲學家根深蒂固的習慣，遠離抽象與不充分性、空談的方案、不良的先驗因素、固定的原則、封閉的系統、假裝的絕對真理及生命起源。實用主義者選擇轉向具體與充分性、轉向事實、行動及力量。」

「只要相信某個思想是有益於我們的人生，這個思想即為『真』。**真理是善的一種**，不應該是善的範疇、與善配合的範疇。**為真之名本身就證明了為善的本質**。」

「理性主義者貼上邏輯與崇高的標籤。經驗主義者貼上外部感知的標籤。實用主義者願意採用任何方式，依循邏輯或感知，細數最渺小及私人的經驗，只要神祕經驗有實際因果關係，也會列入計算。」

總結一句

一個信念或思想只有在「有用」的時候才有價值，也就是它能以某種方式改變世界時。其他觀念及想法，不管多有吸引力多崇高，都該被屏棄。

同場加映

阿爾弗雷德・朱勒斯・艾耶爾《語言、真理與邏輯》（3章）
傑瑞米・邊沁《論道德與立法的原則》（7章）
大衛・休謨《人類理解研究》（22章）

23

威廉・詹姆士

William James

《實用主義》是威廉・詹姆士自一九〇六年至一九〇七年，也是他生涯最後一段時間，在紐約哥倫比亞大學發表的一系列未經編輯的講稿。身為美國最偉大的思想家之一，他並沒有宣稱自己創造出實用主義哲學（這是查爾斯・桑德斯・皮爾士的成就，後來由席勒及杜威進一步發展），但他確實將實用主義定義得更清楚，也拉近與一般大眾的距離，他對實用主義的定義是「不著眼於最先出現的事物，如原則、「範疇」、必要假設，而是重視最後的事物，如收穫、因果、事實。」

實用主義的近親是效益主義，兩者都對抽象學術性哲學抱持懷疑態度，持續專注於實用價值的概念。詹姆士確實將實用主義作為看待其他哲學的方式，而今日也有理查・羅狄（Richard Rorty）這樣的反學術派哲學家，繼續傳遞詹姆士的實用主義信念。

哲學是一種性格

詹姆士首先指出，每個人都有自己的哲學，他稱為：

「對人生坦誠且深刻的意義，無法言喻的感悟，只有部分從書中取得，這是我們觀看且感受宇宙推力及壓力的方式。」

他提及英國作家卻斯特頓（G.K. Chesterton）的話，女房東不僅想知道租客的收入及工作，也想知道他們的人生願景，因為個人哲學最為重要，而學術哲學家希望自己有辨明真理的客觀角度，卻往往掩蓋了真理。

詹姆士直言：「很大程度上，哲學史是人類性格的衝突。」意思是，哲學家的結論，往往來自個人偏見而非客觀事實，不管是較「實際」或「空想」，他們的論點反映自己對世界的情緒構成及基本觀點，但專業哲學家不能承認結論是個人性格使然，所以他們試圖隱藏自己的性格偏見，因此哲學家的核心就是一個謊言，因為「我們所有前提中最有權力的部分卻從來不被提起。」

我們身為哲學的顧客也有不是之處：我們直覺地拒絕或接受某些哲學，如果它與我們性格相符的話。

巨大鴻溝

詹姆士將哲學家分為兩類：一種是經驗主義者，希望將一切總結於赤裸裸的事實及經驗；另一種則是理性主義者，他們相信抽象及永恆的原則。前者較為實事求是，偏向命定論、無神論，對世界抱持較消極的觀點；後者則較積極，相信自由意志、精神層次及所有事物的統一性。如此一來自然會互相貶低對方。

詹姆士說，我們生活在一個經驗主義的世代，但這並沒有消除人類本性朝向宗教的衝動，很多人發現自己夾在哲學之中，精神需求卻沒有被滿足，雖然哲學提供了全然唯物的世界，但又不被宗教哲學承認是事實。大部分人追求的是「一種不僅會鍛鍊抽象力量的哲學，也會在有限的人類生命裡，創造與真實世界的正向連結。」講求科學類型的哲學會背離形而上哲學，這一點也不意外，因為「與世隔絕、若有似無的東西」無法存於現代世界之中。

不像純粹經驗論者，實用主義者對神學真理抱持開放態度，或像康德的先驗觀念論、無神論的形上概念，只要他們展現具體的優勢：

「就像有些食物不僅合口味，也對牙齒、胃、身體都很好，所以有些思想不僅想起來開心，也可以支持我們喜歡的其他思想，這對生命中現實的磨練很有幫助。如果有更好的生活方式就應該跟隨，如果相信任何思想能幫助我們走向更好的人生，就請相信它確實有益於我們，除非信仰它違背了其他重大利益。」

詹姆士讓實用主義作為一種途徑，關注證據與事實，如果宗教對信仰者有具體益處，它的大門也會對宗教敞開。作為一種哲學，實用主義非常罕見地可以被講求「實際」的經驗主義者及「空想」的理想主義者運用。

實用主義能為你做什麼

詹姆士參考實用主義家皮爾士（Charles Sanders Peirce）的想法，一個信念或思想根據影響力而有重要性。沒有以某種方式展現實際改變的事物，僅僅只是推測的思想沒有價值，假設這個思想為真，我們就必須問世界將會如何不一樣。詹姆士告訴他的聽眾：

「令人驚訝的是，當你強制要求他們以簡單的測驗，證明具體的因果關係，會發現許多哲學爭論其實毫無意義。沒有讓別處變得不同，任何地方都不會有所差異，而沒有改變的抽象真理，等於是沒有展現自己不同的具體事實。哲學的完整功能應該是找出，如果這個世界規範或那個世界規範是正確的，它會在我們生命中確切的時間，對你我造成確切不同的影響。」

哲學家總是在尋找唯一的原則來解開宇宙的祕密，例如上帝、物質、理性、絕對存在、能量，但詹姆士提出實用主義方法，不再執著於自證的事物，而是找出每個概念中的「實用價值」與它的實際價值。如果我們將哲學想像成一間飯店，很多不同的哲學住在不同的房間裡，有些是宗教性的或科學性的，但實用主義不是其中一間房，而是導向各個房間的走廊。唯有房間裡的哲學願意走出房間，會見到走廊上的實用主義，才能被精準地評斷，才能展現其論點的真正價值與實用性。

詹姆士指出我們生存在科學時代的困境，他說：

「任何一個真理，最大的敵人可能就是其他真理。真理有自我保護這種讓人絕望的本能，以及想要消滅所有矛盾的欲望。我信仰絕對存在，它有益於我，也必須接受其他信仰的挑戰。」

換句話說，信仰上帝或某種絕對信仰，可以提供我們「道德假期」，但我們是否可以負擔，考量到我們學到的現實？如果一個人仍要尋找它，儘管所有證據與其不符，他們對非物質現實的信念或信仰仍帶來許多好處，那他們就是理性的，他們就是實用主義。實用主義與經驗主義截然不同，因為實用主義「沒有偏見，沒有嚴格的標準，也沒有該被視為證據的，它包容任何假設存在」，只要理性的益處能被彰顯。

簡單來說，實用主義「擴大尋找上帝的領域」，根據邏輯或感官，「歷數最卑微、最私人的經驗，也會將神祕經驗列入，只要它們有實際的因果關係」，後者在詹姆士《宗教經驗之種種》(*The Varieties of Religious Experience*)中有提到，皈依經驗因為可以改變一個人的人生(即使詹姆士本人也沒有顯現頓悟性格)，所以也完全被認同。皈依毫無疑問地展現抽象思考龐大的實際益處。

總評

詹姆士特別提到宇宙一元論中的區別，一種是所有事看似一體，另一種則是多元的一體，專注於令人驚訝的多樣性及生命的多重性。傳統觀點只有前者是宗教性的，後者只是一團混沌。但詹姆士提到，即便不信上帝或世界中的「必然邏輯」，我們仍可以相信多重宇宙觀的力量。他說，透過「純粹欲望」可以進步，可以在個人或某些方面展現出來，是我們造就世界的樣貌，如果想要不同的人生或不同的世界，就必須起而行動。

提出所有事物必須存在的疑問時，詹姆士回覆：

「我能想到為什麼所有事物都必須存在的真實理由，是因為某人希望它存在，不管是廣大世界中少數人的要求，它仍是應要求而存在，這是它存活的理由，與之相比，物質因素及必要邏輯都是不實際的。」

當我們全面性的思考他的哲學，就知道詹姆士的回答並不意外，這些事物本身就承載真理（實踐後才能驗證），我們可以相信上帝七天就創造宇宙，或上帝以大爆炸產出宇宙，但哪個解釋都不重要，事實是宇宙就是存在，以實用主義的角度，研究真正存在的事物才有意義。

威廉・詹姆士

威廉・詹姆士於一八四二年在紐約出生，成長過程非常安逸且受到良好教養。少年時期，舉家搬至歐洲（包含弟弟亨利・詹姆士，後成為知名作家），詹姆士在歐洲學到多種語言。一八六〇年回到美國，他花了幾年時間嘗試成為一名畫家，而後就讀哈佛專攻醫學。一八六五年他與知名博物學者路易斯・阿格西（Louis Agassiz）踏上科學探險之旅，但旅途中他飽受健康問題之苦也患上思鄉症。

一八六七年詹姆士前往德國修習生理學，在新領域心理學中接觸許多思想家及其思想，兩年後他回到哈佛，二十七歲取得醫學學位，三十歲獲得哈佛講師職位，但卻面臨了情緒崩潰問題，復原後才回到教職教授生理學。一八七五年，開始教授心理學，成立美國第一個實驗心理學實驗室，同年開始寫作《心理學原理》。一八七八年他與波士頓小學教師艾麗絲．吉本斯（Alice Howe Gibbons）結婚，兩人育有五子。

詹姆士曾會見訪美的心理學家佛洛伊德、榮格，認識哲學家伯特蘭．羅素、亨利．柏格森（Henri Bergson）與作家馬克吐溫、霍瑞修．愛爾傑（Horatio Alger）。其他重要著作如一八九七年《信念意志》（*The Will to Believe*）、一九〇二年《宗教經驗之種種》（*The Varieties of Religious Experience*）。詹姆士於一九一〇年逝世。

2011

快思慢想

Thinking, Fast and Slow

「極端預測以及企圖用薄弱證據預測罕見事件都是系統一的特徵。系統一的特性就是產出過度自信的評斷，而自信取決你手中所依據的證據，能說出的故事連貫性。請注意：你的直覺會傳遞過度極端的預測，而你傾向過度地相信這些預測。」

「我個人避免事後諸葛的方式，就是在做出有長期影響的決策時，非常認真投入，或索性徹底放鬆。」

總結一句

因為我們思考的方式決定所知的範圍，尋找哲學真理時，心理學研究即扮演重要的角色。

同場加映

大衛・休謨《人類理解研究》（22章）

納西姆・尼可拉斯・塔雷伯《黑天鵝效應》（48章）

24

丹尼爾・康納曼

Daniel Kahneman

丹尼爾・康納曼是曾獲諾貝爾經濟學獎的心理學家，他以「展望理論」（在不確定性中做出決定）獲得獎項。康納曼對心理學有重大貢獻，如認知及專注力、行為經濟學、快樂經濟學（什麼能讓人快樂、什麼時候更為快樂）。康納曼在兩個學科中達到最高成就而獲譽，被視為現代文藝復興學者，他的研究也公認為哲學帶來深遠的影響。

二〇一二年「我們所知的思考」演講中，康納曼提到「為公認且客觀的真理分享研究成果是科學的主要目的，但是以心理學角度來說，真理感知是一種客觀經驗。」換句話說，我們極度渴求新知，但就像休謨說的，人類透過知覺感知世界，所以每個人聽到、看到的詮釋不同，我們對「真理」有不同的感知經驗，即使在每個人心中，也沒有設定出普遍、標準的感知方式。

《快思慢想》是他作為研究心理學家傑出的生涯巔峰，與同事阿莫斯・特沃斯基（Amos Tversky）總結出人腦做判斷與決策時的著名實驗，特別是在確定環境中一些合理可預知的系統錯誤（或偏差）。我們的直覺通常是對的，但也有很多時候是錯的。此外，我們在判斷時總是超出權力地過於自信（他說我們是「急於跳出結論的機器」）。比起我們，客觀的觀察者經常對情況有更準確的描述，康納曼說，我們是「自己的陌生人」，總是無法真正掌握自己的思緒。更令人擔憂的是，我們不僅對顯而易見的事視而不見，「我們也對自己的盲目視而不見」。康納曼的研究揭露了兩種我們思考的方式：「快」（系統一）及「慢」（系統二）。

思考的方式：兩種系統

我們認為思考是有意識的想法接著另一個想法，但康納曼說大多數時間思考都不是這樣運作的，思考是在我們不自知的情況下開始進行。

「你無法追溯是怎麼認為眼前的書桌上有一盞檯燈，或如何忽略電話中另一半聽起來似乎很生氣的聲音，或者如何避免道路上各種危險，在你有意識地警戒之前。心理的工作就是產出印象及直覺，你的心智會默默地幫你做出各種決定。」

康納曼將這種立即印象形容為快的思考、或系統一思考。比起慢的、審慎的系統二思考，我們較常使用快的思考，它可以用在填寫納稅表格、如何停進狹小的停車格、驗證一個論證等。系統二思考則牽涉到注意力及努力，或者哲學用語是：理性。

兩個系統可以接續運作，當系統一遇到不能解決的問題，可以馬上呼叫系統二，運用它縝密且審慎的特性，認真思考後提出解決方案。系統一能讓我們無需思考地獨自駕駛於高速公路上，而系統二會在我們忽然需要思考路線時開始運作。系統一可以幫助我們和女兒說故事時，不需真的領會故事的內容，而系統二則會在她提出疑問時支援我們。

系統一的快速評估通常很好用，如果你是個專家，在自己的專長領域中大概會一直使用系統一，因為你有相當深厚的知識基礎，系統一幫助我們省去大量時間及精力。然而，系統一離完美還有段距離，因為它有系統缺陷，就是無法關閉運作；系統二通常可以接手處理，因為它可以慢下來思考，做更多理性評估，也是負責為系統一直觀判斷的辯護者。

系統一不關心資訊匱乏，僅以已知的訊息跳出結論。舉例來說，當我們聽到這個問句：「明蒂克會是好的領導者嗎？她那麼聰明又強韌。」我們會自動反應：是的，她會是好的領導者，但如果問句後半段還有「貪腐及冷血」呢？為什麼我們不再多問明蒂克的特質，再做出適當的評斷呢？康納曼說，我們的大腦不會如此行事，偏見建立於先入為主、不完整的知識，或是以有限的事實編撰故事。這就是人類判斷的規則：所見即所有。

思想上的錯誤

康納曼和特沃斯基在《快思慢想》中，仔細檢查了一系列直觀思考的偏差及謬誤。

康納曼有一套個人理論：比起其他領域的人，政治家通常更容易外遇。因為他們手握誘人的權力，以及他們有太多時間遠離家庭生活。後來他發現這只是因為政治家的緋聞更容易被報導，他稱之為「可得性啟發法」，而啟發法有時能幫助我們發掘新事物或解決問題。在這個背景下，如果事物存於近期記憶中，我們就可能將他們視為相關事物，顯然媒體扮演著重要角色。

比較我們所在的都市生活，我們更喜歡在大草原上為了生存而奮鬥，「情況總是不停地被判定好壞，要逃跑，還是可以更靠近」。在日常生活中，這意味著我們對損失的厭惡大於獲得的吸引力（大出兩倍），我們的內建機制賦予優先權給壞消息，大腦被設定在一秒內的時間察覺掠食者，比確認熟悉事物的反應更快，這就是為什麼行動可以快於「知道」我們正在行動。康納曼說：「威脅優先於機會」，我們「高估」不可能事件是自然傾向，例如被恐怖份子攻擊，以及高估了贏得樂透的機會。

「無論心情如何都要冷靜及和善地行動」是個好建議，康納曼說：因為我們的行為和表達決定了真實的感受。他注意到一個實驗結果，發現受試者咬著鉛筆時，他們的嘴巴會打開（像微笑），這時他們會覺得手邊的漫畫有趣，相對地，他們皺著眉咬著鉛筆時，就不會這麼覺得了。

大學自助餐廳裡，誠實箱上有一張很多眼睛盯著看的圖片，人們較可能誠實地將對的金額投入箱中，但換作是花朵的圖片，人們就不太可能那麼老實了，這就是「促發效應」（又稱啟動效應）。另一個實驗中，受試者面對美鈔圖片時，較不願意共同合作或加入團體活動，他們更希望獨自做些什麼。其他研究也證實年紀增長這件事會提醒人們行走時放慢腳步；在學校中放置投票箱，會讓學生們更願意為學校的資金措施而投票，表達意見（如果他們本來沒有決定）。

這是和促發效應類似的「錨定效應」，最好的例子是如果在發問前，暗示或提出一個數字，就會影響答案。舉例來說，有人說「甘地在一四四歲時逝世」，導致估計出來的歲數總是高於實際死亡的歲數；另一個例子是，如果買家被告知「一個人最多買十二樣商品」，容易讓買家買得更多。

康納曼也討論了「月暈效應」，例如，我們很喜歡一個政治家的政策，同時可能會覺得他也長得好看；如果我們在派對上和某人相談甚歡，被要求評估他做慈善的可能性時，即使我們根本不認識他，也可能認為他是「慷慨」的人。有時候月暈效應會誇張地增加第一印象的分量，而後來的印象就一點都不重要了。在批改考卷時，康納曼承認一個學生的試卷中，第一篇的印象會影響到後續答案的評分，後來他轉換了批改方式，以題目為批改順序，而非以學生為順序，他的評分才變得更加準確。

「可得性偏差」是我們對事物發生的可能性評估，會被近期發生的事，或者是近期在新聞中看到的事件影響。舉例來說，人們認為被閃電擊中的死亡率高於肉毒桿菌中毒而死，但後者發生的頻率是前者的五十二倍。

康納曼提到的「錯誤需求」是以我們認為快樂的前提做出決定（例如新車、新房子、搬去其他城市），但事實上這並不會帶來長期的快樂感。康納曼和同事大衛・施卡德（David Schkade）的實驗證明，氣候並不會影響幸福感，加州人很喜歡當地的氣候，而中西部的人不喜歡中西部的氣候，但對氣候的觀點並不會影響他們的整體幸福感。有些人剛從寒冷的地方移居加州，前幾年看似比以前快樂，因為他們會提醒自己，這裡與以前居住地的氣候差異，但長期來說並不會影響幸福感。

康納曼也提到這個研究發現，大腦對我們生活的實際片段所留下的印象，比起一開始、結束、或其他重大事件來得更少。這就是為什麼我們決定要去哪裡，或下個假期要做什麼時，我們會回溯記憶，而非實際經驗，記憶本身比經驗本身更強大，會影響我們的決策。然而，生活中仍有一部分時間，是我們必須渡過的餘生，康納曼說：「有經驗記憶的大腦很好，但它不是為了度過時間而設計的。」

每個年紀都有專屬的思考偏差。一九七〇年代，很多社會科學家假設人普遍理性且思想健全，只是有時被情緒綁架了理性，而事實並非如此。我們只在需要的時候運用理性，想法並沒有被情緒「敗壞」，反而經常帶著情緒思考。

了解事物的背後因素

系統一偏向信任及肯定，而非質疑。這種類型的思考會在事件之間尋找相關性及因果關係，我們喜歡為隨機事件編造因果關係，這個行為會依據事實進行，讓隨機看起來一點也不隨機。康納曼說：

「在隨機中找出模式的傾向非常強大。」

為了真正了解是否所有事物都有統計上的意義，我們需要龐大的樣本以排除隨機性，康納曼說我們創造了「周遭世界更單純或比數據證明更具一致性的景觀」，他寫道：「對偶然事件的因果性解釋是必然性錯誤。」為了避免為所有事物過度解讀，我們必須懂得欣賞真實隨機性的特質，即使它看起來並不隨機。

一名籃球員連續投籃或打了幾場好球，我們會覺得他的「手感很好」；一位投資顧問連續三年都有很好的表現，我們會認為她是業界天才。但以上兩個例子可能只是在預期的隨機性中有很好的表現。

康納曼說，商業世界中對幻象成真的需求從來沒有如此明顯，執行長們被認為是公司表現亮眼的有力推手，實則言過其實（不管是過度讚譽或貶低），因為我們都希望相信人能掌握成功的魔法，或就是那顆老鼠屎毀了公司。事實上，「企業間對成功程度的比較，其實只是幸運程度的比較。」例如說，在湯姆．彼得斯（Tom Peters）及小羅伯特．瓦特曼（Robert Waterman）共同創作的《追求卓越》（*In Search Of Excellence*）及詹姆．柯林斯（Jim Collin）的《基業長青》（*Build to Last*），當時被視為不好或平庸的企業，或是「偉大」的企業，現在都只剩微小的差距，甚至根本沒有差異。這類的書籍基於我們成功或失敗的喜愛，保存了我們當時的理解錯覺。

專家判斷的錯覺

康納曼以心理師身分為以色列軍隊工作時，其中一項工作就是評估儲備軍官的水平。在他們縝密的觀察之下，康納曼及同事都對做出的評估相當有信心，但是士兵前往軍官學校後，他們的評估完全被推翻了。我們學到了什麼？「高度自信的『聲明』，只是告訴你一個人在他的心裡建構了前後相符的故事，但這個故事不一定是真的。」

康納曼喜歡驅除基金經理專家的迷思。他說，選擇股票和擲骰子一樣，研究結果顯示出奇怪的現象，一個產業以專業技能為形象，但實際上選股人卻傾向選擇機運，每年的產業表現好壞和選股人一點關係都沒有。

他也討論了菲利普・泰特洛克在二〇〇五年出版的《狐狸與刺蝟─專家的政治判斷》（*Expert Political Judgement: How Good Is It? How Can We Know?*），書中寫到政治學者做預測的表現無異於「射飛鏢的猴子」，事實上，他們的預測比機率巧合更糟糕，他們觀察形勢的能力與一般報紙讀者一樣，一般來說越知名的專家做出的預測越糟糕，因為他們過於自信。

康納曼相信在大多數的情況中，簡單公式勝過人類直覺，例如信用風險評估、嬰兒忽然死亡的機率、新企業的成功願景、收養人的合適度，這些算式都比所謂「專家」的預測更為精準，因為人類的標準非常不一致，算式則不會如此。專家們想要將所有複雜的資訊都考量在內，但通常二到三的參數就足以做出好的評估。有一種算式，三種氣候變因就可以預測未來波爾多紅酒的價值，比專業品酒師的預測更為準確。直覺或全球評估是有用的，但只有在取得事實證明後，才會知道它不是替代品。專家直覺也可以信賴，但只有在大環境穩定且規律時才行得通（就像下棋），而非開放或複雜的環境。

總評

康納曼的結論之一是學習心理學對改變思考及行為沒有影響，我們可以從實驗結果中得知，例如當我們認為其他人能伸出援手時，其實人們非常不樂意助人於危難之中，我們雖然深知人性的黑暗面，卻不代表以後會改變自己的行為模式，或者說，我們認為自己並非如此。他在實驗結果裡對統計學可能性的認知並不會改變我們，只有個體實驗才會，因為其他例子都可以編織出合理的故事，我們就是編造故事的生物。

然而，康納曼也說這本書關注的正是錯誤。

「關注人類的錯誤並非詆毀人類智慧，如同關注疾病的醫學文獻並非否認健康是好事。大多數的人都很健康，如同我們的判斷力和行為大多是恰當的。」

《快思慢想》關注一系列人類思想的偏差和錯誤，但並不代表這本書抱持負面態度。反之，它給予希望，因為這些思考裡的瑕疵一度被隱藏起來，或根本沒有被意識到，是我們被它們憐憫了。現在，我們可以將它們列入理性決策或發展的理論之中。

哲學和其他領域一樣容易受認知錯誤影響，若認為哲學的高度足以撇清就過於傲慢了。

丹尼爾・康納曼

康納曼出生於一九三四年，他的母親在以色列旅行時，於特拉維夫生下康納曼。雙親都是立陶宛人，後來為了逃離納粹迫害，定居於法國巴黎，康納曼在巴黎長大。一九四八年他們搬去英屬巴勒斯坦託管地，康納曼於耶路撒冷希伯來大學就讀，並取得心理學學位。

畢業後他在以色列國防軍擔任心理師，負責為評估軍官制定測驗。二十五歲時到美國柏克萊加州大學攻讀心理學博士。一九六一年回到以色列擔任講師，在以色列待了數年後，陸續在密西根大學、哈佛大學、史丹佛大學進行研究及擔任教職。現在康納曼是普林斯頓大學伍德羅・威爾遜國際事務學院資深學者及名譽教授。他與同為心理學教授的安妮・泰雷斯曼（Anne Treisman）結婚。

1781

純粹理性批判

Critique of Pure Reason

「人類理性有特別的命運，因其無法迴避的問題而飽受困擾。這些問題由理性自身提出，卻也無法得到解答，因為它超越了人類理性的能力範圍。」

「確實沒有人能誇口知道上帝存在或來生真實存在。這個驗證不是邏輯性，而是道德性的。因為它以主觀為依據（道德情感的），我不能說道德上肯定有上帝存在，但我必須說我以道德為出發點，相信上帝存在。」

總結一句

既然理性世界以科學為依據，是否有道德律存在的地位？

同場加映

亞里士多德《尼各馬可倫理學》（2章）
西塞羅《論責任》（11章）
馬丁・海德格《存有與時間》（20章）
大衛・休謨《人類理解研究》（22章）
亞瑟・叔本華《作為意志和表象的世界》（45章）
路德維希・維根斯坦《哲學研究》（49章）

25

伊曼努爾・康德

Immanuel Kant

伊曼努爾・康德是生活於啟蒙時代的代表人物。啟蒙時代中，包括自然、法律、政治，所有事都必須經過理性的檢驗。牛頓、休謨、盧梭、萊布尼茲、史賓諾沙都象徵著中世紀狂熱迷信及非理性已然結束。康德不僅接受科學世界觀，也從科學著作開啟他的人生，其中一本還論及太陽系的起源。然而，在這個科學如發條般運作的宇宙中，他開始思考是否有一方留給道德存在？康德企圖調和物理及形而上的論點，雖然看似不可能實現的計劃，卻是《純粹理性批判》的遠大目標。

這本書起因於康德對經驗主義者的不滿，例如休謨等經驗主義者將知識侷限於感知，以經驗觀點出發，認為人類理性有足夠的力量足以解釋宇宙。康德的「第三條道路」說明理性確實可以帶給我們很大的力量，也的確有限。作為存在於這個空間和時間的人，我們誤以為可以知道形而上的任何知識，而理性的力量以同樣的方式將我們領入自然科學。因此當我們對道德、上帝、靈魂的推論錯得離譜，在物理和經驗事物上又怎麼可能對呢？

這個問題並不是探討形而上是否合理，而是我們如何以嚴謹、科學的方式探討它。康德的「純粹理性批判」探討我們在有限的感知中，是否有能力理解非物質世界（例如上帝）。

《純粹理性批判》讀來非常艱澀，因為康德以類似論證科學家的方式，用精確、專業的術語及縝密的論述來靠近核心主軸。但只要稍微讀過這本書，即使是一小部分都將有所收穫，獲益於這位哲學史中最偉大的思想家。

存在於空間及時間中

這本書的核心就是「先驗觀念論」，或者說康德在永恆存在、現實、存於自我的真理，以及我們所看到的表象世界中做出的區別。

作為人類，我們認為自己是真實世界中種種事物的觀察者（例如星球、周遭物等等），時間是客觀且獨立於人類之外的某物。而康德的基礎思想是，空間和時間並不獨立於現實之外，而是人類感知世界的捷徑，空間和時間幫助我們調整及合理化感官接受的資訊。我們已經被設定認知模式，舉例來說，為了生存我們必須非常關注物理運動，不只是為了看到事物的表面，如永恆、形而上的真實，而是它們可能帶來的意義為何。我們對世界的知識並非為了適應世界「確實如此」，反之，我們感知的世界是為了適應知識而存在著。

精神信仰是理性的嗎？

年輕時候的康德相信透過科學方法可以獲得形而上的知識，然而讀了神祕主義者伊曼紐・史威登堡（Emmanuel Swedenborg）所描述的精神世界觀點後，康德修正了論述及推論，認為我們不可能獲得形而上的真實知識，唯一可靠的基礎就是找出人類理性的限度。

看到這裡，我們可能猜想康德會說形而上是荒謬的（如同休謨所想），但他只認為我們能充滿智慧地談論它才是個錯誤，因為我們受限於五感，活在有限的空間及時間中，沒有任何一種精神本質可以被合理地、或以科學方式驗證，神學也不能被視為適當、合理的原則。康德做出結論，既然無法證實上帝存在，就無法證實上帝不存在。人類天性就是想在形而上中找到可靠的基礎，因此必須透過理性努力實踐。丟出大問題是人類必須要做的事，即便答案遠遠超出人類的範疇。康德真正反對的是獨斷論，反對盲目的信念遠大於理性的思考。

真實的道德

康德認為，運用理性最好的方法就是引導我們走向更客觀的道德。如果某物不能以理性方式呈現好的一面，就不能被廣泛應用，同時也可能意味著它不好，這就是康德著名的「定言令式」（categorical imperative）：

「希望這樣的行動能成為普遍法則時，應當以此為準則來行動。」

你的行為應該根據是否所有人都會這麼做來評斷，才會有所助益。人們不該被視為達到目的的手段，人類就是那個目的。當然，很多宗教有基本原則，但康德認為那些原則也應該展現出它的理性及哲學性。

對康德而言，個人或社會以定言令式行動就不會犯太嚴重的錯誤，因為它的道德性建立於理性之上，康德相信嘗試發掘自然界中的法律和神祕事物是對的，因為辨明及發展道德法則也是人類的使命。研究康德的學者塞巴斯蒂安．加德納（Sebastian Gardner）闡述康德的態度是：「作為感知世界的一員，我們受制於牛頓定律；而身為精神世界的一員，我們必須遵守道德法則。」

道德並非是被科學推倒的無用議題，只要它立基於理性之上，反而可以視為人類偉大的成就之一。康德的墓碑上有一段碑文（截自《純粹理性批判》）：

「有兩件事越常想起越是縈繞心間，歷久彌新且越生敬畏。那就是我頭頂的璀璨星空，及常伴左右的道德法則。」

道德是人類經驗及非物質世界的橋樑，感覺是對或錯，而非虛假或獨斷，代表我們必須要有一套形而上的法則，因為道德法則就像星球、星星一樣真實。

康德論幸福

不像斯多葛學派認為追求幸福是次要的，完成人類使命及接受人在宇宙間的地位才是主要，康德相信追求幸福才是人類的正當目標，是我們物理本質的一部分，如同存在於空間及時間一樣自然。然而，追尋幸福必須被視為追求卓越道德的過程，康德提出的方法是：「做值得讓你獲得幸福的事。」雖然聽起來像敬虔派[1]說法，但他的重點是我們應該主動遵守道德，以此為生活規範，而非因為上帝告訴我們必須這麼做，但是以純粹理性層面，這是最有可能為我們帶來幸福的方式。如果與道德法則對抗，我們注定過得不幸福，但是依循對的方式，我們就能為自己的世界建立秩序與和平，康德本人就是依循這樣的方式生活，眾所皆知他是過得非常快樂的人。

身為人的榮耀

康德人生的最後一本書《學科之爭》中，語重心長地說哲學並不是科學思想，也不是「所有科學的科學根基」，而是「哲學所表現的、思考的、甚至行動的都是人類的科學，透過這些元素表現出人類的樣貌和應該呈現的樣貌，那就是與其自然本性一致，與世界的關係一致，例如道德及自由。」當古哲學將人類定義為宇宙機器中被動運轉的一部分，康德的觀點則是人類擁有「世界中完全活躍的一席之地」：

「人類自身就是所有表象和概念的最初創造者，也應該是所有行為唯一責任人。」

我們不是牛頓的發條宇宙中失控的因素，我們的行為也不受外在神祇控制。反之，我們是自主的存在，透過精進自己，將認知完整，以積極的方式塑形這個世界。

康德是佛洛伊德的先驅，他更早理解人類行為通常是由無意識傾向所決定，似乎沒有什麼自由意志可言。透過人類的理性力量，他們可以選擇根據崇高的思想或理想而活，滿足他們的潛能，對人類有所貢獻。

人類的本質就是自由，我們可以自由地看、組織這個世界，根據我們合理的理性和經驗，其他動物絕沒有這種能力。我們最偉大的成就就是理解到宇宙道德法則確實存在，它的本質是永恆、無限的，

---

1 敬虔派是十七世紀的一次基督教更新運動，康德的母親即為敬虔派信徒。

它從某處來到我們眼前，而我們樂於將其視為「上帝」。我們永遠無法得知上帝是否為客觀實體，但這也不是重點，重點是我們必須用充滿力量的自由，以充滿意義的方式組織宇宙，其中也包含以宇宙道德法則為立基點發展倫理，這就是人類的命運以及康德主要想傳遞的訊息。

康德假設人類都必然地自由及自主，也有能力在文化或政治領域發聲，這是他從法國大革命中激發出的哲學靈感。從當代對自由意志研究觀點出發，康德的定位並沒有想像的縝密，但如果你確實相信個體的絕對自由，康德思想是絕佳的領航員，因為他將簡單的想法制定為一套完整的哲學思想。

總評

如果有個如康德般傑出的哲學家發現了形而上的重要性，這也會是哲學中重要且無法被輕忽的議題，如同極端經驗主義或理性觀點試圖要做的事。柏克萊、萊布尼茲等之前的哲學家，都將上帝置於哲學的中心，他們認為「真實」的世界存於形而上，我們感知到的自然世界只是表達了更重要的真實，而康德說，不，它們同等重要。

對康德來說，宗教並不是（也不可能是）連接精神真理的途徑，而是仔細驗證道德定位的檢驗方法。他的想法似乎可以被理性、有想法，並篤信科學及邏輯的人所接受，並且為他們的人生留出一點空間給精神生活。然而，神學中並沒有具體物（因為這是深入物體或現實的研究，它們是未知的，甚至無法明確地書寫或說出來），康德為當代哲學放下一座橋樑，包括邏輯實證論者及維根斯坦都受益於此。

康德的思想一直讓人信服並具有影響力，因為他適當地處理了兩方的論述：一是經驗論者可以說，康德認為上帝及神學本質是徒勞的，經驗論者可以認同他在道德法則及形而上以理性為基礎的論述；另一方則是因為康德系統非常嚴謹、廣泛且具備強而有力的組織性，沒有哲學家能忽視康德哲學的重要性。

伊曼努爾·康德

康德於一七二四年出生於東普魯士柯尼斯堡（Konigsberg，現今俄羅斯的加里寧格勒州），他的父親是一名工匠，家境清寒，但康德於敬虔派中學就讀期間學費全免。在柯尼斯堡大學時，康德修習很多科目，例如科學、哲學、數學，為了賺取生活費，他當了八年的私人教師，空閒時則忙著撰寫科學相關著作，例如以太陽系起源為主軸的《自然通史和天體理論》（*Universal Natural History and Theory of the Heavens*）。

憑藉著他的第一部哲學著作《對形而上學認識論基本原理的新解釋》（*A New Elucidation of the First Principles of Metaphysical Cognition*），康德開始於大學授課，授課科目涵蓋很廣，從地理、法律到物理學。一七七〇年，康德四十六歲時正式成為柯尼斯堡大學的哲學系教授。

其他著作包括一七六六年《通靈者之夢》（*Dreams of a Spirit-Seer Elucidated by Dreams of Metaphysics*）、一七八三年《未來形上學導論》（*Prolegomena to any Future Metaphysics*）、一七八五年《道德形上學探本》（*Groundwork of the Metaphysics of Morals*）、一七八八年《實踐理性批判》（*Critique of Practical Reason*）、一七九〇年《判斷力批判》（*Critique of Judgement*）、一七九三年《純然理性界限內的宗教》（*Religion within the Limits of Reason Alone*）、一七九七年《道德形上學》（*The Metaphysics of Morals*）。

康德終身未娶，也幾乎從未離開柯尼斯堡。他充滿智慧也擅長社交，時常在家舉辦午餐聚會。逝世於一八〇四年。

1843

恐懼與戰慄

Fear and Trembling

「信仰是一個奇蹟，沒有任何人被排除在外，信仰的熱情將所有人團結一起，信仰就是一種熱情。」

「信仰的捍衛者知道是信仰啟發了人類，使人臣服於宇宙，臣服需要勇氣，但過程中會受到保護，因為信仰屬於宇宙。」

「沒有人應該被遺忘他曾是世上最偉大的人，每個英雄在自己的道路上都是偉大的，每個人都以他所愛的事情聞名於世。愛著自己的人因自己變得偉大，愛著別人的人因奉獻變得偉大，愛著上帝的人比所有人更加偉大。每個愛著上帝的人都該被牢記，他們因為信任上帝而成為世上最偉大的人。」

總結一句

信仰絕對真理或精神上的現實並非軟弱，這是對生命的最高表述。

同場加映

勒內．笛卡爾《第一哲學沈思集》（13章）
伊曼努爾．康德《純粹理性批判》（25章）
布萊茲．巴斯卡《沉思錄》（37章）

26

索倫·齊克果

Søren Kierkegaard

索倫·齊克果認為，當代社會中似乎每個人都對所有事抱持懷疑，這完全是當代哲學懷疑論者笛卡爾所採取的方法，他在想，還是說，有別種可能呢？齊克果說，其實笛卡爾是「不懷疑信仰」的，在他的《哲學原理》(*Principles of Philosophy*)中，笛卡爾支持理性「自然之光」，前提是沒有任何事物與被上帝揭示的事實相左。

信仰是懷疑的對立面。齊克果非常著迷於舊約聖經中亞伯拉罕到摩利亞山的故事，並稱之為「信仰之父」。《恐懼與戰慄》中敘述了亞伯拉罕到摩利亞山的三天旅程，因為上帝要求他以他的兒子以撒作為祭品犧牲，齊克果在書中仔細剖析了為何亞伯拉罕願意這麼做，畢竟以撒不是其他孩子，是亞伯拉罕與莎拉唯一的兒子，是他們多年求子未得，年老後終於如奇蹟般獲得的孩子，因此亞伯拉罕非常地疼愛及珍視以撒。

然而，亞伯拉罕並未猶豫或質疑上帝的要求，裝上馬鞍便啟程，當以撒發現自己將作為祭品，懇求父親回程，但亞伯拉罕拒絕了。你可能會想，他會將罪過歸於上帝，相反地，他一肩挑起所有責任，因為他相信對兒子來說，認為父親是一個怪物，比他

「失去對父親的信任」來得更好。

最後關鍵時刻，當以撒被綁住，火苗已經點燃，亞伯拉罕眼中卻出現一隻山羊，要代替以撒作為祭品。這是怎麼回事？原來亞伯拉罕只是被上帝測試，確認他是否是忠於信仰的人。

以齊克果看來，亞伯拉罕堅定的意志是不近人情、甚至沒有人性的，在某個層面上是個殺人兇手，然而，他願意順從這個顯然很荒謬的命令，只因為上帝要求他這麼做，齊克果認為他的行為展現了身為人類的高度。

偉大的等級

齊克果說，每個人依據自己所愛及期許，都能成為偉大的人。愛自己的人因自己變得偉大，愛著他人的人因奉獻變得偉大，愛著「絕對性」或「上帝」的人，超脫世俗地偉大。第一種是因為對人類可能性的期盼，第二種是對不朽的期盼，而「對不可能抱持期盼的人更偉大」。超越個人力量或自我奉獻這種偉大，是有人自願放棄權利，將權利獻於絕對性。正如齊克果說的：「總是希望變得最好的人，受騙於時間，並隨著時間老去；總是做了最壞準備的人，匆匆老去；而擁有信仰的人，永保青春。」

對其他人來說，一個人做到這樣似乎很瘋狂、很荒謬，只因為他們並不倚靠實際的智慧或理性。如果上帝以神祕的方式移動，作為上帝的工具，那些人也會做出超越理智能理解的行為。

相信荒謬

就齊克果的觀察，順從是有自我意識的行為，讓人看起來很英勇。其實信仰更勝順從，因為這代表我們就此放棄自己，但不是放棄「在世界上」行動的意思。

在摩利亞山上，亞伯拉罕願意作出犧牲，「如果這確實是上帝的要求」。因為人類的理智被廢止，所以亞伯拉罕必須相信這個荒謬的要求，「我不知道這代表什麼，它的意義由上帝決定。」

齊克果將亞伯拉罕「信心的跳躍」視為一種「行動」。上帝出現並要求他放棄所有，而後又將所有歸於亞伯拉罕，不僅將以撒歸還亞伯拉罕，更讓以撒宛若新生，變得更好，預言他會成功，也會有很多子孫，因為他已經認定上帝是萬物之源，亞伯拉罕成為絕對知識的保證。

儘管信心的跳躍極度困難，但我們因普遍性而團結在一起，帶來唯一真實的安全感。

信仰的捍衛者

一個「信仰的捍衛者」會將信仰的跳躍組織成步伐，對這個人來說，這就像存在一樣自然，他樂於賭上人生，只為了唯一的愛，或是這個偉大的計劃，反過來看，這個人的人生就像是個「差使」。

齊克果提出一個例子，信仰的捍衛者愛上一個女人，看起來這將無疾而終，他也承認確實如此，但他還是這麼做了，他說：「儘管如此，我仍舊相信我必須得到她的心，以荒謬的力量為名，上帝賦予事實的力量，就是任何事都有可能。」以一般人層面看，他承認他不可能得到這個女人的青睞，但不可能性讓他做出信仰的跳躍，只有上帝能為他帶來成功，他必須相信荒謬的力量，為了展現無限可能。

亞伯拉罕故事的重點是他雖然因此受苦，將以撒綁起來並點燃火苗，顯然他為了這個要求極度痛苦，但他仍然抱持信念。亞伯拉罕的偉大並非因為克服恐懼、痛苦、掙扎，而是他經歷過種種難關，經歷這些後，他成為人生的大師。一般人讀亞伯拉罕的故事，誤以為他的偉大是種必然性，只看到表面而忽略他靠著什麼變得偉大，如果我們想和亞伯拉罕一樣，應該看到他是從哪裡起步，在尚未成為聖經的象徵人物之前，他做了些什麼。

總評

齊克果說，哲學輕視了信仰，認為信仰是不合邏輯的。事實上，哲學無法告訴我們關於信仰的任何事，因為它超越了語言和概念。一般人不能理解亞伯拉罕的作為，而在這種情況下，一般思維是多餘的。

如同齊克果看到的，其實信仰是「人類最高階的熱情」，透過人可以表現出普遍性，齊克果相信，人人都可以成為信仰的捍衛者。

索倫・齊克果

一八一三年出生於哥本哈根，齊克果成長於富裕且虔誠的基督教家庭。十七歲時就讀哥本哈根大學神學院，也深受哲學及文學吸引，但這使他的父親相當失望。齊克果父親去世時他仍就讀大學，取得學位後他與一位公務員之女訂婚，但並沒有完成婚約，並始終維持單身，靠父親留下的遺產度日。

一八四三年，他出版了《非此則彼》（*Either/Or*），幾個月後出版了《恐懼與戰慄》，一年後出版

《哲學片段》（*Philosophical Fragments*）及《焦慮的概念》（*The Concept of Anxiety*），一八四六年出版了《非科學的結語》。齊克果經常以假名出版，例如《致死的疾病》（The Sickness unto Death）、《基督教的訓練》（*Training in Christianity*），以及一八四七年出版的《不同精神的啟發性談話》（*Edifying Discourses in Various Spirits*），展現齊克果認為基督教傳遞的真實訊息，他成為對丹麥國教會及世俗觀點最嚴厲的評論家。

齊克果於一八五五年逝世，維根斯坦曾這樣讚譽他：「到目前為止，過去這一世紀以來最偉大的思想家齊克果是一位聖人。」

1972

命名與必然性

Naming and Necessity

「我們是否會發現黃金其實不是黃色？因為南非及俄羅斯等地區特殊的氣候條件，金礦相當普遍，造成一種普遍的幻覺，讓某種物質看起來像黃色，但事實上，一旦將特殊氣候條件移除，我們會發現它其實是藍色的。針對這個偏差，報紙上是否會特別公告：『已證實沒有黃金，黃金並不存在，我們認為的黃金其實不是黃金……』在我看來，不會有這樣的公告。相反地，即使公告也會是：雖然黃金是看起來是黃色，但其實並不是黃色，而是藍色。我認為原因是，我們已經習慣用『黃金』表示一個明確的東西，有人發現了這個東西，而我們也聽過它，作為互相交流社群中的一份子，我們和這個東西間有明確的連結。」

總結一句

某物的意義不在於我們的敘述，而是它的本質特性。

同場加映

阿爾弗雷德・朱勒斯・艾耶爾《語言、真理與邏輯》（3章）
路德維希・維根斯坦《哲學研究》（49章）

27

索爾・克里普克

Saul Kripke

二十世紀，戈特洛布・弗雷格（Gottlob Frege）、伯特蘭・羅素（Bertrand Russell）、路德維希・維根斯坦以及其他語言分析領域的人，視自己為哲學的救世主，將哲學帶回基礎。誤用語言「顯然」讓無意義的形上學得以蓬勃發展，反之運用得宜就能給我們更精準的現實。分析哲學成為主流哲學後，其他觀點只能噤聲，因為他們「不是哲學」。

對既有體制的挑戰有時來自自己的陣營，沒有多少人像索爾・克里普克一樣萬全準備，指出語言唯物論中的漏洞。為了做這件事，他讓形上學再次變得很重要。

克里普克的父親是猶太學者領袖，母親是內布拉斯加州奧瑪哈的兒童讀物作家，雙親和奧瑪哈傳奇企業家華倫・巴菲特（Warren Buffett）熟識，因為早期投資巴菲特的公司而富裕。克里普克是名神童，六歲就學習古希伯來語，九歲開始閱讀莎士比亞，少年時就熟讀笛卡爾，精通複雜的數學問題，十五歲時開發了一套模態邏輯新理論，十八歲時發表於《符號邏輯雜誌》（*Journal of Symbolic Logic*）。克里普克在哈佛取得數學學士學位，就學時的邏輯學就已經有研究生程度，年僅二十三歲就在哈佛任教，後在普林斯頓、洛克菲爾大學教授邏輯學及數學。

《命名與必然性》是一九七〇年二十九歲的克里普克在普林斯頓大學三堂演講的文字紀錄，他本人並沒有任何註解。雖然篇幅不長，卻不易理解。

敘述不等於身分：本質主義觀點

克里普克的模態論證正面迎戰「描述主義」，由哲學家弗雷格、羅素、維根斯坦、約翰·希爾勒（John Searle）等人提出的觀點，認為所有事物的正確名稱，都以某種方式與它的實際敘述相符，可能透過感官或無懈可擊的邏輯（例如「單身漢都未婚」的邏輯命題）證實為真，這個觀點也有一系列的陳述句，如「美國第一任郵政局長」、「雙焦鏡發明者」、「《窮理查年鑑》的作者」，這些都帶向同一個身分：班傑明·富蘭克林。

克里普克認為像富蘭克林的名詞，叫做「固定指涉詞」。關於這個人的資訊或敘述，可能為真也可能為假，或者可能被證明為假，我們可能會發現富蘭克林其實沒有發明雙焦鏡，沒有寫《窮理查年鑑》，或因為某些原因沒有正式成為郵政局長，唯一肯定為真的就是我們熟知的富蘭克林，就是富蘭克林。克里普克說，其實沒有任何敘述的人，肯定是正確的，有一個「可能世界」中，富蘭克林可能與上述的所有事情無關。而如果有這麼回事，以敘述主義者的結論，富蘭克林根本不存在，如果他存在，不管我們的敘述為何，不管是否這些敘述為真，必定有一些特質造成富蘭克林成為富蘭克林。

克里普克的「本質主義」觀點認為，富蘭克林存在不需要由任何事情證明，他存在就是自我證明，雖然這個論點聽起來非常顯而易見，仍在兩種觀點中的「必然性」開拓出分界線。對分析敘述主義哲學家來說，身分必須倚賴精確的敘述，克里普克說這樣的身分只是「某物與自身」間的關係而已。克里普克的另一個例子是，有一個人曾聽說關於物理學家理查・費曼的某事，即使這個人根本對費曼一無所知，他也將費曼的名字借代為費曼本人，他對費曼所知的一切其實可能是錯的，但在他的心中這就是費曼，那個真實存在的人，大家認識的費曼。

另外一個例子是「西塞羅」及「圖利」這兩個名字。圖利是西塞羅的英文中間名（全名Marcus Tullius Cicero），所以這兩個名字指涉的是同一個人。然而克里普克假設「西塞羅」及「圖利」在某種程度上可能不同，以邏輯敘述角度，可能指涉的是兩個不同的人。事實上，這兩個名字是不同身分，希望藉由串連名字並加以敘述，其實是很牽強的。克里普克回應彌爾對名稱的觀點：彌爾認為名字隱含著身分，而非意味著身分。

克里普克說，小孩出生後被賦予名字，透過「慣例因果鏈」，這個名字成為我們對這個人的快速記憶，可能有上百條關於他的敘述，但這些與他的名字本質上並不相關，只是告訴我們有個人存在，或者曾經存在過，不需以精準的敘述確認他們是誰。克里普克說，他們的熱忱讓語言變得更加精確，語言分析哲學家只是走得太遠了。

克里普克對身分的哲學，可以用哲學家喬瑟夫・巴特勒主教（Bishop Butler）的一句話總結：

「事物與其本質一致，而非外因決定其本質。」

人就是他們自己，有重要特質，沒有任何精確的語言可以介入、移除或證明他們的身分。

名字與意義

克里普克說，即使我們必須改變某物的名稱，我們仍然知道舊名與新名指的是什麼，名稱本身並沒有敘述些什麼，它們只是某段時間中，用來傳達事物的本質。克里普克的例子是黃金，假如我們發現黃金看起來是黃色，只是因為開採出黃金的那些區域自然氣候所造成，拿掉這樣的氣候條件，「黃金」其實是藍色的，這是否意味著黃金不再存在？不，這只代表我們搞錯了黃金的顏色，它仍然是黃金。

同樣地，以老虎為例，如果我們定義一個物種有明確的外貌和特性，最後發現我們描述的動物其實不是長這樣，設想的特性也不一樣，這是否意味著我們不能再稱之為老虎？不，我們仍然保持原本稱呼牠的方式，因為實際的敘述與特性其實沒那麼重要，我們只是希望保有意義的因果鏈，真正重要的是組成這個物種的特質或特性，以及動物的「自然種類」，如果我們發現新的物種，牠的特質與舊有的某種動物一樣，我們不會將舊物種的名字換給新物種，我們會發明一個新的名稱給這兩個物種使用，我們稱呼的事物本身最為重要。

回到黃金的例子，克里普克想知道以科學的角度來看，黃金是什麼？黃金的本質特性是什麼？我們可以用很多方式描述黃金：一種金屬、閃亮的黃色、不會生鏽等等，但這樣的敘述很容易有誤，人們可能會認為符合敘述的黃鐵礦（愚人金）就是黃金，必須有些超出這些敘述，超出語言本身的事物，能告訴我們黃金是什麼。克里普克說，「黃金的本質」是一種金屬元素，原子序數為79，用這種方式，克里普克就能證明他的論點不是科學式的。確實，尋找事物的本質特性是科學的起因，我們可以無止盡地描述事物，但唯有物種的顯微構造，才能告訴我們事物的確切本質是什麼。

總評

二十世紀大部分的時間，語言分析主導了哲學，透過語言分析找出什麼為真，什麼為假，其他人不容置喙。克里普克丟出的震撼彈，證明如果敘述主義有瑕疵，語言就不能得出事物的本質，那麼它如何成為核心哲學？只有能夠被物理敘述的事物才有意義或重要的，唯物論觀點也許只是一種偏見。

《命名與必然性》最後一段話是：

「我認為，唯物論必須認定世界的物理敘述，就是對唯物論的完整敘述，任何精神事實都是「本體論式地依賴」於物理事實，必須依據必然性的直觀。在我看來，沒有認知理論者能提出有說服力的論證，來反對直觀論點。」

這種陳述句（理論上）允許某些精神或形而上的實際規則存在，不能以我們的敘述斷定。以克里普克來說，他是一個數學家、邏輯哲學家，同時也信奉猶太教，實行安息日，他告訴採訪者：

「我沒有現代人的那些偏見，像是不相信自然主義的世界觀，我不將想法置於偏見或世界觀之上，也不相信唯物論。」

自然唯物典範（科學及當代世界的基礎）只是偏見或意識形態嗎？這是對於存於理性體制

中令人吃驚的論述，雖然克里普克曾說，一般來說哲學對日常生活沒有太大作用，如果他是對的，則代表「現代」唯物世界觀的終結。顛覆科技的哲學同等物將改變一切。

索爾・克里普克

克里普克生於紐約，很小的時候舉家遷至內布拉斯加州奧瑪哈。一九六二年於哈佛大學取得數學學士學位，一九七三年成為牛津大學最年輕的洛克講座主講人，而後在哈佛、普林斯頓、洛克菲爾大學任教。

《命名與必然性》最初在一九七二年《自然語言語意論》（*Semantics of Natural Language*）編輯文選中發表，克里普克並沒有寫這麼多文章，而是編輯他所發表的演說然後出版。他對維根斯坦極具爭議性的詮釋，在一九八二年《維根斯坦論規則和私人語言》（*Wittgenstein on Rules and Private Language*）中完整地呈現。克里普克現任紐約市立大學研究中心任教。

1962

科學革命的結構

The Structure of Scientific Revolutions

「所有歷史上具有重大意義的理論都與事實相符，或多或少而已。」

「一個新的典範，或足以持續論述的線索，有時在午夜忽然出現，出現於深陷危機的人心中。」

「對舊典範的效忠轉移至新典範的過程，是不可被強迫的轉變經驗。」

「接納新的事實，需要對理論進行額外的調整，直到調整完成，直到科學家學會以不同的方式看待自然，這個事實也變得不再科學了。」

總結一句

知識不是事實的線性積累，而是另一種世界觀的替代品。

同場加映

米歇爾．傅柯《事物的秩序》（16章）

大衛．休謨《人類理解研究》（22章）

卡爾．波普爾《科學發現的邏輯》（39章）

28

湯瑪斯・孔恩

Thomas Kuhn

湯瑪斯・孔恩於哈佛大學從事理論物理學研究，快要完成博士論文時，他受邀為一群非科學研究者教授一堂科學的實驗性大學課程，這是他第一次真正接觸到科學史。

因為這堂課改變了他對科學的基礎假設，大大地翻轉他的生涯規劃，從物理學轉向進而研究科學哲學。孔恩三十五歲左右寫了關於數學家哥白尼的著作，五年後《科學革命的結構》問世。正文僅有一百七十頁，銷售超過百萬本，被翻譯成二十四種語言，是自然科學及社會科學中最常被引用的著作。這在學術研究中是極罕見的成就，孔恩本人也非常訝異。

這本著作篇幅極短，原本只是《統一科學國際百科全書》的一篇專題，後來被以一本著作的形式出版。這個篇幅限制是個好事，避免孔恩寫了太冗長且艱澀的科學細節，讓外行人也能輕鬆閱讀。

為什麼《科學革命的結構》有這麼大的影響力？雖然它所傳遞的訊息僅限科學領域，重要性依然不減。但典範的普遍概念，以一個世界觀取代另一個世界觀，是許多領域都認為這本著作重要的原因。在此書中孔恩多次提及，典範並不只存於科學的事實，源於孔恩閱讀亞里斯多德著作時，發現亞里斯多德的運動定律並不比牛頓差，只是看世界的角度不同罷了。

科學家創造的科學

這本書一開始孔恩說，傳統教科書紀錄下科學的發展，只能告訴我們真實知識，就像旅遊手冊能告訴我們國家的文化。這些教科書表達不斷積累的事實，描述經成功實驗後證實的理論，因此而不斷增加知識。但科學發展真的那麼有條理嗎？

孔恩放下傲慢，敞開心胸的態度去了解科學演進與個人的偉大發現無關，當時的科學界及知識環境，允許（或不允許）對現有資料重新檢視。他的論述核心概念是，科學家不該簡單地敘述自然是如何運作，而是在理解典範的前提下進行科學工作，一旦他們解釋現象時發現不足之處，就該以新的典範取而代之。他定義典範為「普遍認知的科學成就，為當時科學社群提供問題及解答的樣本」。

為什麼科學進程的概念會不同？傳統的科學觀點是「事實就是這樣」的世界觀，「我們」（科學家）揭露了這些事實。然而，沒有觀察者就沒有事實，意味著要建構當代科學，觀察者的取向非常重要。此外，科學進程只是某種程度上的新發現，它同時也關注我們看法、想法、已知事物的改變。孔恩說，X光的發現「不僅驚喜，更是震撼」，因為它並不存於任何理論中。當新典範取代舊典範，世界本身似乎也會隨之改變：「科學家的世界經過革命後，鴨子就成為兔子[1]。」

孔恩另一個驚人的觀點是，典範具有完整性，提供當時大多數疑問的解答，當然也完全是錯的。有很長一段時間，地心說（地球是宇宙的中心）是宇宙學的標準答案，解答了大多數人的疑惑，直到太多異常現象出現，太明顯且無法忽略，日心說（太陽是宇宙的中心）這個新的典範才逐漸被接受。不過，確定性對人類的吸引力代表這樣的革命總會被抗拒，新發現的開始必須先認知到異常現象，或是發現自然不照常規運行，從現有理論中找到根據前，科學家不會知道如何處理不屬於「科學」的事實。

一個典範的能力不足以解開自身謎題時，不安全性開始升高，於是典範崩解，而科學家持續從舊典範中得到錯誤的答案，這個典範面臨危機，新典範就可能以崩壞點突破，就像哥白尼的天文學或愛因斯坦的相對論。

孔恩觀察到新學科成立之初，通常沒有建立典範，只有互相牴觸的觀點，試圖解釋自然觀點。所有的觀點都可能用已建立的科學方法為基礎，但只有一個會成為被接受的方法，因為以單獨某個典範為基準更易於學科研究。人類心理發揮作用的程度，比我們主動容許心理運作的程度更高，孔恩說，科學不是以自身意志，冷酷且客觀地進步，科學家才是其中的推手。

常態科學及科學革命

孔恩在「常態」科學及科學思想或研究類型做出區別，這可以導致革命，甚至是改變我們看世界的方式。常態科學以「科學社群知道世界是什麼樣子」為假設，以及「多數計劃成功是源於科學社群願意為其假設護航，如果必須要付出很大的代價。」常態科學傾向抑制異常事實，因為它們是預定理論路徑中的絆腳石，孔恩將這些新事物或異常現象定義於現存典範中的「悖反期望」。很難不從現存典範中尋求異常現象的解答，雖然仍會在其中試圖找出造成異常的因素，但只有少數科學家可以真的「跳出傳統思維的框架」以全新角度看待自然。

進入任何科學社群的起點就是研習它的典範，多數科學家會耗盡一生在典範中研究，需要解開的小謎題或額外的研究。或者，他們產出研究時發現，這樣能拉近自然與理論／典範的距離，就像牛頓的《自然哲學的數學原理》（*Mathematical Principles of Nature Philosophy*）問世後，很多科學家追隨他的腳步一樣。常態科學是：

1 我們對圖像與形象有既定認知，同一張圖，可看做鴨子也可看做兔子。此處用來比喻，當我們擁有一個典範，就很難再用另一個典範去觀察世界，可參考格式塔轉換理論。

「企圖強迫自然進入典範提供的既有且相對堅固的盒子裡，常態科學的目的也不是為提出一系列新現象，那些不在盒子中的，往往也被視而不見。」

問題是，當不被預期的新事物出現，科學家不是立刻抗拒視之為「錯誤」，就是先壓制，再以錯誤的方式證實他們心中期望的答案。因此，常態科學的目的不是為找出新事物，而是讓現存典範更為精準，讓自然與理論完全一致。

換句話說，科學革命是「傳統科學打破了常態科學的傳統活動」。新理論不單單是新事實，也是大規模地改變我們看待新事實的方式，轉而領導理論重建，也是「固有的革命過程，不會是個人或一夜之間可以完成的」。

兩個不同的世界：典範的不可共量性

典範的改變不是理性過程，而是不同理論間的鴻溝，典範不是一場競賽，在解決問題的方法上無法一致，也不能透過語言描述，孔恩說典範具有「不可共量性」，因此它們沒有標準評斷彼此。

也不是每一種典範都會與宇宙客觀事實更近或更遠，典範的真正本質是關於創造及提出典範的人，每一個典範都在不同的世界中發揮作用，孔恩引用德國物理學家馬克斯・普朗克的話：

「一個新的科學真理不是透過說服反對者，讓他們看到光明而取得勝利，而是透過反對者一一死去，熟悉新真理的新世代逐漸長成。」

確實，哥白尼去世後整整一世紀，他的觀點才被採納，牛頓思想在《自然哲學的數學原理》出版後五十年，普遍看法還是無法接受。孔恩總結：「對舊典範的效忠轉移至新典範的過程，是不可被強迫的轉變經驗。」儘管如此，科學社群最終還是會跟上轉變，開始「證實」新典範的正確性。

總評

《科學革命的結構》令人驚訝的觀點是，科學並沒有透過經驗觀察的積累，帶給人類有條理、線性的路徑，朝向真實世界的客觀真理（或者說啟蒙運動觀點），科學其實是人類的產物。如果科學的企圖是讓理論與自然相符，那麼我們首要對抗的就是人性。

我們喜歡編織或改變科學理解，進入宏大的故事之中，孔恩暗示科學是毫無目的的，只是盡可能地改變科學解釋以貼近現實。這本書的再版中，孔恩澄清自己並非相對論者，他相信科學進步，但是他也聲明，科學不是進化論：科學從極簡單的某物開始演進，沒有人可以說它的極限到哪，或是它的目的為何。

普遍對孔恩觀點的詮釋，當人們被質問各自學科的典範，總是認為典範是「不好的」，使人們的思想狹隘。而事實上，孔恩說取得典範是一個領域發展出成果的象徵，至少典範提供的規則是該領域的人都能認同的。典範既非正面也不負面，只是給我們觀看世界的角度，其真實的價值在於客觀地看待典範，並讓我們承認所謂真理可能只是一種假設。

湯瑪斯．孔恩

孔恩出生於一九二二年。他的父親原是一名液壓工程師，後轉職為投資顧問，母親則是一名編輯。孔恩在紐約近郊出生，一直在私立學校就讀，而後就讀哈佛大學。

畢業後，孔恩為了二戰，加入美國及歐洲的雷達研究工作，後來回到哈佛完成物理學博士學位。在哈佛期間，孔恩也研修哲學課程，並考慮轉為哲學研究，但覺得當時起步太晚。三十歲時孔恩開始教授科學歷史，急遽地轉向新領域意味著他沒有太多時間自行創作，因此《科學革命的結構》花了十年才得以完成。孔恩無法在哈佛得到終身教職，所以到了柏克萊加州大學擔任助理教授。一九六四年，普林斯頓大學聘請孔恩為科學史及科學哲學教授，他在普林斯頓待了十五年。一九七九年至一九九一年，他在麻省理工任職，也是職涯的最後一段時光。

孔恩的第一本著作是一九五七年的《哥白尼革命：西方思想發展中的行星天文學》（*The Copernican Revolution: Planetary Astronomy in the Development of Western Thought*），一九六七年《量子物理學的起源》（*Sources for the History of Quantum Physics*）。在《科學革命的結構》出版後，孔恩再論並釐清其中某些概念，可參考一九七〇年至一九九三年的論文集《結構之後》，其中也有孔恩的自傳性訪談紀錄。孔恩於一九九六年逝世。

1710

神義論

Theodicy

「一旦上帝完成宇宙，它就不可能變得更好。」

「上帝，選擇了所有可能世界中最完美的世界，以他的智慧推動許可與之相連的邪惡，但這不妨礙世界存在，所有事物都是可選擇的事物中最好的。」

「有人可能會想像沒有罪惡、沒有不幸的可能世界，製造出像烏托邦或塞瓦蘭[1]的幻想，但這兩個世界都不會比我們的世界更好。我無法詳盡地讓你了解為什麼我可以知道，我能對你展示無限，並將它們相比較嗎？你必須從我的角度評斷結果，因為上帝已經選擇了這個世界。此外，我們知道邪惡經常帶往好的方向，沒有邪惡就沒有人能到達好地方，兩個邪惡確實能創造一個巨大的善。」

總結一句

我們的世界必定是所有可能世界中最好的一個。

同場加映

布萊茲·巴斯卡《沉思錄》(37章)
柏拉圖《理想國》(38章)
巴魯赫·史賓諾莎《倫理學》(47章)

1　法國空想文學，與烏托邦類似，詳盡地虛構出理想社會。

29

哥特佛萊德・萊布尼茲

Gottfried Leibniz

哥特佛萊德・萊布尼茲交友廣闊，遍佈世界，他作為政治家的僱員，經常為了政治因素來往歐洲各地，因此與漢諾威王朝年輕的王后蘇菲亞・夏洛特（Sophia Charlotte）成為好友，在柏林造訪皇室時，曾與蘇菲亞談話數小時，辯論當時的宗教、哲學、政治議題。

為了維護王后，萊布尼茲回應了法國加爾文教派牧師皮耶爾・貝爾（Pierre Bayle）的思想，貝爾所著之《歷史與批判辭典》（*Historical and Critical Dictionary*）中提到，基督教是信仰的問題，不是可以被理性滲透的東西，人類受苦的問題只能是一個謎。

蘇菲亞年僅三十六歲就去世，作為獻給她的禮物，萊布尼茲對外表示，因為得到蘇菲亞的鼓勵，才讓他寫出《神義論》。這本書分為三篇，「上帝之善」、「人類自由」、「罪惡起源」，試圖為正義、仁慈的至高存在，尋求優雅的辯護，與邪惡存於世界的事實互相協調。同時科學逐漸崛起，舊的宗教假定開始受到挑戰，這本書正是反駁貝爾認為信念與理性互相矛盾的思想。

此外，萊布尼茲除了作為高級公務員及政治顧問，也是非常博學的人，對數學（他創建了微積分，與牛頓分庭抗禮，創造第一個機械計算機）、法學、物理學、光學、哲學都有重大貢獻。儘管當時他的思想遊走在世俗觀點的邊緣，萊布尼茲並沒有打算將幾世紀以來對上帝本性的推論扔到一邊，他認為駁斥笛卡爾、洛克、或是史賓諾莎的觀點是他的責任，因為他們認為宇宙依照非個人自然法則運行，沒有上帝評斷或意圖的空間，也不關注人類的選擇及自由。即使科學及現代化正展露頭角，十七世紀的世界仍然圍繞著上帝，萊布尼茲並不樂見科學與形上學切割，他對至高存在的論述仍然非常有說服力。

「神義論」是萊布尼茲創造的新詞，結合了希臘文的上帝（theos）及正義（dike）之意，字面上的意思就是「為上帝辯護」，標題則表達了這本書的目的：如果上帝全能，他如何允許邪惡存在。人們仍不斷地問這個問題，萊布尼茲的著作至今仍然有重大意義，有許多人不假思索地認為「世界上太多邪惡及苦難，上帝並不存在」，這本書似乎正是為了這些人所設計的。

萊布尼茲的「可能世界中最好的世界」概念，被哲學家伏爾泰在一七五九年的劇作《憨第德》（*Candide*）中極力諷刺，其中樂觀主義的潘格羅博士一角正是以萊布尼茲為原型。伏爾泰對萊布尼茲哲學的了解非常表面，然而萊布尼茲本人也渴望說明，他相信神的仁慈以及最好的世界觀，讓他成為真正快樂的人。這並不意外，因為這樣的想法在看似隨機且毫無意義的宇宙中，能給予人們安全感及秩序感。

我們如何活在可能世界中最好的世界？

萊布尼茲的概念是，我們活在所有可能世界中最好的世界裡，接受了上帝的完美。簡而言之，如果上帝完美，任何他創造的世界都必須完美，即使人類層級似乎是不完美的樣子，上帝也不能讓我們完美，因為他會創造出更多神。反之，事物完美的程度不一，人類不是敗壞神性的例子，只是完美性有限。萊布尼茲讚揚人類肉體近乎完美的特性，他說：「我並不訝異人有時候會生病，但通常只是輕微地生病，也不是常態。」

宇宙根據「充足理由」組織而成，包含神的意圖。這個世界存在必並存著許多特定理由，知識有限的我們不能了解。萊布尼茲說（正是這個矛盾讓他被諷刺為愚蠢的樂觀主義者），最好的可能世界不能立即帶給人類幸福，但人類受到自我利益的驅使，不能察覺到萬物發生帶來的正向結果，我們從因果中看事物，但我們對事物關係的理解天生有限。

萊布尼茲說，宇宙有億萬個「單子」，可以自足的實體或存在的形式（包含人類靈魂）組成，他們並不影響對方，但上帝命令宇宙中的萬物必須和諧地一同運作，這就是「預定和諧」原則。只有上帝可以綜觀萬物如何緊密地結合，以及事件背後隱藏的智慧，我們的角色就是相信無限的智慧以及仁慈的意圖。

上帝創造的這個世界，不是沒有任何負面事物發生，不經意建造的烏托邦，是一個真實的世界，豐富且多樣，充滿意義的世界，這是需要用壞事以實踐善的地方，或者說「完美的整體還是需要不完美的部分」。萊布尼茲引用哲學家聖奧古斯丁（St. Augustine）與多瑪斯・阿奎那的思想，他們都認為上帝允許邪惡存在，是為了讓善隨之而來。有時候邪惡是必要的，它能為世界引領正確的方向，有邪惡存在的世界，其實是最好的可能世界，即使並不是對每個人好，「這並不表示我們應該因罪惡而開心，上帝並不允許這點。」萊布尼茲謹慎地說，罪惡可以「充滿恩惠」，從未開發之境提升人類等級。儘管短期來說可能帶來負面效應，但萬物確實朝向最好的方向努力。

自由意志如何可以存在

萊布尼茲花了些篇幅說明，在神管理宇宙秩序之中，自由意志如何可能存在。他說，人類行動沒有「絕對必然性」，「我的觀點是，意識總是更傾向它採用的路徑，但它從不被必然性束縛。」上帝給予人類行動自由，所以上帝會降臨，在事情發生之前或及時糾正錯誤，與自由相互抵銷，導向一個更有限世界。自由意味著上帝創造我們所見的萬物，同時他也不是「罪惡的創作者」，上帝允許很多可能世界存在，是基於人類可以思考及行動的自由：

「儘管他的意志總是完美，總是朝向最好的目標，但他拒絕的邪惡或更少的善仍然可能存於自身，否則事物的偶然性將被摧毀，沒有選擇的餘地。」

儘管人類能選擇為自己創造幾個可能世界，但他們過去的行動會導致只有一個可能世界可以成真，萊布尼茲以此說法驗證他對自由意志的論述。然而，知道人類意志及他過去所做的事，至高存在就能知道可以實踐哪個世界。

萊布尼茲選擇了一條有益於自由意志及必然性的中介線，他以「定命」（Fatum Mahometanum）為例，在他的時代，伊斯蘭人不會避免受瘟疫所苦，因為命運已經決定了是否會得到瘟疫，他們的行動不會有任何改變，古哲學家稱之為「懶惰因素」，沒有考量到原因在生命中的角色，或是新世界可能因改變而展開的概念。萊布尼茲說，即使世界被至高存在以某種方式預定，也不該成為我們根據好的意圖或行為，以及創造嶄新的善因來阻礙生活。我們可以留下一些空白給上帝，也應該假設上帝希望給予的與我們想為自己爭取的一樣，除非他希望給我們更大的善。無論哪一種，無庸置疑地都會是好的結果。

總評

諷刺的是，認為信仰上帝是理所當然的人，當時卻說萊布尼茲是無神論者，因為他並不常去做禮拜，也反對當時的一些信仰，像未受洗禮的孩童被指控必須下地獄。他的思想中，也是作為參與政治和哲學家重要的部分，就是調解天主教與新教教會，《神義論》因而成為一本泛基督著作（雖然萊布尼茲是新教徒，但這本書參考了天主教哲學家奧古斯丁及阿奎那的許多思想）。

當代哲學最知名的事蹟之一，就是萊布尼茲到荷蘭與巴魯赫・史賓諾莎會面，哲學家馬修・史都華（Matthew Stewart）的《朝臣與異教徒》（*The Courtier and the Heretic*）中就曾被提起。這兩個人非常不同：萊布尼茲是年輕、溫和的「政治顧問」，前途大好的科學領袖；史賓諾莎是充滿智慧的哲學隱士，被很多人鄙視為「無神論猶太人」。史都華描述這場會面是萊布尼茲人生及哲學上的重要時刻，因為他認為必須適應與他相反的觀點，史都華說：「即使到了今日，在海牙會面的這兩人，都代表著我們必須且毫不懷疑地做出決定。」

這個決定是什麼？相信宇宙依據嚴謹的自然法則運作，不需要至高存在？還是上帝是萬物的領航者（包含人類發展科學知識的過程）？選擇前者的人基於「如果上帝存在，邪惡就不存在」的立場，應該先暫停批判，至少讀過萊布尼茲的論點後再做論斷。

哥特佛萊德．萊布尼茲

萊布尼茲出生於一六四六年德國萊比錫（Leipzig），父親是一名哲學教授，在他年僅六歲時去世。在學校中，他的才智相當亮眼，嫻熟拉丁文，在萊比錫大學（Leipzig University）選擇專攻法律前，也曾學習拉丁文、希臘文、哲學、數學，隨後在阿爾特多夫大學（University of Altdorf）取得博士學位。

他的第一份工作是政治家波伊涅堡男爵（Baron von Boineburg）的顧問及圖書管理員。年僅二十一歲寫出關於德國法律改革的知名著作，二十四歲時被指派為梅恩茲選帝侯（the Elector of Mainz）的私人司法顧問，成為高級公務員。三十歲中半，萊布尼茲作為使者前往巴黎，在當地學習數學，與當時法國兩大哲學家尼古拉．馬勒伯朗士（Nicolas Malebranche）及安托萬．阿諾德（Antoine Arnauld）成為好友，也因此認識了笛卡爾思想。

一六七六年十一月，萊布尼茲旅行至荷蘭海牙（Hague）停留三天期間，曾與哲學家史賓諾莎討論哲學，雖然沒有留下關於這場會面的細節，只有一頁「上帝存在的證據」流傳下來，可能是在史賓諾莎面前寫下。同年，萊布尼茲成為漢諾威公爵麾下的圖書管理員、顧問、歷史學者，他一直在這個崗位上任職直至去世，期間也有很多機會四處旅行，研究統治漢諾威的布倫威克（Brunswick）家族史，除了德國本地，也和巴黎、倫敦、義大利、俄羅斯進行科學交流。

其他著作包括一六七二年至一六七三年出版的《哲學家的懺悔》（*The Philosopher's Confession*）、

一六八六年《論形上學》（*Discourse on Metaphysics*）。《新人類理解論》（*New Essays on Human Understanding*）寫於一七〇四年，直到一七六五年才出版問世。《單子論》出版於一七一四年，萊布尼茲於同年逝世，終生未娶。

1689

人類理解論

Essay Concerning Human Understanding

「如前所述，我認為這是無庸置疑的，沒有人人都認同的實踐原則，因此沒有天賦原則。」

「當人開始有任何想法，我認為真正的答案是，這是他第一次有所感覺。因為在感官還沒傳送任何東西前，心智似乎是沒有任何想法的，我認為理解中的想法和感覺是一樣的。」

「如果探究理解的本質，我就能發現其中的力量：它們能到達何處？在什麼程度上等比例？它們如何讓我們失望？我認為這些資訊可以說服人們，以忙碌的心靈干預超越理解範圍的事物時更為謹慎。」

總結一句

我們所有想法，無論單純或複雜，都是透過感知經驗產生。我們是塊白板，道德與性格都非天生賦予。

同場加映

阿爾弗雷德．朱勒斯．艾耶爾《語言、真理與邏輯》（3章）
大衛．休謨《人類理解研究》（22章）
威廉．詹姆士《實用主義》（23章）
尚-雅克．盧梭《社會契約論》（41章）
納西姆．尼可拉斯．塔雷伯《黑天鵝效應》（48章）

30

約翰·洛克

John Locke

約翰·洛克在牛津大學修讀醫學，從英國輝格黨政治家沙夫茨伯里伯爵的私人醫師一職開始了他的生涯，因為成功地完成伯爵的肝臟手術而備受信任，但他對醫學的興趣遠不及對政治及哲學的熱情。

洛克一生被大多數人熟知為政治顧問及輝格黨的智囊，而他對自由的觀點在《政府論》（*Two Treatises on Government*）中一覽無遺（《人類理解論》出版一年後即匿名出版此書），此書為個人自由及人類自然權利提出很好的例子，與「君權神授」及托馬斯·霍布斯（Thomas Hobbes）的專制主義截然不同。《政府論》成為後來的法國大革命及建立美利堅共和國主要影響，而洛克追求幸福的概念也被納入美國憲章。

洛克忙於政治生涯時，也持續寫作純哲學著作《人類理解論》。哲學家法蘭西斯·培根（Francis Bacon）是科學方法的開發者，一六二六年因冷藏肉品實驗而死於肺炎。洛克，生於培根死後六年，成為培根的知識繼承者，將英國經驗主義拓展為一套成熟的哲學。哲學家休謨就是走在《人類理解論》打下的基礎，這本書也為二十世紀分析哲學家羅素與維根斯坦鋪路。洛克在第一頁寫道：

「這個時代創造偉大的人物，如惠更斯（Huygenius，荷蘭數學家及天文學家），以及無人可及的牛頓（洛克所熟識的牛頓）……只要有雄心壯志，就能甘心做一個粗工，稍稍清理這片土地，將散落在通往知識之路上的垃圾清除。」

這裡的「粗工」代表的是當代典型的哲學家，洛克主張建立龐大的系統，有利於找出獨立個體究竟能知道什麼，如同今日的哲學家們，洛克也非常專注語言的精確度：

「含糊不清的表達方式以及濫用語言，長久以來被視為科學之謎；而艱澀、難以運用的字詞，幾乎沒有意義，依照慣例，這被誤解為深入學習及思索的權利，但是要說服那些說話的人，或者聽信他們的人，都不是容易的事，他們是無知的掩護，是真正知識的障礙物。」

當代哲學家宣稱洛克是站在他們這邊的，忽略了洛克思想包含許多那個時代的觀點。例如說，《人類理解論》中對於稱為神學的內容有一定比例，他走在懷疑論邊緣，將世界視為造物主的作品，產出我們所看見的有趣解釋。然而，近代的學術研究都著重於洛克對自我的觀點，這也正是現今我們關心的主題。

如果我們有不同的感知，真理是什麼呢？

自亞里斯多德起，認為「一致認同」為明確原則或普遍真理，因此這必為上天賦予。但洛克認為人類沒有天賦知識：我們是一塊白板，所有知識都來自於視覺、聽覺、嗅覺、觸覺、味覺，以及想法或概念（例如白的、硬的、甜的、思考、動作、人、大象、軍隊、喝醉），我們得到的僅僅是感官輸入的結果。如洛克所說：

「問人**何時**有第一個想法，就等於在問他何時開始感知；**有想法**與**感知**，是同一件事。」

沒有初次感知經驗，就無法經驗任何事情，即使是複雜的想法，也可以從感知中找到根源。洛克的用語中，「單純」的想法是基礎經驗透過感官給我們的，例如冷、硬是在碰到一塊冰塊時的感覺，而手拿著百合花就會產生白色印象及嗅覺經驗，這些單純的想法構成世界運作中複雜、抽象的思想。例如看見一匹馬在奔馳，會讓我們思考移動的本質，但我們首先必須有簡單概念的經驗，才能創造複雜的思想，即使複雜如權力的概念，也是源於意識，我們還是仍能做些什麼，從權力是什麼這種簡單的知識，了解為何政府或軍隊可以擁有權力。洛克更進一步地區分事物的第一性質及第二性質，舉例來說，石頭的第一性質是它笨重的體積及移動程度，即使沒有被感知到，這也必定為真；而第二性質是我們如何感知它的方式，例如石頭的灰暗色調、堅硬的觸感。

洛克認為，所有想法必來自感官，這導出有趣的見解：如果感知可以給某人與他人不同的世界觀點（例如浴缸中的水，可能對某人來說太冷，但對另一個人來說卻很溫暖），透過不同哲學家的闡述，又怎麼會有更複雜的確定性或真理存在呢？他說，世界的每個觀點都必須是個人觀點，不管多主流的抽象概念及想法，都必須保持懷疑，尤其是當他們造假宣稱其想法具有普遍性時。

道德是上天賦予嗎？

洛克的時代中，普遍假設道德是上天賦予（人生來即為善、惡），有一套普遍道德原則存在，他試圖證明道德不可能具有普遍性，個人與群體間的信仰有截然不同的差異。例如把孩子留在荒野或氣候惡劣的環境中，或是母親死亡時讓孩子陪葬，在許多文化中很常見，但當時的英國會認為這種行徑相當惡劣。

洛克提出疑問：「那些上天賦予的正義、孝順、感恩、平等、簡樸的原則是什麼？」如果這些原則，包括「天生」接受上帝存在，但對孩童、「智能障礙」、及不同種族的外國人而言並不存在，這些原則就可能是人類創造出來的。洛克接著發表這個論證：上帝賦予我們理性，讓我們能夠發現永恆的道德真理，但理性是人類心智的產物，不能倚靠理性揭露永恆真理。

洛克說，原則似乎是上天賦予，因為「我們想不起來第一次接觸原則是什麼時候」，孩童只是吸收我們的說法，長大後才會開始質疑，也許上天唯一賦予的，是我們期盼根據原則生活的願景，任何原則都好，只要能帶給生命秩序或意義都好。然而，「比起藝術及科學，思想及觀點並沒有那麼來自天賦」，而它們卻經常被用於人與人之間的鬥爭。因此，通向自由的路徑必須是人人皆由自己考驗真理，如此才不會受他們擺佈。

以洛克的經驗論觀點，精神信仰應置於何處呢？洛克將它視為一個複雜的想法，由其他複雜的想法中提取出來，像存在、時間、知識、權力、善，我們透過無限概念加乘這些想法，才能達到理解至高存在。儘管洛克不能「證明」上帝存在，他利用某些方式，展現信仰上帝是非常自然且合理的，這是我們周遭世界的直接經驗導出的結果。

人格特性

一六九四年《人類理解論》第二版，洛克加入了新的章節：同一性與差異性。對許多學者來說，這成為這本書最迷人的章節，因為它是較早試圖解釋意識與同一性的著作。

洛克說，同一性是基於長久下來我們對某事物的認知，生物的同一性不單純靠兩年前相同質量的粒子。橡樹從小樹苗時就是同一種植物，馬從小馬時也就是馬，這告訴洛克，同一性不僅僅是在物質本身，它會在組織範圍內不斷地改變。

但涉及人類的時候呢？洛克提出與靈魂相關的有趣問題：靈魂可能在很多次人生中，佔據成功的身體，取的新的同一性。例如說，假設每次都轉生為男性，但不能說這一連串的身分都是同一個人。他的論證核心是「男人」與「人」是不同的概念，當一個男人或女人被敘述為人類，一個形體、一種動物，同時也會與意識結合，也就是人格，意味著意識的持續時間就是同一性的表達，超越了物理範圍。因此，我們幾乎可以說，聰明的貓或鸚鵡就像人一樣，我們將其歸為一種特質，而我們可能會認為，失去記憶的人就像失去人格的形體，洛克提到，他「不是他自己」或「瘋癲」的這種日常說法，意味著「那個人不再是那個人了」，這說法一再確認了意識不是物質性，而屬同一性。

總評

儘管洛克反駁天賦似乎更向真理靠近一步，但科學似乎沒那麼友善。心靈是一塊白板的想法對文化及公共政策產生很大的影響（例如，男女會有不同行為是因為不同的社會條件造成），但深入研究大腦會發現，事實上，大多數的行為傾向都是天賦，道德行為本身被視為進化特性，幫助人類在社群中生活得更好。

然而洛克的《人類理解論》仍很好地表達經驗主義觀點，是當時非常大膽的言論，也非常值得一讀（相較許多當代哲學），其中概括很多我們現在沒有空間繼續發展的思想，像洛克對自由意志及倫理學的觀點。

洛克也為宗教寬容辯護（1689-1692出版的《論寬容》），主要是為了弭平天主教與新教間的分歧，而他開放、寬和、民主式的見解非常具影響力，特別是他謙和的視角：人類是以感官塑造的存在，他們自然會追求幸福、避免痛苦，這對當代政治制度也有長遠影響，特別是美國。人類是道德動物的概念非常前衛且實際也相當成功，因為它信任我們創造正向改變的能力，不會試圖將自己變成不像自己的樣子。

約翰·洛克

洛克出生於一六三二年英國薩默塞特（Somerset），他的父親是一名律師，也是公務員。洛克就讀倫敦頗有盛名的西敏中學（Westminster School），他在牛津大學曾獲得獎學金，取得兩個學位後繼續留在牛津，研究及講授神學及政治議題，在倫敦足足待了十五年。一六六五年，洛克將興趣轉向醫學，隔年認識了艾希利勳爵（Anthony Ashley-Cooper，後來的沙夫茨伯里伯爵），一六六八年洛克即為他操刀肝臟手術。

艾希利成為英國政府大法官後，洛克成為他的顧問，之後協助組織新美州殖民地卡羅來納州（Carolina）。鑑於這份洛克起草的憲章，以奴隸交易為基建立了封建貴族體制，許多人認為這暴露了洛克的偽善，與他較為人知的政治觀點有所出入。

一六八三至一六八九年，因政治因素洛克逃亡至荷蘭，直到光榮革命後才回到英國，見證威廉三世登基為英格蘭國王。洛克終身未婚，晚年在艾塞克斯郡（Essex）與他的朋友瑪莎姆夫人（Lady Damaris Masham）夫妻同住。他在為政府財政諮詢的委員會工作，於一六九五年匿名出版《聖經中體現出來的基督教的合理性》（*The Reasonableness of Christianity*），後幾年貿易委員會給洛克一個給薪職位，而洛克同時忙於與神學家愛德華．斯蒂林弗利特（Edward Stillingfleet）長期爭論，討論《人類理解論》中神學含意的部分。洛克於一七〇四年逝世。

1513

君王論

The Prince

「你要了解，一個君王，尤其是新任君王，無法遵守被視為引領向善的規範，為了保住他的王位，經常被迫與良善、仁慈、人性、宗教相悖行事。因此，他必須隨時準備跟著命運的風向與機遇而轉變，如同前述，若他有能力就不該放棄向善，但他必須知道如何走上邪惡之路。」

總結一句

好的統治者會建立強大且成功的國家，為人民維繫繁榮與和平。然而，維繫一個國家，有時必須與道德發生歧見。

同場加映

諾姆・杭士基《理解權力》（10章）
西塞羅《論責任》（11章）
弗里德里希・尼采《善惡的彼岸》（36章）
柏拉圖《理想國》（38章）
尚-雅克・盧梭《社會契約論》（41章）

31

尼可洛・馬基維利

Niccolò Machiavelli

據說拿破崙、希特勒、史達林都會在睡前閱讀《君王論》，莎士比亞甚至用「馬基維利」形容樂於犧牲他人以達成邪惡的目的權謀者。此書也被羅馬教廷列為禁書，新教改革派也同樣對此謾罵不休。《君王論》之所以令人震驚，是因為它企圖揭露真實面，而非將政治與崇高、道德的理想連結，馬基維利認為只有這麼做，他的書才會真正發揮功用。

馬基維利是文藝復興時期佛羅倫斯的最高層國家顧問，也是政治風向背叛了他，才得以停下腳步寫出《君王論》。這本書獻給佛羅倫斯掌握政權的貴族麥第奇，希望以此獲得重用。也許是希望吸引到廣大的讀者，但作者似乎沒有預料到它對後世產生的重大影響。

這是一本邪惡手冊嗎？耶魯政治哲學學者艾瑞加・班奈（Erica Benner）在《馬基維利倫理學》（*Machiavelli's Ethics*）中說，不要將《君王論》視為如何變得殘忍或自私的指南，而是作為一個視角，客觀地看待當代主流觀點，作為打開讀者眼界的工具，看出他人的動機。因此，對當代領導者來說，它是一本有效益的手冊，幫助他們將崇高目標置於軌道上，或是一般水平之上，一種偉大的權力哲學。雖然如此，與烏托邦式的政治哲學相比，這的確是一本令人不安的著作。

坦誠一點

十四至十六世紀時有種指南手冊叫做「君王之鏡」，寫給即將繼承王位的年輕人。伊拉斯謨所著《論基督君主的教育》（*The Education of a Christian Prince*），在馬基維利完成《君王論》後兩年發表，勸告統治者要像聖人一般行事，認為統治者的良善與否會影響法治是否成功。幾世紀之前，奧古斯丁的《上帝之城》（*The City of God*），為人類不全的政治體制提供鮮明的對比，提出真正的實踐存在於轉向上帝的過程。

其實不只馬基維利相信，以人類的本性看來，完美的統治者及國家不可能存在，他認為宗教理想入侵政治，傷害了國家效力，儘管他感謝宗教為社會創造凝聚力，但教會直接介入國家事務，終將招致雙方腐敗。最好的例子就是在馬基維利生活的時代，當時教宗或教會制的國家坐擁權力，即使像法國這樣強大的國家也難以逃出掌握，有些教宗有許多情婦，生下許多私生子，四處征戰而變得富有。馬基維利書中特別有一章節描述這樣的國家，但用詞非常謹慎，只是帶點諷刺，因為他們「由上帝分派，並有上帝支持……冒險討論他們的人，可能會過於魯莽且狂妄」。

馬基維利認為政治與宗教是兩個不同的領域，儘管「善」是首要目的，最好將其置於私德或宗教領域中，雖然統治者的作為應以美德評斷，但建立及維護一個國家需要夠果決、果敢的統治者。

馬基維利反駁柏拉圖在《理想國》中提到的理想國家狀態，也不同意羅馬政治家西塞羅建立的政治行為原則。他的結論是，如果周遭的人都肆無忌憚、貪得無厭，領導者就不能以西塞羅的方式帶領國家，馬基維利有句話非常有名，就是為了保持良善的目的，君王必須學會「如何不做普通人」，統治者必須做出一般人民不會做的決定，例如是否參與戰爭、如何處置意圖殺害或被判君王的人。為了維持秩序與和平，保有國家榮耀，必須採取非常手段，而身為一般人的我們永遠不會這麼做。

為何武力合理

當馬基維利為佛羅倫斯這個城邦國家效力時，皮斯托亞（Pistoia）正受到內戰摧毀，他提議佛羅倫斯應該接管皮斯托亞，鎮壓內亂並維持秩序，但大眾對此並不感興趣也沒有採取行動，任由它自生自滅的後果，就是發生街頭大屠殺。因此，馬基維利說：

「只以極少數個案就來平息暴亂的人，比起過於溫和的人更加仁慈，因為順應事情發展的結果，就是招來劫亂與殺戮。這些人傷害整個國家，而君王只造成部分傷害。」

事實上，無論如何溫和的統治者，都必須採取暴力手段保衛國家，馬基維利認為，所有擁護武力者都得到勝利，所有反對武力者都遭滅亡。例如修士薩佛納羅拉（Savonarola），身為佛羅倫斯的統治者，致命的錯誤就是為了實現他理想中採取非武力手段的城邦。從任何角度來看，他都是一個好人，試圖落實道德，而他的共和國理想卻與殘暴的麥第奇完全相反，最終薩佛納羅拉也無力阻止死亡的命運。

馬基維利說，君王必須有能力做出符合人性或獸性的行動，一個好的統治者必須「像狐狸辨清圈套，像獅子擊退豺狼」，有智慧的君王會在和平狀態下，花許多時間思考各種戰爭場景，揣摩國家遭遇這些事件時要如何應對，君王可以騙自己，相信他的精力應該花費在其他事情上，但他必須要能保護及經營自己的國家。

而這必然會牽涉到採取行動，通常是不好的行動，正如馬基維利巧妙地談到，「如果邪惡之事是可以被討論的」，為了創造或維繫好的國家，其中所使用的暴力是不同於一般時候的暴力，但肆意的殘暴行為只是獨裁者為了把持權力的表現。羅馬君王如康茂德（Commodus）、卡拉卡拉（Caracalla）、馬克西莫斯（Maximus），馬基維利對他們抱持負面評價，這些人使殘暴存於生活之中，他們讓人厭惡，滅亡是必然的下場，不僅僅過分殘酷不仁，以政治立場來說也非常不明智。

涉及到爭奪王位或奪取國家時，馬基維利一貫的原則是：「篡位者必須以最快速度結束必要傷害，越快越好，就不必重複造成傷害。」如果要奪取或攻擊，盡可能使用最快速度、最大程度的暴力，如此你的敵人很快就會投降，矛盾的是，暴力程度也會降到最低。雖然這麼做難免害怕，但你的好意也會彰顯為仁慈，相反地，半調子的政變會讓敵人繼續生存，你會害怕被推翻而永遠心存畏懼。

要了解馬基維利，就必須感激當時的地理政治學。他惋惜義大利，被查理八世侵襲，被路易十二掠奪，被斐迪南二世侵犯，被瑞士羞辱，本可以避免這種情況，只要統治者有足夠強大的軍隊。然而，除了權力，馬基維利的目標是建立強大的政府，允許私人經濟發展，依據法律與社會機制運行，保存國家文化。他相信上帝也希望能壯大、凝聚義大利，為人民帶來安穩及富裕的生活，擁有豐富的國家文化及地位。以作者觀點而言，《君王論》是有明確道德基礎的著作。

民有、民治

這是馬基維利的視角，但對於真正的國家來說，代表著什麼呢？他極讚賞義大利統治者凱薩・波吉亞（Cesare Borgia），他也是樞機主教、教宗亞歷山大六世之子，他的行為出名地殘暴，但馬基維利接受他是為了得到權力而採取這樣的行動。

馬基維利相信成功的國家，可以為人民帶來最好的生活，人民可以從良善行為中得到榮耀，國家就是人民的舞台。就像漢娜・鄂蘭所說，《君王論》是「修復政治往日尊嚴的非凡著作」，將古羅馬及古希臘的榮耀帶回十六世紀的義大利。馬基維利欽佩那些白手起家的人，他們出身卑微，為了博取尊重及取得權力的機會而放手一搏。

然而，這種對個人行為的強烈推崇，要如何與馬基維利其他著作中（如《佛羅倫斯史》、《李維史論》）提到他長期為共和國貢獻的精神相契合呢？《君王論》可以被視為創建國家的指南手冊，偉大的事業，不可避免地需倚靠個人的靈感與努力才能成就，一旦確立，就必須有完整的民主制度，妥善管理及平衡統治者的權力。

在統治者、貴族與人民之間巧妙的權力舞弄，馬基維利對此非常敏感，他說對君主防範的程度，取決於君主對貴族的權力，因為他們希望和你利益交換，甚至將你取而代之。換句話說，人民的支持非常善變且難以掌握，但是在艱困時期，人民是值得的投資，提供合法的依據：「不管你擁有多強大的軍隊，進入新的地域時，仍然必須博取當地居民的好感。」他也提到君主要如何掌控已有自己法律的國家，馬基維利說，無論人民被壓抑多久，他們永不會忘記曾經享受的自由，或是有著完好的法律和制度，以及讓他們驕傲的國家。在此，馬基維利對共和體制的同情是很淡薄的，儘管篡位者和統治者擁有權力，法律規範及民主自由仍有助於人類自然狀態，以至於它們擁有的力量如此恆久不滅。

總而言之，理想國家會對卓越的人敞開胸懷，以滿足他們的欲望，自私的動機會為全體帶來好的回饋，這些特別的個體需要獲得長遠的成功，必須滿足人類自然需求，塑造自己的理想。

總評

《君王論》至今仍是令人著迷、驚訝，同時也能啟發人們的著作，如它帶給十六世紀的讀者感受一樣歷久彌新。儘管這是作者展示治國智慧的作品，並著眼於當時的事件，但這本書對權力及人類動機的本質觀察入微，遠遠超出預期。

一般經常以邪惡、不道德譴責這本書，但是看待這本書最好的方式，是將其視為政治科學的基礎文本，就政治情況客觀分析，也提出行動方針，通過壯大國家來減少動亂及痛苦，在其中確保國家繁榮及安全，即使認同計劃性的武力或暴力，但最終目標則是符合普世道德。

對處於領導地位的人來說，馬基維利的著作仍在必讀清單中。每個人都必須做出不討喜的決定，甚至可能帶來傷害，而我們都必須面對。必須為我們負責的人做出有利的行為，帶來長遠的好處，不管是個人事業、組織、甚至是家庭，就這點來說，領導者的角色相當寂寞，伴隨沈重的責任，這就是權力的本質。

尼可洛・馬基維利

馬基維利出生於一四六九年義大利佛羅倫斯，父親是一名律師。馬基維利受到很好的教育，如拉丁文、修辭學、文法學。他曾在修士薩佛納羅拉統治的天主教共和國下生活，薩佛納羅拉遭處刑後，佛羅倫斯政局才逐漸好轉。一四九八年，馬基維利出任佛羅倫斯共和國第二國務廳祕書，及自由和平十人委員會祕書，兩年後他接下第一次外交任務，會見法國國王路易十二。一五〇一年，他與瑪利埃塔・科爾西尼（Marietta Corsini）結婚，兩人育有六子。

一五〇二年至一五〇三年，馬基維利有四個月的時間處在瓦倫提諾公爵凱薩・波吉亞的宮廷中，他是一名令人畏懼的統治者，許多人認為波吉亞就是馬基維利筆下君王的典型。馬基維利也曾被派往儒略二世（Pope Julius II）及神聖羅馬帝國皇帝馬克西米連一世（Emperor Maximilian）身邊進行外交任務。一五一二年，佛羅倫斯共和國瓦解，馬基維利頓失所有職務，被控密謀叛亂，下獄並遭受刑求，被釋放後開始著筆寫下《君王論》。

其他著作包括《李維史論》（*Discourses on Livy*），是他對羅馬歷史學家提圖斯・李維所著羅馬史的評論，也顯露馬基維利的共和思想；《曼陀羅》（*The Mandrake*）是關於佛羅倫斯社會的諷刺性劇作；一五二一年發表的《戰爭的藝術》（*Art of War*）則是以蘇格拉底對話形式的著作，也是唯一一本在馬基維利生前出版的歷史、政治性著作；而《佛羅倫斯史》（*History of Florence*）是一五二〇年受克勉七世（Cardinal Giulio de' Medici）委託所著，一五三二年才公開發表。馬基維利於一五二七年逝世。

1967

媒體即訊息

The Medium Is the Massage

「家庭圈已經被擴大，電子媒體串連起訊息世界，遠遠超過現在父母可以帶來的任何影響。性格不再只由兩個熱切、笨拙的專家塑造，如今全世界都是智者。」

「社會一直是由人們溝通的媒體本質塑造，而非溝通的內容。」

「輪子是腳的延伸，書是眼睛的延伸，衣服是皮膚的延伸，電子線路是中樞神經系統的延伸。媒體，透過環境改變，喚醒我們感官知覺的特殊比例，任何感知的延伸改變我們思考及行動的方式，也就是我們感知世界的方式，當這些比例改變，人類也隨之改變。」

總結一句

大眾媒體及科技傳播不是沒有變化的發明物，反而是改變我們的因素。

同場加映

尚・布希亞《擬像與擬仿》(5章)
諾姆・杭士基《理解權力》(10章)

32

馬歇爾·麥克魯漢

Marshall McLuhan

馬歇爾·麥克魯漢是最早期的媒體專家，一九六〇到一九七〇年代，他享譽國際，在一九六二年出版的《古騰堡星系：活版印刷人的造成》（*The Gutenberg Galaxy: The Making of Typographic Man*）中，創造了「地球村」一詞。可惜，他在一九八〇年逝世，來不及見到他已預見的網路時代。

《媒體即訊息》並不是典型的哲學書。首先，它並不真的由麥克魯漢所寫，而是出自才華洋溢的圖書設計師昆汀·菲奧里傑（Quentin Fiore）之手，他挑出麥克魯漢的重要名言，以非常醒目的視覺排序排列，用了大量圖像、改變字型、上下顛倒的印刷，這恰巧與麥克魯漢的想法一致，反映印刷是一種限制性太強的媒體。這本書在一九六〇年代似乎非常前衛時髦，其中蘊含了麥克魯漢深沉的文學以及形上學思想，畢竟他是名大學教授。

為什麼這本書叫《The Medium Is the Massage》（「媒體即按摩」），而不是麥克魯漢的名言「媒體即訊息」呢？這其實只是編輯過程中排錯字，但麥克魯漢認為這個錯誤非常貼近他的本意（並堅持將錯就錯），他說：「媒體徹底改變了我們。」媒體科技大大地改變了我們個人、政治、審美、倫理、社交生活，「我們再沒有任何部分無法被碰觸、無法被影響、無法被改變。」

地球村

今日，每個小孩都學習字母，我們教孩子這些，但沒有真正思考過它的意義。然而麥克魯漢說，字詞與意義讓孩子以特殊的方式行動及思考。他在《古騰堡星系》裡用較長的篇幅解釋這個觀點，但他的重點著重於字母及印刷發明，創造了更分裂、分離、特殊的人類存在方式，而電子時代及科技重新振興了社會關係，讓群眾再次團結，電話及網路讓我們在世界各地，都擁有數以百計的朋友與聯繫。我們仍在使用字母，在不同的媒體中表達，讓我們為他人帶來翻倍的影響力，而我們也同樣無止盡地被別人影響。中世紀後期，有學識的人可能讀過圖書館中幾百冊的書籍，而今日，一般人只要按下一個按鍵，就可以運用百萬本書籍，如此巨大的改變，怎麼可能不改變我們呢？就像麥克魯漢的名言：

「我們的世界是一個同時性的嶄新世界。『時間』已經停止，『空間』已經消失。我們活在地球村中，一個同時發生的世界。」

麥克魯漢說，在字母發明之前，人類的主要感官是耳朵，之後才被眼睛取而代之，字母讓我們以句型架構的方式思考，也就是線性思考，每個文字都有順序地互相連結，「這個連續體成為生命的組織原則」，合理性就是事實或概念的連續連結。

而新的媒體環境是多元的，不再分裂，與我們的感官再次連結。現在，我們接收媒體訊息是如此之多且迅速，我們不能再好好地於我們的腦中分類且處理這些訊息，只是盡可能地快速辨識模式的方式。麥克魯漢讀過老子思想後，有感而發地說：

「電子迴路讓西方世界東方化。我們西方遺產獨特、獨立的部分，正被流動、統一、融合所取代。」

自我及社會的改變

在《媒體即訊息》一開始，麥克魯漢說，學習媒體的學生經常被攻擊是在「關注於無關緊要的意義或過程」而非實質。事實上我們生活的時代，正是這些意義及過程，快速且徹底地改變了我們「已知」的一切。他說「電子科技」正在重新塑造社交及個人生活的各個面向，「強迫我們認真地重新思考、重新評估每個思想、每個行為、每個被視為理所當然的制度」。麥克魯漢提出警告：「一切都在改變，你、你的家庭、你的鄰居、你的學校、你的工作、你的政府、你與『他人』的關係，都在劇烈地改變中。」

成長於現代媒體環境的孩子，不只有父母及老師能影響他們，他們能接觸到整個世界：「性格不再只由兩個熱切、笨拙的專家塑造，如今全世界都是智者。」透過媒體，每個孩子都遭受成人訊息的猛烈攻擊，「童年」的概念反而變得古怪。另一方面，科技讓學習變得更有趣，讓主控權稍稍回到學生身上，教育不再只是死記硬背的學習、黑板、以及受管束的學校生活。

「公眾」與「私人」的關係也改變了：

「更普遍、專制無死角的監視電子設備，在所謂隱私權及公眾知的權利間導致嚴重矛盾。而更久遠、傳統的隱私概念，獨立的思想與行動，因即時電子訊息檢視的新方法而受到嚴重威脅。」

社群媒體網站確實使個人與公眾的區分變得模糊，臉書創辦人馬克・祖克伯自然以正向的角度看待這種變化，他認為人們在公開場合及私下展現的樣子應該是一致的，這是很好的觀點，但是在這個高度連結、互聯的社會中卻是個大問題，如果一個人不常在社群媒體上更新自己的動向或思想，他又是怎樣的存在呢？如果不常展現自我，自我存在嗎？這樣的想法合理化了麥克魯漢的論點，新的媒體環境改變了一切：個人、家庭、社會。

他的論點之一是每個時代的科技誘導人們思考的方式，也限制了人們的反應，在隨後的時代中，人們的反應變得互不相容。新科技不僅僅破壞舊有的商業秩序，也讓思考變得毫無用處。面對新科技時，我們反而懷念舊物，只剩下「藝術家、詩人、偵探」願意說出事情的真相。

工作的世界

麥克魯漢也討論了傳統「工作」的概念，這是工業時代機械化及專業化的產物，人們被簡化為機械中的齒輪。他說，在這個新世界中：

「企圖將零碎的工作模式，再次融入於工作涉及或需要的角色或形式，更多類似的教學、學習、及為「人類」服務，一種老式的無私奉獻及忠誠感。」

聽起來很像今日不斷增加的自由工作者、「顧問」、經濟「專家」。人們為自己的想法或產品創造忠誠的追隨者，他們提供最好的服務，指導或訓練想做一樣事情的人（例如寫作、烹飪、網路經銷商等）。

所有都發生於企業或一般組織架構之外，是媒體（網路）創造了這種變化。

政治

媒體環境也以基本的方式改變了政治。曾經有一群由不同且獨特觀點組成的「大眾」，如今已經被可以即時反饋任何政治決定的「觀眾」取代。透過電視或其他媒體，我們可以看到地球上任何地方當下發生的事，並對此發表意見。我們的螢幕散佈著各種情緒，同時有數百萬人感受到同一個人的困窘。

幾乎所有媒體形式都有另一種效果：

「在電子訊息的環境中，少數團體不再受重視，幾乎是無視。太多人太了解對方，我們的新環境強迫承擔及參與，我們無法避免地牽涉其中，也必須承擔責任，為每一個他人。」

關於少數團體成為主流的議題，諾姆．杭士基有精闢的解析。他們接觸到的訊息，如果可以運用媒體表達他們的觀點，就能發揮與主流政治團體或大型企業相同的力量。

總評

麥克魯漢也同樣犯了錯誤，他認為在訊息時代的城市中，像紀念碑的鐵路會變得不再那麼重要，就像博物館一樣的地方，而不是人們生活、工作的地方。在某個時期他似乎是對的，人們從城市逃往郊區，但是城市生活新潮流已浮現真實經驗的欲望（偶然相遇的可能性、接觸現場音樂等等），而不再只是虛擬。讓人訝異的是，一九八〇年逝世的人，居然能預見我們現今生活的世界。

麥克魯漢說，在印刷術發明之前，一本書的作者只是這本書中次要的訊息，古騰堡之後，「文學名聲及將智慧視為私人財產的習慣」才逐漸浮現。然而他也說，「新科技出現，人們越來越不相信自我表達的重要性，團隊合作比個人努力更為重要。」你是否也想到維基百科？個人作者的地位沒有變動，但麥克魯漢的觀點基本上仍是對的，那就是協作及文本本身將會再次活躍。

根據他的推論，線上社群媒體軟體，如推特、臉書，不僅僅促進革新，它們就是這場革新的核心，不僅將沒有連結的人聯繫在一起，也實際改變人民權力的分量。因此，有些評論者試圖輕描淡寫地帶過社群媒體的角色，麥克魯漢則說，這是護衛舊體制的人才有的反應。

新的應用軟體就是訊息本身，它們會持續改變世界。

這本書的結尾，是一九六五年九月紐約時報頭版文章的延伸，北美大型電力故障事件的隔天，整個城市陷入黑暗。麥克魯漢說，「電力管制延續了半年，毫無疑問地，電力科技塑造、運作、改變我們生活中每個即時訊息。」那是在一九六五年，有一群人無法收看電視，拉回到現在，想想如果網路斷了六個月之久，我們還會活在同一個世界嗎？我們還是同一個人嗎？

馬歇爾・麥克魯漢

麥克魯漢出生於一九一一年，母親曾是一名浸信會教師，後來成為一名演員，父親則在加拿大愛德蒙頓從事房地產生意。

麥克魯漢就讀加拿大曼尼托巴大學（University of Manitoba），於一九三四年取得文學碩士學位，同年入學劍橋大學大學部。一九三六年他回到加拿大，擔任威斯康辛大學（University of Wisconsin）教學助理。一九五〇年代初期，他開始主持福特基金會資助的傳播與文化課程，並於多倫多大學開課。這段期間內他聲名大噪，一九六三年多倫多大學創建文化與科技中心，直至一九七九年都由麥克魯漢帶領該中心發展。

麥克魯漢的第一本重要著作是一九五一年的《機器新娘》（*The Mechanical Bride*），檢視廣告對社會及文化的影響，他指出溝通本身就能創造影響力，不管內容說了什麼，不管普遍接受的態度為何，訊息的內容遠比形式更重要。其他重要著作包括一九六四年《認識媒體》（*Understanding Media*）、一九六八年《地球村的戰爭與和平》（*War and Peace in the Global Village*）。麥克魯漢於一九八〇年逝世。

1859

論自由

On Liberty

「讓自由值得其名的方式，就是以自己的方式追尋幸福，前提是不刻意剝奪或阻攔他人獲得幸福。」

「個人的行為不需對社會大眾解釋，因為除了他自己，沒有人關心這些問題。如果他們認為自己的利益是必要的，他人的建議、指令、說服、廢止，都只是社會唯一能合法地表達不喜歡或不贊成個人行為的方法。」

「與性格發展成正比，每個人都會變得更有價值，因此能夠對他人更有價值。」

總結一句

除非一個人的行為對他人造成直接傷害，那麼他就有絕對自由。任何開放社會必須賦予自由優先權，而不是標榜為人民利益的政策。

同場加映

傑瑞米・邊沁《論道德與立法的原則》（7章）

約翰・羅爾斯《正義論》（40章）

33

約翰·斯圖亞特·彌爾

John Stuart Mill

個人自由與國家秩序之間如何平衡？約翰·斯圖亞特·彌爾寫於一八五九年，說這是「未來的問題」，直到現在，他對這個問題的想法仍至關重要。

彌爾知名著作《論自由》一開始，他控訴：「因為缺乏一個公認的普遍原則，自由經常被賦予在應該被扣留之處，又在應該扣留時，被賦予自由。」彌爾尋找能糾正這個錯誤的方式，而這本書也成為亞當·斯密（Adam Smith）《國富論》（*Wealth of Nations*）的政治對手，《國富論》描述個人自由的合理範圍及政府的權限。

彌爾的父親詹姆斯是傑瑞米·邊沁的追隨者，彌爾也在這樣的教育環境中成為效益主義者。彌爾三十歲時，他的父親與邊沁相繼逝世後，開始自由地探索自己的哲學思想。三十五歲時彌爾與哲學家哈莉特·泰勒（Harriet Taylor）相識，彌爾認為《論自由》應該是與她的「共同創作」。一八六九年彌爾著作《女權辯護：婦女的屈從地位》（*The Subjection of Women*）中，可見泰勒對彌爾的重大影響。在泰勒的丈夫過世後，他們熱烈且真摯的愛情也有了結果，兩人步入婚姻。

彌爾的思想中，個人的自由與政治上的自由有什麼關聯性？他說政治自由允許個人發展，呈現於社會實踐潛能，因為所有問題都開放辯論，因此社會及科學上的進展都更加容易推動，結論是生命中所有細節都有益於更大的自由。

真正的自由

在彌爾寫作的時代，他認為只有相當少數的國家，可以被稱為民主國家，政府的架構不能保證真正的自由，因為當權者將成為與人民不同的另一種階級。此外，即使是民選政府，依然會壓迫社會中某些團體，也就是「多數暴力」，彌爾認為這可能是比一般政治迫害更糟糕的統治方式，這是社會暴力，強迫每個人依照「對」的方式行動，說到這部分，彌爾預言二十世紀的共產國家，不符合新的社會規範，必須被「再教育」，這樣的政權不僅奴役人的身體，更看重奴役人的心靈及靈魂。

民主社會中，最重要的問題是治理社會、個人思想與信仰自由之間，如何妥善設定界線，多數統治不能建立任何普遍道德，但這卻是上流階層的喜好表現。彌爾說，少數宗教團體知道他們不可能成為主流，於是努力爭取法律上的宗教自由，唯有如此才能真正實踐宗教自由。人類本性並不寬容，當太多互相競爭的宗教團體，互相不樂見對方成為主流團體時，就會順勢產生寬容的政策或法律。彌爾知名的保證自由、避免傷害的標準或原則，都是因這些發展出來的：

「文明社會中，唯一能阻撓公民意志行使權力的理由，就是避免傷害他人。人的善，不管是實際或道德上的，都不足以成為藉口，不能理所當然地打著為你好的名義，或者為了讓你更快樂，被強迫或忍受強加於自己身上的行為，甚至只是在別人眼中看來，這麼做更為明智或更正確。」

同理。政府或主流團體不能將法律強加於人們身上，理由只是「為了人們好」，反之卻將自由視為不好的事，除非公民行為顯然對他人不利，否則就應該有權為之。彌爾說：「只關心自己的部分，展現了他權力的獨立性，超越了自己，超越他的身體與心志，這個個體是至高無上的。」

特定自由

彌爾提出幾個不傷害他人的前提下，應該被視為基礎權利的個人自由：

- 意識自由
- 思想及感覺自由，包括「任何實際或推測、科學、道德、神學議題」
- 發表意見自由
- 嘗試或追求的自由，或者「制訂符合個人特質的人生計劃」

◆ 交際自由，以及以特定目的聚集人群的集會自由

彌爾提到，即使在一八五〇年代的英國，人們仍會因宣布不信上帝而入獄，這些人甚至沒有權力為他們的「罪行」申辯，社會普遍接受將不同信仰的人排除於法律之外。

矯正思想及信仰是件蠢事，在蘇格拉底及耶穌受迫害的前例中就能知道，彌爾說，但現在他們是歷史上最偉大的人物，當人人都看到那些曾被視為「邪惡」的人，如今都成為「偉大」的人，他們必須感知到現在的想法通常也有缺陷。彌爾說，歷史上無論什麼時候，社會或國家都會有不需爭辯的原則，避免討論大型議題，「我們不能期望找出歷史中某些非凡時期，普遍心理活動的規模」，一個國家會變得強大，不只是靠著強制秩序或權力，而是大膽放開手，了解藉由開放討論能得到的好處更多，確實，讓優秀的人盡情施展才華，就能有更大幅度的進步。

個人是良好社會的基礎

彌爾說，在個人發展方面，「異教徒的自我主張」與「基督徒的自我否定」一樣有效。一個人能對社會更有價值，與他們性格成熟成正比：「所有明智或傑出的事情，都必須來自個人；一般來說，首先來自一部分的個人。」

彌爾寫道，一個國家古怪行為的數量，會反映出其中的「天才、精神活力、道德勇氣」，英國維多莉亞時代以價值觀聞名，卻也是出了名的古怪時代。他說人就像植物：他們最大的不同，僅是讓他們蓬勃發展的需求不同。彌爾大膽地說，歐洲的成功是它養育且接納個人性格的成果，與中國或日本認為每個人都應該一致的觀點不同。

彌爾寫作時期剛好摩門教興起（就像是當時的山達基教），因為允許一夫多妻制，有位作者稱之為「退步的文明」，人們都想對它祭出禁令。雖然彌爾本身並不喜歡宗教，但他說：「我不知道有任何團體有權強迫別人變得文明。」如果社會中沒有其他人被他們直接傷害，就沒有理由以法律箝制它，彌爾以這個方式解決問題：

「沒有人僅僅因為喝醉就該被處罰，但士兵或警察若在執行勤務時喝醉，就應該被處罰。簡單來說，只要有確切的傷害或造成傷害的風險，不管是對個人或大眾，就該被剝奪自由，以道德或法律論之。」

但是，這種傷害必須是蓄意且清楚的，若非如此，人們應該要能毫無牽掛地跟隨他們的信仰、人生計劃、事業、興趣，而非法律。

運用原則

根據他的原則，彌爾用很長的章節討論政府政策的問題。舉例來說，自由社會中有沒有人能真正捍衛賣淫或賭博的禁令，人們應該可以在良心範圍內自由地買春或賭博，但「人們是否可以自由地為妓女招攬生意，或者開立賭場呢？」彌爾並沒有給出明確的答案，但他重申政府的角色並不是為人們的「私利」制定法律，只是避免直接傷害；如果人們想要喝酒或賭博（或所有消極行為），那也是自己的選擇，政府只能透過稅金及頒布許可證，扮演避免傷害的角色，而彌爾同意提高酒稅，讓人們少喝一點。同時彌爾也支持政府要求想結婚的人們，提出他們有充足資源養育下一代的證明，避免孩子來到這個世界就因貧苦而過著悲慘的人生。

如今，行為經濟學及心理學提供不減少個人自由的前提下，能達成有益社會的方法。在凱斯・桑斯坦（Cass Sunstein）及理查・塞勒（Richard Thaler）的二〇〇八年著作《推出你的影響力》（*Nudge*），提出了「自由家長制」，政府無需實際強迫人民做些什麼，就能影響人們的決定。例如說，器官捐贈表格預設了持有此認證的人，若遭殺害將捐贈器官，除非他們明確表示退出。這個簡單的改變產生戲劇性地影響，國家可能多出大量可以使用的器官，一年可以拯救上百條性命。而正如作者所說，這並沒有涉及整體架構，只是對「選擇構造」的修補罷了。

總評

彌爾說，自然的人類性格（不管是統治者或被統治的公民）都希望強加自己的意志在他人身上，這個傾向的結果就是增強了政府權力，侵蝕了個人自由，除非有所監管或牽制。然而這個事實，以及對政府權力蔓延的警告，並不意味者政府沒有合法性，就像今日許多極端自由主義者所深信的。哈佛哲學家羅伯特．諾齊克（Robert Nozick）在一九七四年的經典著作《無政府、國家與烏托邦》（*Anarchy, State and Utopia*）中提到，對政府所扮演核心角色的主張：保障生命及財富，以及確保合約執行力，除此之外的任何事，都會牽涉到減少個人權利及自由。

自由主義者可能會被視為彌爾的繼承者，但彌爾從未成為極端份子，他更像是亞當．斯密的常識版，儘管兩人都提出警告，必須小心政府出手干涉社會及經濟體，也都否認且質疑政府是否確實扮演著重要的角色，但更精準地看向彌爾，會發現他是指點政治進步的明燈，彌爾寫下進步的原則是「無論熱愛自由或進步，都必須對抗習俗統治，至少必須從枷鎖中解脫，正是這兩者，構成了人類歷史的主要利益。」

左派及右派都宣稱彌爾與他們站在一起，但他對自由意義的表達，超越了政治藩籬，該將《論自由》視為對開放社會的宣言。

約翰・斯圖亞特・彌爾

彌爾出生於一八〇六年倫敦，歸功於信奉效益主義的父親詹姆斯，彌爾從小就受到嚴謹的教育，無法和其他孩子一起玩。彌爾從三歲起學希臘文，八歲學拉丁文，十二歲精通邏輯學，十六歲時已經可以寫些關於經濟學的文章。

後來彌爾在法國學習歷史、法律及哲學，少年就開始了在東印度公司任職的生涯，他的父親也在那裡擔任資深員工，彌爾一直到一八五七年印度革命才退休，時任首席審查官。在他公職生涯同時也開始了效益主義聚會，聚會地點就在邊沁家。一八二五年邊沁創建倫敦大學學院（University College, London），彌爾也成為《西敏寺評論》（*Westminster Review*）及其他雜誌的編輯及投稿人。彌爾在社會改革行動中，因向倫敦貧困人家傳遞節育資訊而遭逮捕。

一八六五年彌爾獲選為國會議員，並積極參與爭取女性投票權及自由議題。他的寫作內容相當豐富，涵蓋邏輯、經濟、宗教、形而上學、知識論、時事、社會哲學及政治哲學，著作包含一八四三年《邏輯體系》（*A System of Logic*）、一八四八年《政治經濟學的原則》（*Principles of Political Economy*）、一八七四年《宗教文集》（*Three Essays on Religion*）、一八七三年《自傳》（*Autobiography*）。一八六三年的《效益主義》將邊沁哲學更上層樓，使它在新的世代中影響力不減。

一八七二年，彌爾成為好友安伯雷子爵第二個兒子的教父，其子就是哲學家伯特蘭・羅素。彌爾隔年後逝世於法國阿維儂（Avignon）。

1580

隨筆集

Essays

「讀者們，我就是我著作的本質，你沒有理由浪費時間在如此瑣碎、沒有回報的事物上。就這樣吧。蒙田上。一五八〇年三月一日。」

「讓尋找知識的人去知識所在的地方尋找，我沒有什麼可說的了。這些只是我的幻想，我沒有企圖傳遞事物的訊息，只有我自己。」

「我們都是習慣，習慣帶我們走，而忽略事物的本質。我們已經教會女性，提到她們不畏懼的事就臉紅。我們不敢用正確的名稱，稱呼自己身體的部位，卻不害怕在每個放蕩的場合稱呼它們。習慣禁止我們以語言表達合法、自然的事物，我們也服從於習慣。理性禁止我們去做任何不合法、不道德的事物，卻沒有人服從。」

總結一句

大多數知識的形式都是妄想，嘗試了解自己就是極大的難題。

同場加映

勒內．笛卡爾《第一哲學沈思集》（13章）
布萊茲．巴斯卡《沉思錄》（37章）
納西姆．尼可拉斯．塔雷伯《黑天鵝效應》（48章）

34

米歇爾・德・蒙田
Michel de Montaigne

米歇爾・德・蒙田四十二歲時，認為自己已經邁入老年，於是將「我知道什麼？」的名言刻在勳章之上。

儘管他生活在科學展露頭角的時代，但他並沒有將自己科學化，仍然埋首於文章之中，成為一名鄉村紳士，並將知識問題拉回自身。蒙田說，如果我有任何知識或意見，它們的基礎是什麼？我稱之為「自己」的東西是什麼？我只是掃過情緒及思想的一陣風，還是更接近實體的東西？

蒙田用法文「essai」，意思是試驗，測試那些看似為真的事物，例如世界及他自己。他的文集像是自傳，但他是痛苦的，因為這並不是自我美化的作品，《隨筆集》的用詞比任何事物都更具好奇心。在前言中，他寫道：

「如果我的目的是尋求世界的認同，我應該穿上更華美的服裝，以研究的態度展現自己。但我希望展示簡單、自然的自己，日常的服飾，不扭曲、不欺騙。」

《隨筆集》讀來確實就像蒙田各種缺點的目錄。蒙田早年專注於拉丁文，此書參雜了許多蒙田崇拜的名人佳句，如詩人維吉爾（Virgil）、詩人奧維德（Ovid）、哲學家賽內卡（Seneca）、作家普魯塔克（Plutarch）、哲學家西塞羅、政治家加圖（Cato）以及詩人卡圖盧斯（Catullus）。他並不是藉由這些展示他的學識，反之，蒙田是運用他們的美德「隱蔽自己的不足」。

書中古怪的標題如〈話說氣味〉、〈論父子情〉、〈談談衣著習慣〉、〈論三種交往〉、〈論想像力〉、〈論蠻夷〉，我們可以看見蒙田的文章展現了蒙田世界觀的縮影，影響後世的威廉．莎士比亞、布萊茲．巴斯卡（Blaise Pascal）、拉爾夫．沃爾多．愛默生和弗里德里希．尼采。

人類的不足與虛榮

其中最長的一篇文章〈論自命不凡〉，被認為是最好的一篇，可以用這句話總結：

「我認為人對自己過度的看法，是一切公眾輿論及個人觀點走向極端錯誤的根源。」

蒙田並不崇拜科學家，至少不崇拜他們所謂的確定性：「那些跨過水星本輪的人，甚至看進天堂，讓我氣得牙癢。」他對人類的研究讓他明白，即使是基本的事物，我們也經常犯錯，蒙田想知道，為什麼我們給予這麼多信任於「找出尼羅河興盛及衰敗原因」的人呢？他說，若我們持續缺乏自知之明，所謂宇宙的「事實」為何值得相信？

蒙田承認，他寫的文章從來無法滿足自己，他人的好評價也無法彌補不足，他無法說出有趣的故事或與人閒聊，更不會上台演說或與人爭論，他的文章淺顯、枯燥，更沒有柏拉圖或色諾芬（Xenophon）的藝術感。蒙田的身高不高，他認為那些意圖佔居高位的人都有缺陷，「缺乏完備的風度及自尊」，此外他的網球、摔角、馴服動物的技巧也不好，他評論自己的職業道德：「我非常懶惰，本質及目的都各自獨立，我將我的血肉視為我的痛苦。」他說自己的記憶力非常差（「我花了三個小時理解三句話」），表示他永遠不記得家裡傭人的名字。另外的缺陷是有著「遲緩及懶散的頭腦」，使他只能了解最簡單的遊戲，書讀得太多時視力也會變得模糊，儘管他繼承了鄉村中的城堡，但他也承認他永遠無法處理財務問題，也不能分辨穀物，就在一個月前，他才知道沒有酵母不能做麵包。

總之，蒙田寫道：

「我想任何人對自己的看法都比較糟糕，或者對我的看法，比我對自己的看法還糟，這是很困難的。我承認最刻薄、最平凡的失敗，我既不否認，也不會原諒它。」

然而，在完全承認他無知、缺陷的範圍及程度後，他希望揭露自己為真的部分，他說：「無論我如何揭露自己，我展現的就是我的樣子，我正在充實自己的目標。」

最後剩下的就是他的判斷，或者理性。也許很讓人意外，蒙田似乎相當重視自己的內在能力，同時也承認這正是虛榮的來源：「我們容易看到他人的優點，例如勇氣、強健的身體、經歷、靈活、美麗，但是我們不會對任何人承認。」我們的「自負」有兩種面向，他說：「高估自己，以及低估他人。」

足夠的偽裝

勇敢的行為被視為「有男子氣概」，我們因此得知蒙田承認自己猶豫不決時，其實正在赤裸地展示自己。他提到義大利人文主義者佩脫拉克（Petrarch）的誠實名言：「是非清楚地在我心中迴響。」蒙田善於捍衛觀點，卻不擅開發自己的思想，結果是，他擲骰子就能做決定：「因此我只適合跟從，這讓我較容易融入人群，我對自己作為指揮官或領導者的能力沒有充足信心，我非常開心能透過他人的指點找到自己的道路。」

蒙田的個人習慣，使他在有人宣稱有明確且絕對真理時，抱持懷疑態度，不僅對科學家如此，哲學家亦然。他在《隨筆集》中總結了行為原因：

「這是一種懦弱且奴性的特性，受到掩飾的行為，隱蔽於面具後，沒有勇氣展示真正的自我。一顆坦蕩的心從來不會掩飾自己的想法，反而願意顯露它的內心深處。它不是完全向善，就是全因人性。」

如威廉．詹姆士在《實用主義》所說，哲學家提供的客觀理論太薄弱，因為哲學通常只是某個人顯露的個性。蒙田也認為所謂客觀科學、客觀哲學，通常只是人類心智的投射，企圖隱藏個人觀點，這意味著某些東西也被隱藏起來了。

蒙田的政治生涯中，曾批評哲學家馬基維利的觀點，認為要成功必須成為滿腹詭計的謊言大師，通常這種情況，因錯誤的動機帶來的好處，會伴隨著一連串損失。反之，他引用西塞羅的話：「沒有比善更受歡迎的事物。」蒙田寧願被視為笨拙、討厭的人，只因他口裡說的與他所想的一致，而不像那些總是算計、說謊、奉承的人。

自我的奧祕

蒙田說，頭腦的運用，比翅膀更需要航線的帶領。我們的一般狀態是持續欲求及紛亂不安，我們必須將自己放在地面上，看看事物真實的樣子，冥想及沈思或許是最好的方式，他描敘這兩種方式為「任何知道如何檢視自己頭腦的人，這是多元、有力的研究方式，可以善加運用。」

人類的「主要天賦」是適應能力及韌性，生命本身就不公平、毫無規律，因此死守僵化的頭腦是非常瘋狂的行為，會讓我們成為自己的奴隸。蒙田說：「好的頭腦是多元且靈活的。」《隨筆集》持續喚醒我們稱之為「自我」之物，其實是短暫且不可靠的本質。在《論書籍》文中，蒙田瓦解隨著歲月漸長人的智慧也會增長，成為「一體」的想法：

「有一天我可能會得到客觀知識，或許在過去的歲月中，偶然發現解釋事物的片段時，就已經得到了客觀知識，只是我完全忘了。雖然我是讀書的人，卻也是沒有記住任何事物的人。」

蒙田說，他唯一可以做的就是在任何時候，說出他確定知道的事情，不管任何情況下，他甚至不希望自己知道太多，對他來說，快樂地活著且不需要過度勞動是更重要的事。蒙田讀書只是為了消遣，如果讀物過於嚴肅，就必須讓他看見其中有更清楚的自我認知方式，或是告訴他如何好好地活著、好好地死去。

儘管蒙田在各種場合否定自己，但這並不一定是軟弱的表現，幾世紀後，詩人華特・惠特曼說：「我遼闊博大，我包羅萬象。」在不同的時刻，自我也會以不同的方式看待事物。

總評

有些人沒有仔細地研究世界觀，認為蒙田不是哲學家，然而，他對大型哲學體系或神學系統的厭惡，使他成為非常現代的哲學家，對當時的科學、宗教確定性提出質疑。舉例來說，自由意志的議題中，他拋開教會的教條，採取斯多葛學派的立場，認為我們是完整宇宙中的一份子。在《論悔恨》一文中，他提出為什麼對事物懺悔是合理的：「你的心智不能因希望或思想而稍作改變，這會擾亂事物的秩序，不管是過去還是未來。」

從這個觀點看，蒙田不把自己看得太重是合理的，為了這麼做，他避免像多數人一樣對自己說謊。他對比兩位哲學家：德謨克利特（Democritus）及赫拉克利特，前者因對人類生命嘲弄、扭曲的觀點而聞名，後者則以哭泣的哲學家而聞名，為人類境遇表示深深的遺憾與同情。蒙田與德謨克利特持一樣立場，因為人是如此值得被嘲笑，就像單純盛滿愚蠢的容器，而不是罪惡或不幸。於此蒙田說：「我們並不是充滿邪惡，而是無知。」

懷疑論及宿命論並不是放蕩人生的藉口，避免情緒過度反應及走出極端（他的勳章上刻著「克制」），蒙田留下空間給冥想及沈思，透過這兩者，他揭露了關於自己、他人、世界的一部分。書中許多名言裡的其中一句是：「在非常萎靡的時代出生是好事，和其他人比起來，要得到美德的聲望不需付出太高的代價。」

蒙田也提到羅馬諷刺詩人波西藹斯（Persius）的名言：「沒有人試圖進入自己的內心。」為了確實地做到這點，他創造典範，一個更個人類型的哲學，要寫自傳的人一定會好好地讀蒙田的思想，他們會發現紀錄下「我如何做到」比「成為我是什麼感覺」更不有趣。也就是說，一個人活在當下、這個地方，就是有這些侷限與這個潛能。

米歇爾．德．蒙田

蒙田出生於一五三三年，父親是法國多爾多涅省（Dordogne）的地主，母親是賽法迪猶太人[1]。蒙田接受了良好教育，七歲時即識得拉丁文，十幾歲時就在波爾多大學（Universities of Bordeaux）及土魯斯大學（Universities of Toulouse）學習。蒙田從事法律工作，在波爾多議會擔任法律顧問，在那裡認識了摯友作家拉．波埃西（Etienne de la Boetie），很長一段時間在法王查理九世的法庭工作。

一五七〇年蒙田搬回自家在佩里戈爾（Perigord）的城堡，也是繼承的家產，他盡量減少工作量，

1　猶太教正統支派之一。指十五世紀前被驅逐至伊比利半島的猶太人，依循西班牙裔猶太人的習慣生活。

專心於研究之上，接下來九年時間他都在閱讀、寫作、思考。蒙田的圖書室是一座圓塔，在城堡上方，如此他可以看到周遭發生的事情，又不需有太多牽扯。蒙田寫道：「在我看來，悲慘的是一個人在家找不到獨處的空間，可以獨自陪伴自己，隱藏自己的地方。」

他在歐洲四處旅行，去各個溫泉療養館，尋找困擾他許久的膽結石的療法，而後蒙田被要求回到家鄉，參與波爾多市長選舉（他並不願意），他的父親也曾任此職位，蒙田也任職兩屆市長。

蒙田的婚姻是被安排好的，在《隨筆集》中鮮少被提及。晚年他認養了一個女兒，名為瑪麗·德·古爾內（Marie de Gournay），這名年輕的女孩是透過蒙田的作品而與蒙田結識。一五九二年蒙田因扁桃腺囊腫逝世。

1970

至善的主權

The Sovereignty of Good

「我們需要一種倫理學包含愛的概念，它鮮少被哲學家們提起，卻值得再一次成為核心。」

「關鍵在於道德的解放，以及研究人性的哲學，不該受科學擺佈。或者說，受科學不精確的概念擺佈，使哲學家或其他思想家不勝其擾。」

「『自我知覺』是一種馬上能了解自我機制的方法。而我認為，除非是極為單純的層面，幾乎都只是錯覺。與其他事物相較，自我很難被精確地看透，略有清晰的畫面浮現，會發現自我只是相形渺小且無趣的物質罷了。」

總結一句

我們在道德上努力改進自己是具體的行為，試著對此做出經驗分析則過於荒謬，即使如此，也不能貶低或破壞它的現實。

同場加映

伊曼努爾・康德《純粹理性批判》(25章)
柏拉圖《理想國》(38章)
路德維希・維根斯坦《哲學研究》(49章)

35

艾瑞斯・梅鐸

Iris Murdoch

大眾熟知的艾瑞斯・梅鐸是一名小說家（時代雜誌將她的作品《網之下》列為二十世紀百大英文小說），也寫出兩部重要的哲學著作《形上學為道德之綱領》（*Metaphysics as a Guide to Morals*）以及《至善的主權》。後者是存在主義非常興盛的時期所著，被視為西方哲學的傳承之作。

梅鐸描述存在主義是一種「不真實且過度樂觀的學科，散佈明顯錯誤的價值觀」，她也駁斥流行的行為主義及效益主義，它們過度關注外在因素，對發展內在價值沒有助益。梅鐸認為，即使是不醒目的主題，也同樣有關注的價值。

這本書的書名源自柏拉圖的至善觀，隱藏於普遍之下，存在著沒有形式的實體或秩序，人類只能稍稍瞥見，卻沒有意識到他們正耗盡生命地追求它。儘管當代哲學家們樂於揭穿這件事，但梅鐸認為善應該是倫理學中的核心價值（在沒有明顯意義的宇宙中，善也是生命的核心價值）。

以下要點大致依循《至善的主權》之架構，共三章，由梅鐸的散文或講稿編撰而成。

完美的概念

「我們所有的弱點，都是受『達到完美』的命令支配。至善的抵禦概念會瓦解為自私的經驗意識。」

梅鐸首先討論哲學家喬治．愛德華．摩爾（G.E. Moore），他認為至善是現實，超越了個人經驗，真正組成這個世界的是善。後來的哲學家們則強烈反駁這個想法，他們認為善沒有客觀現實，善只依賴於個人感知之上。梅鐸說：根據這個觀點，「善必被認為不屬於世界的一部分，只是貼附在世界上的一種可移動式標籤」。

梅鐸以當代倫理學描述「典型的人」：人有很清楚的目的，這是他們的個人意志，他們知道自己在做什麼、想要什麼，他們專注於結果及公眾面前的行為，本質上，他們的精神生活沒有價值，最後，因為他們的意志有主權，必須為自己的行為負責。梅鐸稱這個概念為「存在主義者—行動主義者—效益主義者」的綜合體。稱為存在主義者，是因為他們強調意志的首要性，意志是毫無意義的宇宙中，唯一的因果關係；行動主義者及效益主義者專注於結果及行為，展現的樣子與內在的自己完全不同。

梅鐸提到維根斯坦的觀察，未經內部審查過程的內在思想，「似乎」與我們毫不相干，與行為相關的心智，被比喻為「無需外力推動，就能自己轉動的輪子，不屬於機械的一部分」。就像未經精確測試的信念、感覺、思想，而我們的行為才是最重要的，各種對善的抽象觀點也因此值得懷疑，甚至毫無價值。

梅鐸也提到倫理學者斯圖亞特・漢普沙爾（Stuart Hampshire）的觀點，他說：「任何被列入確切實體之物，都必須讓觀察者看見。」梅鐸說，這些想法都是錯的。舉例來說，婆婆必須改變自己對媳婦的看法，為了看見媳婦的優點，或是發自內心地喜愛媳婦，她必須挑戰自己的偏見，這類努力在文學中有清楚的描繪，無論是否能客觀地被觀察到，它當然為真，這是內在的道德自由行為，行動者的目的顯而易見。這種對另一個人的「最高觀察」，涉及朝向完美的過程，道德意義上的自我完美，正是人之所以為人的根本，以及倫理學的核心。

道德不是科學

梅鐸指出，經驗主義的整體詞彙是「遲鈍且粗糙的，尤其應用於人類個體時」。當精神分析成為客觀「科學」，揭露個體的過去，精神分析是否可以做出科學觀察及判斷，梅鐸對此抱持懷疑（當然，時間證明她是對的。如今精神分析被視為主觀判斷，被摒除於主流治療方式之外）。

她對個體的另一種看法是基於這個觀察：

「科學及邏輯建構出的堅實世界中，道德概念是不包含其中的。為了不同的目的，它們建構出一個不同的世界。」

梅鐸認為可以將道德術語視為具體且普遍，即使道德語言牽涉到實體，「這比科學更極度複雜且多樣」。語言被用以描述道德實體時，「經常展現無可避免的特性且難以接近」，這就是「比科學更極度複雜且多樣」，卻仍然被視作具體且普遍的表達。

除此之外，將「科學」與「文化」置於不同之處更是種錯誤，科學就是我們文化的一部分，「成為科學家之前，我們是人，我們有道德使命」，梅鐸說：「而人類生命中科學的地位為何，必須以語言加以討論。」這就是為什麼，在我們了解某個科學家之前，了解莎士比亞更為重要，文學是各種鏡頭，透過文學我們可以看到、理解所有人類的努力，無論是道德的或科學的。

取代意願及所見

梅鐸認為，存在主義及人文主義都是無用的教條，前者過於相信自我，除了自我以外其他什麼都不是；後者要求人們根據「日常理性」過日子，任何道德的莊嚴都不存在。個體成為「意志的獨立原則」或「一團被其他學科接管的存在，例如心理學或社會學」。這種自作主張的哲學被包裝成「偽科學決定論」，儘管推動好的價值觀：自由、理性、責任、自覺、虔誠、常識，「但是它們沒有提到罪惡，也沒提到愛」。

梅鐸說，維根斯坦《邏輯哲學論》（*Tractatus*）中曾寫道，道德判斷沒有任何價值，因為沒有事實價值能作為評斷。對其他哲學家來說，道德判斷只是「情緒」。由存在主義者看來，人是在廣大的物理事實中的一種寂寞「意志」，雖然沒有道德上的生命觀，但換個角度就是有行動自由。梅鐸認為這種觀點過於不切實際、過於簡化，實際上人類的道德是非常真實且重要的一部分，貫穿了人的一生：

「道德改變及道德成就的過程相當緩慢。我們不是自由的，無法立即改變自己，因為我們無法突然改變眼中所見，也無法改變我們渴求、受迫的一切。」

用另一種觀點看，我們視自己為無窮盡的選擇後，所呈現的存在，接受生命的過程，而梅鐸顯然認為這是低劣的生活方式。她提出的看法是一種「必然」，聖人及藝術家都非常明白，那就是「針對一個人、一件事、一個情況的包容及愛的關懷」，這不是有意識的狀態，而是一種順從，已經發生許多年了，其實是一輩子，它降低了單一決定行為的重要性。舉例來說，如果我們專注於一個人身上，過了很長一段時間，「在選擇的關鍵時刻，大多數的選擇都已經結束了」，意願不是有意識的決心，而是忠於所愛或眼前所見。

這個觀念容納藝術的偉大，存在主義者-行為主義者模式認為，這只是人類不理性、放縱的附帶效果。以柏拉圖的觀點看來，美及藝術都屬於同一件事，敞開心胸去看見美，是無私的行為，也是道德的行為。對梅鐸來說，什麼是善、什麼是真、什麼是愛，其實都是緊密的連結。從關注什麼，就能找出這個人的道德觀點。尋找愛，就能找到現實、真實或善。

讓我們看見的藝術

「藝術穿進面紗，賦予超越外在的真實概念。在死亡及機率的真實偽裝中展現了美德。」

梅鐸大膽假設人類都是自私的，我們存在的神聖意義中，沒有外在的終點。反之，我們只是「短暫出現的一般生物，受制於必然性及機率」，她不信上帝，也不崇拜於理性、科學、歷史。後康德時期，個體的自由、意志、權力就是一切，但尼采哲學中，這是倫理學的極端觀點，而我們又該如何面對這個責任呢？

梅鐸的答案是，生命必須關切如何讓自己變得更好，其中一部分就是縮小自我，如此才能清楚地看見他人及世界。「無我化」最好的方式就是在自然、藝術、文學中欣賞美及真理。我們可能會因為別人的輕蔑而不快，心不在焉地望向窗外，當我們看見一隻小鷹飛翔，瞬間又忘了自己的存在。好的藝術不僅僅是透過幻想給予慰藉，「在獨立存在中給予純然的快樂，才是絕佳的藝術」，我們在「騷動且不完整」的世界中，只有美、善、愛才有意義。此外，與一般信念相比，藝術及文學不只是藝術家或作者的展現，反之，為了讓他們變得更好，創作者的自我必須被屏除於作品之外。

總評

梅鐸寫道：「自由不是無關緊要的重量，而是克服自我的訓練，謙卑也不是消除自我的特殊習慣，這是對真實無私的尊重。」她提出的方法是不專注於自我，必須專注於善，就像柏拉圖的洞穴論中，人望向太陽那樣，遠離世界的特殊性、多樣性及隨機性。

其中一個啟示是對自我知覺的提問，或許自我知覺只是種錯覺。即使我們找到難以捉摸的自我，以正確的方式看待它，仍可以發現比起我們所想像，「自我只是相形渺小且無趣的物質罷了」，所以，超越個人更有價值，運用我們的專注力及愛，試圖看見世界及人們的真實之光。

行為主義者-存在主義者所說的崇高意志或決定力量是一大錯誤，「唯有善，才是卓越的，而非意志。」梅鐸說。當意志成為「心智的自然能量」，可以朝向好的方向，善就能揭露事物真實的樣貌。但是，權力沒有對照，因為意志是人的一部分，善則是普遍的。因此，梅鐸說：「我們必須專注於善，而非自由或對的行為。」說到這裡，「對的行為及謙遜意義上的自由，都是關注善自然產生的結果」。換句話說，先追尋善，其他珍貴的事物便會隨之而來，唯有尋求強健的意志，才能擁有一切。

艾瑞斯・梅鐸

艾瑞斯・梅鐸出生於一九一九年。幼時就非常喜歡動物、唱歌、閱讀，在男女合校的福祿貝爾中學（Froebel Demonstration School）及貝明頓女子中學（Badminton Girls' School）就讀時，表現非常優異。為了就讀牛津大學，她熟讀柏拉圖及古希臘劇作家索福克勒斯（Sophocles）的作品，後來就讀牛津大學薩默維爾學院（Somerville College），也在那裡與瑪麗・米雷（Mary Midgley）成為摯友，瑪麗之後也成為知名哲學家。在牛津大學時，她深受馬克思主義的影響，隨後加入共產黨。

梅鐸交友廣泛，感情史也相當豐富，包括詩人法蘭克・湯普森（Frank Thompson），而後與牛津學者約翰・貝禮結婚（John Bayley）。這對夫婦定居於英國倫敦及牛津兩地，兩人沒有小孩，梅鐸因此能專注於寫作。其他重要著作包括一九六一年《被砍斷的頭》（*A Severed Head*）、一九六三年《獨角獸》（*The Unicorn*），一九七八年《大海，大海》（*The Sea, the Sea*）更讓她贏得布克獎（The Booker Prize）。哲學著作包括一九五三年《沙特：浪漫的理性主義者》（*Sartre: Romantic Rationalist*）、一九七七年《The

Fire and the Sun》（無中譯本）、一九九二年《形上學為道德之綱領》。

一九九六年，梅鐸被診斷出患有阿茲海默症，七十九歲時於牛津逝世。彼得・康拉迪（Peter Conradi）為梅鐸寫了傳記《艾瑞斯・梅鐸的一生》（*Iris Murdoch: A Life*），二〇〇一年被翻拍為電影《長路將盡》（*Iris*），由茱蒂・丹契（Judi Dench）飾演梅鐸。

1886

善惡的彼岸

Beyond Good and Evil

「心理學家放下有機生物的自我防衛本能前，應該先想想自己，生物的首要目標是尋求力量釋放，生命本身就是權力意志，自我保護只是其中一個間接且常見的結果。」

「錯誤的意見不是我們反對它的理由，也許新說法聽起來很奇怪。但問題是，這個意見如何能讓生命更進一步、維繫生命、維繫物種。」

總結一句

人類有自然且健康的欲望，想要變得更有創造力、更有權力，而道德是壓抑、扭曲它的阻力。

同場加映

馬丁．海德格《存有與時間》（20章）
尼可洛．馬基維利《君王論》（31章）
亞瑟．叔本華《作為意志和表象的世界》（45章）
斯拉沃熱．齊澤克《活在世界末日》（50章）

36

弗里德里希·尼采

Friedrich Nietzsche

弗里德里希·尼采將哲學史視為「真理意志」的表達,而這種對真理的迷戀只是任性的偏見。為什麼哲學家對非真理、不確定性沒有同樣感興趣呢?尼采質問。

如同他在《善惡的彼岸》中寫道:「儘管真理可能擁有珍貴之物,積極與無私,但生命可能有一個崇高、根本的價值,被分配於虛假、妄想、自私、貪婪之中。」也許善與惡比我們想得更密切,儘管我們習於將他們個別看待(喜歡非黑即白)。

善與惡是人類的產物:「沒有所謂道德現象,只有對道德現象的詮釋。」若真如此,我們就能以自己本性取向生活,比現在要求更多、擁有更多、做更多,無需在意別人。尼采說,自私包含逃避、不信任、掩飾及諷刺的愛,然而,這是健康的象徵,那些總是(不管在宗教或哲學上)追求純粹、客觀絕對的人才不健康。

一般人閱讀尼采時經常感到震驚,很少有比尼采更有趣的哲學家,有真正改變你看法的潛力。受尼采影響的名單很長,包括心理學家佛洛伊德、詩人萊納·瑪利亞·里爾克、作家湯瑪斯·曼、哲學家海德格、詩人葉慈、哲學家沙特、哲學家傅柯。當代哲學家中很多也受到尼采影響，如納西姆·尼可拉斯·塔雷伯（Nassim Nicholas Taleb）及斯拉沃·齊澤克（Slavoj Žižek），雖然談論的內容不同，但他們自然流暢、主觀性的特有風格都借自尼采。尼采驚人的原創性及感情充沛、非技術性的散文，不是現今枯燥乏味、過度專業化的學術文章能與之相比的。

尼采早年成就非常卓越（二十四歲時即成為哲學教授），之後卻飽受疾病困擾。真正的獨立精神讓尼采脫離主流，他將哲學視為客觀科學，得以揮灑個人才華、幾近瘋狂地寫作。《善惡的彼岸》中提到的某些人或事件都存於當時，與現在不太相關，但他的視角，包含對科學及宗教的觀點，仍是非常新穎。

「真理」為何優先？

哲學家假設「確定性比不確定性更有價值，『真理』比假象更有價值」，但尼采說，這樣的價值評估可能過於表面，只是建立自我感覺的必要性，為了生存我們需要創造確定感，想要產出邏輯推定以了解真實。他更進一步地指出，大多數人認為有意識地思考只是本能，而我們所想的遠比我們願意相信的更少。

哲學家亦然，他們認為自己有獨立思考的心智可以創造理智、客觀的新邏輯系統，但多數時間中，只是滔滔不絕地討論他們是誰的這類問題；他們不是創造真理的機器，而是偏見的捍衛者。舉例來說，康德將自己打造成科學哲學家，傳遞他的道德「定言令式」，但在尼采看來，他只是「老派道德學者及倫理傳教士」隊伍中的一員罷了；而史賓諾莎希望他的哲學看起來更科學，以數學形式的「障眼法」加以掩蔽。總之，哲學家們並不是愛智慧的人，只是愛自己的智慧，他們世界觀的中心是道德，而知識只是為道德套上的戲服。尼采承認他並不是第一個道出這些的人，例如以前是奴隸身分且做人腳踏實地的伊比鳩魯。同時，他也指出很多浮誇又虛榮的哲學家，像是柏拉圖，提出所謂「不證自明」的真理。

權力意志及自由意志

尼采認為，心理學家說生物最強的本能是自我保護或生存是錯的，其主要目的是釋放力量，這就是尼采最有名的「權力意志」論（從叔本華的「權力」說衍生而來）。簡而言之，我們想要生存的欲望，不是因為生命本身，單純只是想表達自己的權力。

由此，尼采對自由意志的說法，可能會讓人更吃驚，簡單由這句話總結：

「我永不倦於強調簡明的事實，那就是思想依照『它』的意願出現，而非『我』的意願。」

自我意願的想法只是假設，更精確地說，事物是「某人某物」創造的，而非「我」創造的，因為我們只是知覺、情緒、思考的綜合體。尼采說，「關於意志奇怪的事」是它可以下達指令，同時也是可以接受指令的機械。我們認為自己是給予指令的人（就是「我」），但其實我們的身體是「由很多靈魂組成的社會構造」，我們相信自己的決定是成功的基礎，但這就像假設一塊土地的統治者是唯一必須為收入負責的人，卻忘記還有其他因素牽涉在內，有些我們無法控制事情發生，也並不完全與之無關。而真理就在這其中，純粹自由意志的信念，或尼采稱為「道德意圖」之物，都該與占星術或鍊金術編撰在同一類別。

尼采對自由意志、權力意志、以及超人說（Übermensch）的想法，一個至高無上的角色，不受一般道德常規及觀察角度約束的人，這些思想要如何互相協調與融合呢？答案是，尼采認為人們應該放任自己的本能意志來創造及支配時，而他們總是想得太多。自由意志的想法是基於基督教，對每個靈魂神聖性的信念，而事實上，人類是能從生命中捕捉所求的高等動物，超人的天性不是負責沈思或合理化，而是積極地實踐與創造。

科學、哲學、真正的哲學家

尼采樂於指出科學的狂妄與傲慢，例如聲稱科學是現代唯一重要的學科，哲學與宗教都被它取代。尼采斷言，哲學是最重要的學科，凌駕於所有學科之上，他對現代哲學放棄其崇高地位感到絕望，將自己限縮為「知識的理論」，他也不訝異一般人以悲觀的面向看待哲學，因為科學看起來如此樂觀且充滿自信，宣稱它能成為所有事情的準則。尼采說，事實上科學說得很少，它只是根據人類感知安排世界的一種方式。

尼采表示，對當代哲學家來說，表明自己並非懷疑論者是一件很危險、會引發爭議的事，哲學家寧願說自己一無所知，或世界上沒有什麼可以被探知。懷疑論是「令人愉悅、哄騙人心的罌粟」，讓人覺得自己是世界的一部分。尼采說，人類是不同種族與階級的混合物，在這之中沒有事物是穩定的，但萬物卻又息息相關，所有事物都經過考慮，沒有什麼是以純粹意志完成的。「客觀性」和「科學精神」都只是意志痲痺的表現，這是一種疾病，散播至所有文明久駐的地方。尼采將「哲學工作者」與「科學家」做出區別，而真正的哲學家又是另一類別。哲學工作者，例如康德和黑格爾，他們試圖尋找價值與真理，並依照某種規則置入，但尼采所謂真正的哲學家，是「指揮官及制定規則的人」，這些創造者的格言應該是「它理應如此！」

一般對哲學家的觀點是他們充滿智慧、謹慎、離群索居，但尼采提供了另一個選項：「真正聰慧的哲學家，活得『不哲學』、『不智慧』，更重要的是『不謹慎』，背負義務與生活中各種企圖與誘惑，不斷地冒險，參與這場不好玩的遊戲。」真正的哲學家應該為他們的時代與文化「感到內疚」，他們的工作是將「解剖刀刺向時代美德的胸膛」。

面對這個問題：「偉大之事可能再現嗎？」尼采必須與現代社會本質抗衡，他說：「向所有罕見、奇怪、特權的事物全面宣戰，與更高階的人、靈魂、義務、責任對抗，創造出絕對權力與高貴。」除了上述，現代人還追求免於恐懼或痛苦的生活，但以人類潛力而言，這是一種可悲的遺棄。反之，我們必須將自己投入冒險的生活之中，而且不需獲得任何許可。

奴隸道德與主人道德

人類中有自然的階級制度，自然的正義。尼采說「高尚的靈魂」不喜歡向上看事物，他們會向前或向下看，因為「他知道自己的高度」。尼采承認這與許多道德及宗教背道而馳，因為道德與宗教說，我們謙卑時就會感到滿足，但這對尼采來說只是個謊言，現代教育與文化都是詐欺術，試圖以真正的貴族精神提拔平凡、庸俗的人。

尼采輕視民主及民主口中的「平權」與「同理」，他相信企圖追求平等，只是剝奪人們變得偉大的條件。各種壓抑、貧困、暴力、嚴峻，會為平庸的人帶來機會，成為實力堅強的人，這就是所謂的創造力、勇氣與志氣。

他認為基督教精神是「奴隸式道德」，它強調「犧牲所有自由、驕傲、自信的精神」，讓信徒成為自我嘲弄的影子，但同時他也讚賞《舊約聖經》是神聖正義的鉅作。

道德設計是為了讓人類看起來更簡單易懂，如果有普遍規則，就能以一樣的規則評斷人類，但如果我們看得更遠，超越了「善」、「惡」之別，就能看清人類的樣貌：對自己有自然的信念與崇敬。人們必須有所回應時，就該依循自己的答案回答，與其說這是虛榮的逃避，不如說追求凌駕他人的權力是「高尚的靈魂」象徵。

總評

尼采否定傳統哲學的目的：尋找基礎真理，對存在主義及解構主義哲學都產生了很大的影響。不幸的是，他厭惡「種族融合」的程度，與他厭惡傳統道德及民主思想同樣真切，使他被納粹的意識形態佔據（雖然他並沒有成為反猶份子）。鑑於二十世紀許多可怕的事件，尼采對許多事的態度如今看來是過於天真，但也許是當時並沒有閱讀太多資訊，認為將自己哲學性的爆炸物置於歐洲之下，也沒有什麼能失去的。

這本書有兩段格言，在其中又能找出精華，例如「對於個體而言，瘋狂相當罕見，但對團體、政黨、國家、時代來說，瘋狂就是其中的規則。」以及「自殺的想法讓人度過許多糟糕的夜晚。」尼采的女人緣不好，因此他輕視女性，但他的格言中，對感情關係仍有些有趣的觀察，例如「復仇與愛情之中，女性比男性更為野蠻。」當有人覺得他有點強硬，甚至惡毒，他說：「以愛為名所做的事，經常超越了善與惡的分界。」愛超越了任何道德類別，它既非好也非壞，就是一種權力。尼采希望超越的對立性，與東方宗教的「二元性」略有不同，在光明與黑暗之中，好與壞都只是心理建構出來的，最終，所有事都只是它所呈現的原貌，不需要多餘標籤。

弗里德里希・尼采

尼采於一八四四年出生於普魯士洛肯鎮。他的父親在他五歲時逝世，父親和祖父都是路德教派的牧師。尼采就讀普夫達中學（Pforta），後進入波恩大學（University of Bonn）主修古典哲學。尼采聰穎過人，年僅二十四歲就取得巴塞爾大學教授職位。普法戰爭時尼采曾擔任醫護兵，之後即寫了《悲劇的誕生》（*The Birth of Tragedy*）。

因為身體狀況不佳，他辭去教授一職，靠著微薄的退休金，在歐洲各地租屋度日。一八八九年尼采精神崩潰（可能是梅毒或憂鬱症造成），此後便一直是他的母親及妹妹照顧他，直至一九〇〇年尼采逝世。主要著作包括一八七八年《人性，太人性的》（*Human All-too-Human*）、一八八二年《快樂的科學》（*The Gay Science*）、一八八三年至一八八五年《查拉圖斯特拉如是說》（*Thus Spake Zarathustra*）、一八八七年《道德譜系學》（*On the Genealogy of Morality*）、一八八八年《偶像的黃昏》（*Twilight of the Idols*）、一八八八年《反基督》（*The Antichrist*）及一八八八年的自傳作品《瞧！這個人》（*Ecce Homo*）。

1660

沉思錄

Pensées

「衡量一下，打賭上帝存在的得與失，讓我們估算這兩種可能性。如果你贏了，就贏得全部；如果你輸了，也沒有失去什麼。那麼來賭吧，毫無懸念，他確實存在。」

「唯一可以安慰悲慘境遇的就是轉移注意力，而這正是我們最悲慘的事。它是我們思考自己的最大阻礙，分散注意力能讓我們快樂，無形之中也將我們帶往死亡。」

「最終，人的本質是什麼？對無限來說是虛無，萬物都與虛無相關，是虛無、萬物、無限的中心點，互相理解也是無窮般遙遠。他無法看見他脫身的那團虛無，也無法看見他被吞沒的無限。」

總結一句

信仰更高的力量，我們幾乎毫無所失，如果這個力量是真的，我們會有所收穫，因此相信它是理性的選擇。

同場加映

勒內．笛卡爾《第一哲學沈思集》（13章）
索倫．齊克果《恐懼與戰慄》（26章）
哥特佛萊德．萊布尼茲《神義論》（29章）
米歇爾．德．蒙田《隨筆集》（34章）

37

布萊茲・巴斯卡

Blaise Pascal

布萊茲・巴斯卡有很好的科學頭腦，製造了五十個原型後，他發明了一款滾輪式加法器（Pascaline），萊布尼茲便是受這款機械計算機啟發，而創造了另一款計算機。他與數學家費馬（Fermat）共同發明了機率論，在數學哲學上很有見解，另外還發明了水壓機及注射器，清楚展示如何運作水銀氣壓計。巴斯卡定律是關於壓力單位，而「巴斯卡的賭注」對博弈論、機率論、決策理論也有重大貢獻，計算機通用的巴斯卡程式語言就是以他命名。

而這個堅定的科學方法捍衛者，又是如何成為強烈的精神信仰捍衛者呢？

巴斯卡逝世後，有一張紙條被發現縫入他的外套夾層，裡面記錄著他在一六五四年十一月二十三日的神祕經驗，在那之後他放棄了數學及科學，投入精神及哲學領域。在短暫卻忙碌的生命中，巴斯卡在二十多歲時轉向更嚴謹的天主教形式，信奉詹森主義（受姊姊賈奎琳影響），但三十多歲時身體狀況欠佳，促使他更進一步地鑽研人類在宇宙的地位。

私底下，他寫了大量文章向天主教致歉，死後經過他的家人再次排序，集結成《沉思錄》。對天主教的懷疑逐漸增長後，巴斯卡認為他的任務就是調解哲學家蒙田冷漠、傲慢的世界觀，換句話說就是過於理性的形象，如死於《沉思錄》集結成書前十年的笛卡爾。巴斯卡希望告訴讀者，對命運的懷疑論及順從，起因於斯多葛哲學，是它導致沒有方向的痛苦，而他給兩者的答案都是簡單的信念。當時的人們積極為自己的信仰找尋理性基礎，巴斯卡則提出了賭博概念，說明信仰宗教無庸置疑地有所益處。

巴斯卡的賭注

「如果你輸了，也沒有失去什麼。那麼來賭吧，毫無懸念，他確實存在。」

巴斯卡利用機率及數學的專長，創造這個賭注。他先從上帝是否存在的問題開始，這是理性永遠無法解答的問題，確實也無法以任何方式證實這個問題。巴斯卡要求我們下注上帝是否真的存在，而他的理由是，我們會努力不在這個遊戲中冒險，因為我們可能得到很多（永恆的生命與幸福），失去很少（證實為假的信仰）。

注意，賭上帝存在可能使你的行為與信仰一致，那就是成為更好的人，以證明上帝的愛。巴斯卡繼續問：

「現在，選擇這一方會對你造成什麼傷害？你會成為一個忠實、誠實、謙虛、受歡迎、有肚量、真誠的朋友，真的。當然，你不會有那些無益的快樂、虛華、享樂，但這難道表示你不會獲得什麼嗎？我告訴你，你將因此在生命中有所收穫，以及你走在這條路上的每一步，都會看到龐大的獲益，而你冒險承擔的那些有多麼虛無。你終會意識到，你下注於明確、無限的某物，並且沒有失去什麼。」

沒有信仰的人或許會說，這聽起來好像很吸引人，但仍然無法確定什麼。巴斯卡說，沒錯，我們無法絕對地肯定，但我們從來無法得知戰爭與航海會發生什麼事，我們也無法知道明天是否還活著。然而，下注於較小的機率上是不明智的，即使它為真，但能帶來龐大的利益嗎？巴斯卡說：

「我更害怕被誤解，以及發現基督教為真，而不是錯誤地相信它為真。」

我們不用相信上帝確實存在，只要運用巴斯卡的賭注。反之，我們可以賭確實有絕對形式或普遍真理存在，而這個真理是正向的，如果我們看到它對生命及社群的影響，讓它成為我們存在的核心就是再理性不過的事。

懷疑的反面

巴斯卡預見一個世俗的時代，大多數人預設的立場不是「我沒有理由相信它，所以我不相信」，他理解懷疑觀點，因為他看多了認為上帝不存在的東西，但他也認為，純粹物理層面無法充分地解釋生命。在名為「沒有上帝之人的不幸」，巴斯卡認為，唯有將我們自己全然奉獻給至高權力，我們才能找到和平、真理與幸福，不這麼做將招致絕望、黑暗、混亂與過失。回應那些質疑如果上帝是真的，就不會如此彰顯自己存在的人，巴斯卡反駁道：「不要抱怨上帝隱藏他的存在，反而應該感謝他揭露了自己。」

巴斯卡說，人大致分為三種：

「那些信仰上帝的人，已經找到上帝；那些忙於尋找上帝的人，尚未找到上帝；其餘的人活著並不尋找上帝，也就找不到上帝。第一種人較為理性、快樂，第三種人愚蠢、不快樂；在中間的人雖不快樂，卻較為理性。」

對巴斯卡來說，缺乏信仰是一種懶惰，詩人艾略特總結在他為《沉思錄》寫的序中：

「大多數人都是懶惰，沒有好奇心，沈迷於虛榮，情感枯燥乏味，因此不能有更多的懷疑或信仰；當一個平凡人稱自己為懷疑論者或無信仰者，通常只是簡單的樣態，隱藏自己不願思考的結論。」

走出懷疑是巴斯卡思想中的一項偉大成就。謙虛的人會愉快地接受，相反地，「有充分理解能了解真理的人，無論如何都會反駁它」，這是他對當時「聰明」的人提出的挑戰，巴斯卡要以自己的信仰思考，而不是對萬物懶惰、諷刺的懷疑態度。

克服虛榮心

儘管他與蒙田的立場不同，巴斯卡仍深受蒙田法國式挖苦的影響：「我放棄」對人性的看法。我們假設一種充滿確定性、理性、知識的氛圍，巴斯卡寫道，人類的一般狀況是「無常、無趣、焦慮」，以及虛榮，看不出世界如此虛榮的人，必定非常自負。

巴斯卡說：「我們將人類靈魂看得高潔，無法容忍被輕視，或不被其他靈魂尊重。而人類所有的幸福，就是由尊重組成。」人們會為愛、或被愛而瘋狂，這個行為通常就會「擾動整個地球、貴族、軍隊、乃至整個世界」。巴斯卡曾說出一句名言，關於埃及統治者埃及豔后的外貌：「克里歐佩特拉的鼻子如果短一點，整個世界的樣貌將因此改變。」小事（例如一個漂亮女人）也可以成為歷史的轉捩點。

巴斯卡以學術的角度，觀察人們浪費自己寶貴的時間「追逐一顆球或一隻野兔」，重要的不是目標，而是追逐這個動作，意味著人們為了好好地思考自己，而付出了非凡的努力。他提出一個幸福的選項：

「讓一個人安靜地生活，就是讓他快樂地活著，他可以安逸地思考，卻找不出痛苦的原因。」

這種想法有時被認為是「所有人的痛苦都來自無法獨自坐在房間裡」，除非我們被改變，否則就會是痛苦的，但是分散注意力能讓我們快樂，「無形之中也將我們帶往死亡」。事實上我們最好的時刻，就是花時間檢視動機與目標的時刻，如此能矯正錯誤的行為，讓我們接受神的安排、真理、意圖。

巴斯卡說，人類有偉大的潛力，因為我們可以認知到自己的不幸，這是一隻狗或一棵樹做不來的，從我們強烈的欲望中（人類及事物的自然欲望），我們創造了道德秩序：

「人不能將自己視為同於野獸或天使的階級，他必須忽略這些階級又全然知曉。」

相信我們是聰明的動物，就是貶低自己，但也不能就此說，我們只是純粹的精神存在。

總評

《沉思錄》包含了巴斯卡知名的數學與直覺區別，「幾何智慧」與「策略智慧」。有數學頭腦的人，問題在他們習慣了解清楚、毫無疑問的原則，他們不相信直覺知識，只能談論數學定義或原理，顯然這種狹隘、過於精確的習慣，讓他們失去了解其他知識的機會（巴斯卡認為笛卡爾就是最好的例子）。直覺原則就是生命定律，如果你喜歡「感覺勝於視覺」，「讓無法感知自己的人，感知到這些法則存在，就是最大的困難」。儘管如此，它們仍然是真實的。

那麼，巴斯卡如何連結人的科學及精神世界觀？我們應該培養自己的直覺或形而上的感官，為我們在世界的道路上節省許多時間，將我們帶往事物的核心，同時也保持開放心態，接受抽象原則並以理性欣賞它。

在《沉思錄》中最知名的一段話就是：「心靈自有它的道理，理性不知道的道理。」雖然這句話的精神被用來解釋愛的行為，但巴斯卡的意思更為廣泛，當我們可以運用理性能力時，就不該懷疑，我們可以運用人類理性判斷時，就應該這麼做。然而，以最高級推理能力來看，有些事物是理性禁止的，必須讓它服從於不同的現實秩序。

巴斯卡，這名科學家及數學家，強烈地希望知道世界上的所有知識，也有足夠的智慧了解，並不是所有事物都能被揭露。上帝似乎希望我們兩者兼具：在世界上運用最高理性行為及創造事物，同時接受我們是「有著人類經驗的精神存在」。最大的問題是，我們終需服從於更強大的智慧，與我們的「心」產生連結。

布萊茲・巴斯卡

巴斯卡出生於一六二三年法國克萊蒙（Clermont），三歲時母親逝世，父親艾基朗帶著巴斯卡及兩個姐妹搬到巴黎。巴斯卡相當早熟且充滿智慧，經常與艾基朗一同出席數學及哲學聚會。十七歲時舉家搬至魯昂（Rouen），艾基朗被任命為當地的稅務官，為了協助父親計算稅務，巴斯卡發明了機械計算機。

二十多歲時，巴斯卡與姊姊賈奎琳轉為支持十七世紀天主教發展的詹森主義，與波爾羅亞爾修道院有密切關係。在宗教上有神祕經驗後兩年，他出版了宗教及政治論述作品《致外省人書》（*Provincial Letters*），在耶穌會的猛烈攻擊下為詹森主義辯護。同年他見證了姪女瑪格麗特（Marguerite）在波爾羅亞爾修道院，奇蹟似地治癒淚管瘤。

巴斯卡於一六六二年逝世，年僅三十九歲。死因不明，可能是肺結核或胃癌。

4TH CENTURY BC

理想國

The Republic

「善的理型是所有美好事物的普遍作者，光明的創造者，可見世界中光明的主宰者，所有理性的源頭，所有知識的真理……人類在公私領域中都依循理性行動，正是因為看見存於世界之上的理型。」

「只要國王都是哲學家，或者哲學家都成為國王，城市就永遠不會被疾病終結。若非如此，不只是人類，我們理想的政治也不會成真。」

「統治者最不希望統治最好、最平靜的國家，他們總是渴望治理最紛亂的國家。」

總結一句

你所相信為真的事物，可能只是從真實中片面且扭曲的反射。哲學打開了更高層級的知識之門，幫你運用在國家及社會中。

同場加映

諾姆・杭士基《理解權力》（10章）
西塞羅《論責任》（11章）
尼可洛・馬基維利《君王論》（31章）
艾瑞斯・梅鐸《至善的主權》（35章）
尚–雅克・盧梭《社會契約論》（41章）

38

柏拉圖

Plato

柏拉圖成長於貴族家庭，是古雅典中重要的貴族。關於柏拉圖的早年生平並沒有太多現存資料，據說在遇到哲學導師蘇格拉底之前，他非常喜愛詩歌。在他早年生涯的重大事件就是蘇格拉底之死（西元前三九九年），當時蘇格拉底的種種提問已對雅典政權造成威脅，在蘇格拉底將死之前，柏拉圖發表了對審判的敘述，包含在監獄裡最後的日子及死亡宣判，就是《申辯篇》（*Apology*）、《克里斯托篇》（*Crito*）及《斐多篇》（*Phaedo*）。

蘇格拉底死後，柏拉圖遊遍希臘、義大利、埃及，和希臘哲學家歐布利德斯（Eucleides）及畢達哥拉斯學派的哲學家們一同探討哲學。四十歲時他回到雅典，並創立了知名的柏拉圖學院，在城邦中成為知識中心，推動了哲學、數學及科學的進程。

在蘇格拉底死前，柏拉圖就曾多次試圖參與政治，第一次是在雅典於伯羅奔尼撒戰爭戰敗一年後，民主政治再起之時，那次經驗使他從政的想法就此幻滅，他的結論是唯有重建全新的政府才能有所改變。《理想國》是柏拉圖對理想政體的描述，也包含他的正義論、「靈魂三分說」及最有名的洞穴寓言。

作為西方哲學眾多鉅作之一，《理想國》不需要特別的專業知識，相較之下較容易理解。它也是對蘇格拉底問答法最好的詮釋著作，以問答的方式引導讀者走向已知的結論。《理想國》十卷中，柏拉圖描寫蘇格拉底如何對人物以嚴謹的邏輯發問及辯論，其中包含柏拉圖的哥哥們格勞孔（Glaucon）及阿德曼圖斯（Adeimantus），在蘇格拉底進行對話的雅典比雷埃夫斯港，巧遇的波勒馬克斯（Polemarchus）、他的父親賽伐洛斯（Cephalus）及詭辯家色拉敘馬霍斯（Thrasymachus）。

洞穴寓言

《理想國》中很多篇幅寫的是柏拉圖跟蘇格拉底學習的內容，但是形式論及屬性的想法都是他自己的思想，洞穴寓言就是最好的例子。雖然表面上與柏拉圖對正義及政府的理論無關，但洞穴寓言卻是整個形而上的核心，乘載了永恆的信息。

蘇格拉底及他的朋友想像有一群人住在洞穴中，只有小小的洞口透著外面世界的光線，他們一生都住在洞穴中，被鍊條束縛著，只能看到一面牆，沒辦法轉身看到後面的光線。在他們身後是恆久燃燒的火，火與牆之間有很多人拿著各式各樣的東西，像動物的模型等等，投影在這些人看到的牆上，他們所見的「真實」都只是投射出來的二維影像，從來沒有原型物體出現在他們眼前。

有一天，其中一個人逃出了洞穴，他欣喜的發現之前看到的都只是投影，突如其來的感知轉換過於劇烈，洞穴中的火變得眼花撩亂，他再次被帶出洞穴外並看到太陽，太陽光如此明亮，照得眼睛刺痛，而後他充滿感激，因為太陽是來自世界的真實光，是所有感知的源頭。他回到洞穴，覺得洞穴中的夥伴很可憐，他們依然相信著微弱光線透出的影像就是「真實」。

當這群人回到洞穴，再也不能在黑暗中看清事物，就怪罪於這趟光的旅程，說這一切只是浪費時間和傷害眼睛，他們不能了解世界已全然改變，他自己也無法再回到以前的生活，相信眼前的表象就是真理。

柏拉圖用太陽隱喻善的理型，並強調懂得欣賞善並非容易的事。另一方面，他描述逃出洞穴外的旅程是「生成」到「存有」的過程，從存在條件轉變為純粹真實，從作為人類的經驗轉變為純然真實的光。

正義的獎勵

《理想國》從柏拉圖討論正義的意義開始。賽伐洛斯說正義是坦然的說出真相，確定欠債都還清，死的時候就會是相對有錢的人，有錢的好處就是能死於安樂，也知道所有帳目都已結算清楚，但蘇格拉底提問，沒有比這些更靠近真理及美好生活的事物了嗎？

格勞孔及阿德曼圖斯為不正義提出理由，他們說我們可以隨心所欲，無視批評而活，甚至達到成功的目標。格勞孔同意正義的本質是好的，並反問蘇格拉底正義要如何在個人層面顯現好的一面。他提到蓋吉氏（Gyges）及能讓他隨意隱身的魔戒，想當然蓋吉氏用這枚戒指做了很多事，隱身的能力能幫他逃過懲罰。人們唯有在可能會被懲罰的前提下，才會有正義行為，他們對成為善良的人並不感興趣，格勞孔說。

蘇格拉底回應，正義行為並不是額外選項，而是人類存在必須圍繞的核心，缺少正面意向的行為，人生就沒有意義。對個體而言，正義也是絕對必要的存在，是好的國家的重要支柱。

靈魂三分說

柏拉圖將人類靈魂分為三個部分：理性、意志、欲望。理性負責掌管靈魂，並為整體尋找最好的效益，理性賦予我們做決定的能力，也是意識的來源；意志能產生企圖心和進取心，但也會帶來情緒，例如憤怒、驕傲、羞恥；欲望是最基本的需求，例如食物、睡眠、性慾。不放縱意志及欲望，而以理性塑造及帶領的人，才會變得正義，才會受基本普遍形式的善所影響。我們因此達到平衡，行為才會自然地與周遭世界和諧共存。

柏拉圖藉由蘇格拉底重述了厄爾神話，上帝讓名為厄爾的人看見世人的靈魂都發生了什麼事，厄爾發現靈魂會受到誘惑，受到下一世變得富裕或有名氣的機會所左右，無法決定這一世是否堅守正義，而那些多次轉世並有所進步的人選擇了正義。那麼我們該怎麼做？堅持做對的事，就是獲得快樂且滿足的人生，永恆不變的法則。柏拉圖為這套思路下了最後一個註解，那就是正義是高尚且不切實際的信念，卻也是美好人生的唯一道路。

唯有「哲學家」能在靈魂的每個部分找出平衡，蘇格拉底說，哲學家最主要的願景就是讓世界盡其所能地趨近完美，為了實現這個願景，他願意捨棄他最初的個人欲望。了解絕對真理的人，在心理及精神上也必能達到平衡，他們有責任要為缺乏真理知識的人奉獻，這是柏拉圖正義論及《理想國》的連結，也概述了他心目中理想國家的樣貌。

柏拉圖的理想國

在柏拉圖的時代，他見證了許多政治體系的失敗，例如勛閥政體、寡頭政治、暴君政治，但他真正關心的是雅典的民主政治。雅典的民主是一群有社會地位的男性公民，為了特定的議題定期聚會投票，再將行政權轉交給五百人會議，負責落實大會的決策。對這種類型的民主，柏拉圖提出的疑問是，關於外交政策或經濟都是很複雜的議題，卻必須受制於不理性卻有投票權的群眾，此外，參與五百人會議的人，任期不得超過一年，最多任職兩次，所以沒有任何長遠的計劃或策略可以實行。雅典的領袖們本該為國家制定健全的計劃，卻花時間向選民開空頭支票，以此取得權力，結果獲得了「討喜、無法無天、各種把戲的政府，無視社會平等與否，無區別地將平等加諸在每個人身上。」

柏拉圖的替代方案是哲學家的菁英政治，因為哲學家唯一的目標就是讓國家正向發展，而且他們聰明、受過高等教育、思想成熟、正直廉潔，這些人寧願花時間思考，探究世界表象下永恆的形式（例如善、美、真理），同時，他們也被要求放棄對幸福的所知，轉向平凡世界，為全體人的權益把關。

柏拉圖建議我們不要期望商人或士兵能妥善管理國家，應該期望能全盤考量，知道什麼對社會有益處的人。如果國家由士兵治理，可能會時時處於戰爭之中，公民的自由度也極為有限；由商人治理的國家會充斥嫉妒心理及物質主義；若勞工統治國家，他們缺乏眼界的寬度及深度，會不曉得該如何治理國家，也不知道如何處理外交問題。只有受過高等教育的通才，多年鑽研抽象學科（蘇格拉底建議先學習數學十年有良好的基礎後再研究哲學），才能治理好國家。管理階層最基本的要求是了解實踐知識，這是卓越且適當的基本條件，由此才能掌握基本精神形式的知識，包含正義、善、美及節制，因為它們確實與我們息息相關。

這是柏拉圖在國家素質及個人品性之間創造的連結性，與城邦及靈魂的比喻一樣廣為人知，對現代讀者而言是有些奇怪。現在，我們很自然地將國家素質視為公民素質的展現，但柏拉圖卻不這麼認為，他認為一個國家的美德可以塑造個人行為，同時也是公民的領航者。

社會工程

《理想國》中較有爭議的是柏拉圖討論文化控制的部分，他認為那個時代的偉大詩人及寓言並沒有灌輸正確的道德價值，必須透過教育灌輸善的概念。對孩子說的寓言必須經過重重審查，避免孩子產生負面的想像，但公民卻只接觸未經修飾的文學作品，缺乏自制力或充滿暴力，自然會讓人的心靈變得脆弱或墮落，導致國家這條大船沈沒。更糟糕的是那些不正義的角色獲得快樂人生的寓言，捨棄正義而獲勝，甚至是宣揚正面向善將有所損失的故事。

儘管在文化領域中柏拉圖顯得有些傲慢，但在性別平等方面卻非常有遠見。柏拉圖說輕視女性完全是錯誤的行為，並提出例子說明女性不該再被阻斷於體制之外，她們有權利受相同的教育，和男性獲得同樣的機會。但是談及家庭生活這塊，他卻斬釘截鐵地說家庭並非私人生活，它是為了國家利益存在。他藉蘇格拉底之口提出建議，人們必須要有正常的婚姻及性生活，讓「對的」人能聚在一起。這些菁英的後代應該在國家照顧體系下受教育，讓他們的雙親可以繼續為政府工作奉獻。然而，柏拉圖一生沒有結婚，也許正應證了他對家庭的想法。

總評

柏拉圖對正義及個體平衡的理想至今是否仍適合我們？這個文化提供我們各種獲得快樂的簡單途徑，鼓勵我們沒有負擔地表達自己的情緒，強調讓理性成為我們的領導者，這似乎是很大的挑戰。然而，自律及理性對現代人帶來的好處和古希臘人一樣多，《理想國》的力量不在於它為政府提供了理想國家的樣本（我們也不太可能看到「哲學家國王」來統治國家），而是它告訴我們智慧、勇氣、自律及正義的特質，如何造就達到心靈平衡的個人。如果靈魂中的三個部分能達到平衡，對個人是好的，對社會、國家也是有利。

柏拉圖的洞穴寓言是很珍貴的啟示，因為大部分的人終其一生都在追求幻影，相信表面，在表象世界之下等待著永恆真理王國。柏拉圖以蘇格拉底舉例，哲學家是唯一能透過學習形式查明真理的人，但事實上，每個人都能感覺到什麼是恆久不變且完美的存在。我們每個人都活在充滿錯誤的感知及幻覺的洞穴中，但只要努力就能從錯誤的世界中脫逃。

1934

科學發現的邏輯

The Logic of Scientific Discovery

「根據我的計劃，賦予經驗方法特性的是它揭露為假的方式，以任何可能的方式，這個經驗系統必須被不斷地測試。它的目的不是挽救任何站不住腳的系統，反之，是為了揀選出最適合存留的系統，才將它們全暴露於激烈的生存鬥爭之中。」

「舊的知識型科學理念，絕對肯定、可論証的知識，都已經被證實為假象。客觀科學的要求是，必須永遠保持可試驗性。」

總結一句

我們的知識進步，不是靠證明理論為真，而是企圖證明它們為假。

同場加映

大衛・休謨《人類理解研究》（22章）
湯瑪斯・孔恩《科學革命的結構》（28章）
納西姆・尼可拉斯・塔雷伯《黑天鵝效應》（48章）

39

卡爾·波普爾

Karl Popper

一九三四年，卡爾·波普爾年僅三十二歲，是名中學教師，《科學發現的邏輯》於維也納問世時，此書為二十世紀思想帶來的巨大影響著實讓人驚訝。《科學發現的邏輯》將科學哲學置於堅實的基礎上，啟發後繼的科學哲學家，如拉卡托什·伊姆雷（Imre Lakatos）、保羅·費耶阿本德（Paul Feyerabend）及湯瑪斯·孔恩。

波普爾二十多歲時的維也納，是個知識與政治動盪的地方，馬克思及社會主義之所以廣受歡迎，一是因為許多大學生懷抱著革命思想，例如波普爾；二則是當時科學哲學「維也納學派」中的邏輯實證論者，試圖打破可實證論述及形上學思辯的哲學藩籬。這種蓬勃發展的知識性，隨著納粹主義崛起宣告終結。一九三七年信奉路德教派的波普爾，帶著猶太血統的祖父母逃往紐西蘭，也在當地取得教職教授哲學。他在紐西蘭完成了《開放社會及其敵人》（*The Open Society and Its Enemies*），這本書強而有力地攻擊極權主義，後來他搬到英國，在倫敦政經學院（London School of Economics）擔任哲學教授逾二十五年。

《科學發現的邏輯》踩在語言分析哲學的對立面，受到維也納學派激發，其中又以語言哲學家維根斯坦為代表人物，他不讀亞里斯多德，相信所有哲學問題都能單以語言解答，但波普爾不同，他相信哲學的目的是辨明真實世界的問題：必須從我們存在的宇宙世界中尋找答案。然而，這不像工程或物理科學的分支，可以知道確切的問題是什麼，並努力去解決它，波普爾說哲學沒有「問題情境」，沒有普遍接受的事實作為基礎，來解決新出現的問題。因此，他說：「無論何時我們提出問題的解決方案，就應該努力嘗試推翻自己的方案，而非積極地捍衛它。」

換句話說，哲學（及科學）不能再以找到證據證實理論為目標，這樣不夠嚴謹，真正的哲學家或科學家應該試圖證明自己是錯的，試圖找出現存理論的漏洞，唯有如此，知識才足以被稱為知識。

歸納問題及選擇

波普爾發現哲學及科學中一個嚴重的漏洞：歸納法。

歸納法論證很特別，從歸納法可以斷言普遍事物。例如說，透過觀察發現所有天鵝都是白色的，我們斷言天鵝全都是白的，但只需要一個案例證實這個斷言是錯的（在澳洲發現了一群黑天鵝），就能了解歸納推理為假。

波普爾指出心理知識及邏輯知識的區別，心理知識是選擇、指出事實，或與事實連結；邏輯事實則是不停地質問自身，如果某物宣稱自己為真，要如何證實它為真？為真的事實是經得起考證的嗎？

一套理論要被視為真正的科學，必須要能證明為假，被任何人「否證」，其結果必須有可重複性。如果僅僅蒐集那些證明理論為真的例子，就相信理論可以被「證明」、「驗證」、「確認」，這會是完全錯誤的想法：

「與其討論假設的『可能性』，我們更應該評估它能經得起什麼測驗或考驗；也就是說，我們應該評估種種考驗後，有多少假設能存活下來。簡單來說，我們應該試著評估假設可以『被證實』的程度。」

無法驗證是否為假的理論一定不為真，也因為波普爾不相信歸納法，他說理論從來沒有被完全、最終地證實，它們只是目前可以找到較為明顯的證據，是「臨時的推測」。

波普爾的形而上觀

從上述的觀點，可以看到波普爾如何使科學更上層樓，把不錯的想法和真實的理論區別開來。波普爾這麼做，只是因為他相信科學計劃，他形容理論是「撒網抓住所謂的『世界』：使其合理化、解釋並征服它，努力讓網子變得更好。」

然而，他嚴謹的要求並沒有讓他去抨擊形而上學。實證主義者宣稱他們殺死了形而上學，因為他們證實形而上並無意義，原因是無法透過感官檢驗，或作為無懈可擊的邏輯論述。但是波普爾指出，自然科學中的許多法則，都無法以感官訊息減為最簡單的陳述，若感官是我們唯一的標準，就不能被提出。波普爾寫道：「確實，我傾向認為沒有純粹推測的想法，即使非常模糊，也不可能有科學發現；從科學角度來說，這種想法完全沒有根據，某種程度來說，這就是『形而上』。」

最後，他並不否認人可以深信某物，他們可能理解某些真理，而這種信念，因為有效性無法被任何人檢驗，所以不可能成為科學。柏格森所說的「創造性直覺」或愛因斯坦強調的「知性之愛」，在波普爾觀點都足以為真，但本質其實也無法被邏輯分析。

總評

這本書最後，波普爾將科學計劃比為水上城市：「科學並非立基於堅實的基岩上，它大膽的理論結構就像在沼澤之中，就像立於廢墟中的建築……如果我們不再深入廢墟，不是因為我們已經到達穩固的基底，停下來僅是因為我們已經滿足，作為建築的根基，這堆廢墟已經足夠穩固，至少目前足夠。」

雖然這只是「建於廢墟上的建築」，即使它無法提供我們渴求的確定性，科學依然很有價值。就像威尼斯也不是建立於基岩之上，但仍是值得一去的好地方。哲學也是同一個道理。

卡爾・波普爾

波普爾出生於一九〇二年的維也納，他的父親是一名律師，同時也對古典文學、哲學、社會政治議題相當感興趣；母親則燃起他對音樂的熱情，波普爾一生都與音樂相伴。

在維也納大學時期，他熱衷左派政治及馬克思主義，但在一場學生暴動之後，便完全脫離了。一九二五年，波普爾獲得初級學校教師文憑，一九二八年獲得哲學博士學位，隔年獲得中級學校數學及物理教師文憑。

納粹勢力崛起迫使他離開奧地利，一九三七年至整個二戰時期，他都在紐西蘭坎特伯雷大學任教。一九四六年波普爾前往英國，在倫敦政經學院擔任邏輯及科學方法論教授。一九六五年獲封爵士。一九六九年正式退休後，他以作者、廣播主持、講師身分持續活躍，直到一九九四年逝世。

1971

正義論

A Theory of Justice

「不管多講究、多實際的論點，一旦不屬實就必須被否決或修正；同樣的，不管多有效率、妥善完整的法律和機構，一旦不正義就必須改革或廢除。」

「人必須事先決定他們如何管理彼此的主張，以及共同社會的基礎憲章為何。就像人必須透過理性思考決定由什麼構成他的善，也就是他所追求的理性目標體系，因此必須由一群人決定正義或不正義。」

「正義的普遍概念沒有控管哪一種不平等是被允許的，只要求必須修正每個人的處境。」

總結一句

好的社會不只是提供個人自由，而是能透過給予每個人平等的機會，減輕必須倚靠運氣的生活。

同場加映

傑瑞米·邊沁《論道德與立法的原則》（7章）
約翰·洛克《人類理解論》（30章）
約翰·斯圖亞特·彌爾《論自由》（33章）
柏拉圖《理想國》（38章）
尚-雅克·盧梭《社會契約論》（41章）
彼得·辛格《拯救生命》（46章）

40

約翰・羅爾斯

John Rawls

約翰・羅爾斯被視為二十世紀最重要的政治哲學家，《正義論》對「公平」議題的絕佳處理方式，就是讓它成為倫理及政治哲學的關鍵文本。

然而，因為他依循彌爾的模式，堅持個人自由之必要性，羅爾斯的著作中並沒有提倡以任何社會主義的方式，重新分配財富及權力，反之，他更重視機會平等，此書提出一個知名的疑問：如果公民被暫時剝奪社會地位（他們的財富、處境等等），被告知要以最公平的方式運作及組織事物，會發生什麼事？會和現在的社會有所不同嗎？

這個絕妙的提案正是《正義論》的核心。首先，我們先了解羅爾斯對正義社會的基礎概念，由兩大原則建構：自由及平等。

最初立場及兩大原則

作為政治哲學家，洛克及盧梭的「社會契約論」對羅爾斯的影響甚鉅，公民願意放棄他們的自由，換取國家的保護及秩序。

在這些論點中，「自然狀態」是任何法律體系或正義首要的最初立場，舉例來說，盧梭比較了立基於法律的社會，其生活狀態的利與弊，結論是失去的遠比得到的更多。

一群自由的人聚在一起想像能讓社會被公正地管理的有效原則，羅爾斯提出與其相對應的「最初立場」。其中包含了效益原則（最多數人的最大幸福）、直覺原則（公民認為適當或可接受的）、以及利己原則（社會是被個人利益所管理）。

想像你也在這個團體中，在可交替互換的原則中，你必須在不確定性中做選擇，如果你對未來一無所知，又怎麼在為大眾減少傷害及發揮最大潛力的前提下管理這個社會？另一個角度是，如果這些原則都被你的敵人採用呢？例如說，如果我們以利己原則作為社會基礎，某些人覺得太棒了（有很多資源及優勢的人），但另一些人則覺得糟糕透頂。

羅爾斯提出一個正義的社會必須依循這些原則：

❖ 必須有基本自由（例如言論、集會、宗教自由）

❖ 自由必然導致不平等，所以必須為貧困的人提供優勢，例如公平的機會。

支持這些原則的「首要條件」，就是只有得到其他自由時，自由才能被限制。如羅爾斯所說：「必須以不太廣泛的自由，強化所有人共享的自由體系。」

第二個首要條件是，正義必須遠比效率或效益成果更為重要，特別是，平等的機會比實踐社會成就更為重要，否則某些政府可能會執著於人民利益。而個人遠比大眾更為重要，不管社會的總體收益為何（效益主義的方式），它仍舊是次要的，或者說每個人都有機會展現的成果。

無知之幕是通往正義的路

羅爾斯說，現存的理論中最大的問題是，負責運作者的偏見與成見達成所謂正義社會。為了解釋這一點，他提出知名的「無知之幕」。

社會中每個人都自願暫時的失憶，當無知之幕襲來，他們會忘記自己是誰，也忘記自己在社會中的地位，而公平就成為他們的主要考量。羅爾斯說，在那之後，如果有人知道自己其實很富有，他們就會想推翻稅制或社會福利政策，不只因為這會削減自己的財富，也因為他們看事情的角度不一樣了，認為這些福利都是不正義原則。而無知之幕排除了這些偏見，讓每個人都在盲目中生活。

無知之幕下，我們知道終有機會站上好的地位，這點非常有吸引力，卻不是好的想法。舉例來說，為了保護自己不成為被壓迫的農奴，我們必須選擇為人民提供機會，能生活得更好的社會，不管我們站在哪裡，都有足夠的空間讓我們更上層樓。這個理性的決定不單單為了自己，也為了家庭及下一代，為了所有會受到影響的人。

正義即是公平

羅爾斯的立場是「正義即是公平」，他認為這是社會契約論的繼承者，但與效益主義式的正義不同。社會機構存在不僅是為了維持秩序或保護財產，也為了達到正義效果。然而，羅爾斯反對效益論的「優勢總和」，因為它並沒有充分關注個人權益。對羅爾斯來說，善不該建立於少數人失去自由的基礎上。

他假設某一社會缺乏資源，因此誰取得資源，取得的資源多寡，都會成為關鍵議題。有些人可能會負面看待「重新分配」，但羅爾斯將其置於「社會正義」的角度，這牽涉到權利與責任，以及「適當分配好處及社會合作的負擔」。

儘管人們不同意構成正義及公平的要素，但他們同意應該由正義來管理社會。羅爾斯說，對大多數人而言，「正義的機構在指派基本權利及責任時，不會獨斷的區分人的差異，在互相競爭的社會生活中，制定規則以維持適當的平衡」。

現有機構的問題在於他們傾向圖利特定的人，不是這些人值得被善待，單純因為他們含著金湯匙出生，佔有先天優勢，而社會正義的主要任務，就是移除人們遭受差別待遇的不可控因素或特質。羅爾斯堅持自由理念，他從未表示理想社會必須絕對平等，而不平等的情況及財富，只能出現在完全平等的競爭環境下產生的結果。機構運作或許需要階級制度，但必須得在充分自由地取得工作或職位後，才能開始運行階級制度。立基於升遷表現的社會或許很理想，但唯有提供平等機會展現個人才能，才能達到理想社會的樣貌。

創造正義社會

《正義論》第二章，羅爾斯想像理想社會中的公民，決定了正義社會的基礎原則，他們開始工作、制定憲章、編撰法律。只有在這個過程後，揭開無知之幕，所有參與的人才能知道他們在社會中的地位為何。

強調自由讓社會成為美國憲章的迴響，它確實看來就像個自由民主國家，有立法者、自主法庭等等，其它特色包含公立學校、最低薪資標準、開放且有競爭力的經濟、防壟斷機制。正如「正義儲存原則」，這一世代的人必須為後代留下資本。

第三章中，羅爾斯說明以公平正義為基礎的社會，也會是良好穩定的社會，因為所有公民都會發現社會幫助他們成長，對每個人的家庭也有所助益，公平正義是一種黏著劑，將所有人聚集在一起。人類心理學也同意這個論點：如果我們看到公平有益於每個人，人們會避免涉及違反社會及法律的行為，活在正義體制下的自己感受到正義帶來的好處，立基於公平社會既有的個人利益，也有公眾利益，與盧梭思想相應，羅爾斯說：

「想表達我們的本質是崇尚自由平等的理性存在，只能以權利及正義原則為首要條件，如此行動才能實踐目標。」

成為良好秩序的正義社會一份子，我們反而感到自由，不需要為生存或自身權益抗爭，有更多時間追尋生命中的美好事物。

最重要的是，以公平正義為基礎的社會，也相當符合我們的道德天性，如果我們的心在對的位置，其他的善也會隨之而來。效益論觀點的問題是將自己視為滿足欲望的機器，但這並不是良好社會可行的長久之計，反之，羅爾斯將我們高尚或卑賤的本性都納入考量，才能提出這樣的觀點。

總評

羅爾斯試圖以兩大原則達到平衡，增強平等機會同時也保有自由，只要不平等存在，社會就會為貧苦的人提供最大的利益。但許多人也說，社會為了拉近平等，意味著政府的權力越大，必然箝制自由。

一九七四年羅伯特・諾齊克（Robert Nozick）所著的《無政府、國家與烏托邦》（*Anarchy, State and Utopia*），其中的自由宣言指出了羅爾斯原則中的自相矛盾：

「個人擁有權利，沒有任何人或團體可以對他們做什麼（違反他們的權利），這些權利是如此強大且深遠，於是他們提出疑問，如果國家或官員要有所作為，個人能為國家犧牲多少權利？」

犧牲個人權利是為了國家防治暴力、偷盜、詐欺、及強化契約效益這些基本需求，再多就會迫使人們為了更多好處而做些什麼，但人們不一定同意為之。即使羅爾斯觀點中極度強調自由，評論家卻說，現實是他為福利優渥的國家提供基本原理，必須為貧困的人提供平等的機會。換句話說，羅爾斯哲學為利己主義者提供完美的籌碼，像利己主義哲學家艾茵・蘭德（Ayn Rand）的政治理想，許多評論家認為這會使社會及公民墮落。

不管你的看法如何，《正義論》良好的動機及善意是備受肯定的，它的觀點及想像力讓它成為柏拉圖《理想國》的現代版，兩者都提供對正義社會的想法，《正義論》主張人人平等，《理想國》則重視菁英階級的知識程度。儘管內容不同，羅爾斯的「無知之幕」就像柏拉圖的洞穴論，是哲學中另一個絕妙比喻。

約翰・羅爾斯

羅爾斯出生於一九二一年，成長於巴爾的摩（Baltimore），他的父親是傑出的律師，童年飽受疾病所苦，兩個弟弟也不幸早夭。

羅爾斯就讀康乃狄克州（Connecticut）的肯特中學，後就讀普林斯頓大學，他是非常優秀的學生，也曾經考慮就讀聖公會的中學。一九四三年以頂尖成績畢業後，前往太平洋戰區服役，曾在日本目擊美國轟炸廣島後的慘況。

在普林斯頓大學取得哲學倫理學博士學位後，羅爾斯曾在普林斯頓大學任教數年，之後獲得傅爾布萊特獎學金前往牛津大學，在那裡深受評論家及政治哲學家以賽亞・伯林（Isaiah Berlin）的影響。羅爾斯也曾到康乃爾大學、麻省理工學院任教，後在哈佛大學取得教授職位，在哈佛大學教授數年期間，影響許多重要的哲學家，如瑪莎・努斯鮑姆（Martha Nussbaum）及湯瑪斯・內格爾（Thomas Nagel）。

其他重要著作如一九九三年《政治自由主義》（*Political Liberalism*）、一九九九年《萬民法》（*The Law of Peoples*），將他的正義觀運用在國際事務中，二〇〇一年《作為公平的正義》（*Justice as Fairness: A Restatement*），以及其他許多重要文章。

一九九九年，美國總統比爾・柯林頓頒發總統國家人文獎章予羅爾斯，褒獎他的思想「幫助整個世代的美國人，重新燃起對民主的信心」。同年，羅爾斯獲瑞典科學院頒發邏輯學及哲學領域肖克獎，等同於該領域的諾貝爾獎。

二〇〇二年羅爾斯逝世。有一顆小行星即以他命名，名為「16561 羅爾斯」（16561 Rawls）。

1762

社會契約論

The Social Contract

「放棄自由如同放棄人性，也放棄了作為人的權利與責任。」

「社會公約沒有摧毀自然平等，與之相反，以道德與法律上的平等，彌補自然強加於人類的不平等，無論身體與智力如何不平等，人可以透過契約與權利達到平等。」

「人生而平等，是自己的主人，沒有人能以任何藉口，未經許可強迫他人。主張奴隸之子生而為奴者，就是主張自己並非生而為人。」

總結一句

自由社會養育公民，公民因而變得高尚，但也為了整體需求而放棄部分的個人自由。

同場加映

諾姆・杭士基《理解權力》(10章)

尼可洛・馬基維利《君王論》(31章)

約翰・斯圖亞特・彌爾《論自由》(33章)

柏拉圖《理想國》(38章)

約翰・羅爾斯《正義論》(40章)

41

尚－雅克・盧梭

Jean-Jacques Rousseau

盧梭、德尼・狄德羅、伏爾泰同為法國啟蒙時代的代表人物。盧梭的興趣極為廣泛，他的政治哲學著作影響尤其深遠。

在盧梭開始反對君主制的「君權神授」及「自然狀態」前，他與約翰・洛克、托馬斯・霍布斯（Thomas Hobbes）算是一脈思想，一樣相信主權屬於人民，但霍布斯與洛克的想法與盧梭不同，他們接受統治者是得到某種同意（君權神授）的說法，而盧梭的想法更實際一點：如果人民確實擁有權力，則應為人民掌管統治之權。

日內瓦出生的盧梭，調查了當時的政治情勢，在著名的《社會契約論》第一頁寫下：

「人生而平等，卻無處不是枷鎖。以為能主宰他人者，比起他人更像是奴隸。」

由盧梭的言論，不難理解他最終為何被法國及瑞士驅逐出境，歐洲傳統體制默默潛藏於人心中，奠定每個人在社會上的地位，他們無法容忍歐洲體制受侮辱。

盧梭思想對法國大革命有重大影響（他死後法國授與最高榮譽，並葬於萬神殿），他的思想也領先特定歷史情境。從捷克斯洛伐克的天鵝絨革命[1]到阿拉伯之春[2]，人民展現對自由與參與政治的熱情，顯見盧梭思想成為當代文化的一部分。

社會秩序與好處

盧梭的社會契約或公約，以「無論身體與智力如何不平等，人可以透過契約與權利達到平等」為基礎，也就是說，唯有在法律框架下運行，人民才能受惠。人可以在自然狀態下得到快樂（不文明的方式），但無法開發自己的潛力，唯有社會才能提供環境發展人類美德，美德則可以提升人類水平。政治平等及自由並不是天生權利，而是最高階的人類或社群需要這種權利，它們才會存在。

盧梭認為除非法律存在，否則不可能實現自由。他在《山中書簡》（*Lettres écrites de la montagne*）中寫道：

1　一九八九年於捷克斯洛伐克發生反共產黨民主化革命，沒有大規模的暴力衝突即完成政權交替，故稱天鵝絨革命。

2　二〇一〇年由突尼西亞開始的阿拉伯世界民主革命，但最終唯有突尼西亞完成民主轉型，其他國家則陷入動亂。

「自由不在於自己的意志，而在於不受其他事物脅迫，也不讓別人受自己脅迫。」

穴居人從他的洞穴往下看，只看到城市中的種種限制，無法欣賞文明帶來的高度發展。人類離開自然狀態而放棄的東西（隨心所欲，搶劫、偷竊都不會被法律約束），比他獲得的補償更多，但也因個人願意為國家放棄自由，不安定、妄為的存在，會被正義及不可剝奪的財產權取代。

社會中，人類被要求以責任、理性、同理心取代本能及衝動；而自然中，人類是「蠢笨且乏味的動物」，他們加入以法律及平權為基礎的社群，成為「聰明的人類」，人類只能在國家的框架中才能好好生活，而好的社會也能提高公民水平，「靠個人偏好治理國家等同實行奴隸制度，而遵守法律時就是自由的展現」。

權力及暴力何時合法？

盧梭的時代，普遍毫不質疑地接受「強權即是公理」。《社會契約論》中，他試著戳破這個空洞的說法：

「暴力是物理力量，我不知道它如何能產出道德。屈服於暴力是必然的行為，但絕非自願，所以這必須是謹慎的行為。由此，強權怎麼能成為道德責任呢？」

根據「服從手握權力者」的原則，盧梭提到，只要權力減弱，就沒有服從的道理。讓服從成為責任的唯一方法，就是擁有權力的人同時擁有眾人認可的道德權威。因此，他說「既然沒有人對同伴有天生權威，既然暴力本身沒有權力，人類所有合法權威就必須立於契約之上。」那麼，若統治者的權威自上帝而來呢（這種想法至十八世紀都還存在）？盧梭幽默地回應：

「所有權力都來自上帝，我同意；同理，所有疾病也來自上帝，那我們就不能去看醫生嗎？」

盧梭以人民與專制君主間的協議來舉例說明，人民想得到的是「生活平靜的保證」，卻發現君主往往不擅長統治，總是打仗浪費公眾資金，把人民當砲灰。盧梭說，即使想與君主做協定，也不能代表他的子孫一同協定，因為他們生來就是自由的，「只有他們自己有權作主」。

個人意志與普遍意志

盧梭認為，忠於君主的問題在於，君主統治不夠透明，也沒有確定性。公民契約總是暴露於風險之中，君主一時興起就足以毀壞契約，因此民主必須建立於每個人都願意為整體人民或國家放棄個人權利，相較於君主獨裁，法治對人民更有利。

不過，為國家放棄個人權利，可能會發現個人意志與普遍意志不同，個人與國家間的社會契約要求「拒絕遵循普遍意志者，受到整體約束仍必須被迫遵守」，盧梭更明白地說：這樣的人會被「強迫自由」。

這就是盧梭說極端民主反而像獨裁的地方，雖然根據他的立意確實良善，但只有議會主權及普遍意志，才能確保民主社會妥善運行，盧梭將全體意志（所有人想要）與普遍意志做出區分：全體意志可以簡單總結為所有人的利益及欲望，但普遍意志是大眾的共同利益，人人皆能受惠的層面，所有人的欲望會互相平衡，在混亂之中廣泛的公眾傾向就會浮現。盧梭提出警告，我們應該時時警覺某部分團體利益變得太具威脅性，偏離了普遍意志（看看現今政府幾乎被遊說團體與公會操作，盧梭真的非常有遠見），一個受全體公民支持的國家，就應該為全體公民而存在，而非為團體或個人而存在。

盧梭警告，社會是被對立的觀點與衝突所分化，沒有人願意將個人意見置於普遍利益之下，而現今許多成熟的民主體制反而不健康，演變為政黨之爭，而非合作精神。盧梭成長於瑞士，他以瑞士為典範，特別重視政府中真正參與議會的人，但他沒有預見今日遲滯的民主選舉，僅以政黨作為代表，缺乏個人實質參與。至今，每當我們聽到政府中有貼近人民的發言，那就是盧梭思想的回音。

總評

霍布斯認為人民必須選擇被統治或是保持自由，盧梭則說兩者兼具是可行的，你可以保持自由，只要你的「統治者」站在你這邊（公民的議會形式會訂出法律）。評論家說，在盧梭年輕時所熟悉的瑞士可能可行，但以現實社會來說過於樂觀。儘管如此，他的整體願景仍然深具影響力。

盧梭確實睿智地不企圖決定政府的理想形式，因為世界會根據人和國家而有所不同，然而在「論好政府的標誌」一章中，他給出了指標，好的民主政府應該是什麼樣子？會有龐大、繁榮的人口，他們在自己的領域中感到安定且自在，若是這種情況，治理結構的準確性質就是理論問題了。

只要有人還生活在君主體制之下，《社會契約論》就仍有價值。君主經常覺得建立和平就是好的表現，但盧梭說「真正繁榮物種的不是和平，而是自由。」只要人民依然「因循桎梏」（維持絕對君主或獨裁統治），他們就會不停的活在統治者隨時可以傷害人民的衰退國家中。雖然大型戰爭、飢荒或其他事件會不停發生，但人民基本上是否自由，可以從健全、長遠的體制中窺見一二，這才是最重要的。

《社會契約論》也是對現代民主的永恆警示，個人變得不夠獨特，過於黨派化，過度美化自己的行為，盧梭說：

「大眾集會的意見越是和諧，普遍意志就越佔優勢；反之，爭辯不休、意見分歧、動盪不安，則顯現特定團體利益正處於優勢，而國家正在衰落。」

對抗君主制度的有利武器，也是病態民主的補品，盧梭為我們留下不朽的讀物。

尚-雅克・盧梭

盧梭出生於一七一二年，母親在他出生幾天後即去世。盧梭的父親以撒從事製錶業，是他灌輸盧梭閱讀的熱情，尤其是古典文學。

十六歲的盧梭是名雕刻學徒，但他相當討厭他的老闆。在旅行至法國邊界薩瓦（Catholic Savoy）時，盧梭與貴族女性華倫夫人結識，可以自由來去她家中的圖書館，上音樂課，進而成為一名音樂老師，同時也是華倫夫人的情人。盧梭二十多歲時一直發展他的音樂生涯，創造了新的記譜系統，直到三十一歲才有政治相關經驗，為法國駐威尼斯共和國大使工作，但不是正式職位，當時的盧梭覺得自己就像個僕人。回到巴黎後，盧梭與他的洗衣婦交往，兩人共生了五個孩子，但都被盧梭送去孤兒院。

一七四九年，在他的哲學家朋友德尼．狄德羅（《百科全書》的主編）慫恿之下，盧梭參與徵文，也贏得比賽，轟動文學界。盧梭也是非常成功的芭蕾舞劇、歌劇作曲家，一七五二年時甚至引來法國國王路易十五觀賞他創作的歌劇。

盧梭對教育非常感興趣，一七六二年發表了知名作品《愛彌兒》（*Emile*），傳達如何教育孩子，才不會讓孩子覺得自己特別優越，因為每個人都是一樣的。盧梭因批評教會作為及教條，受到教會抨擊，被迫離開巴黎，因而患了偏執症，在好友休謨邀請下，奔走至英國避難，但後來也與休謨發生爭執。晚年回到巴黎，寫下他的經典自傳性著作《懺悔錄》（*Confessions*），這本書在他死後數年於一七七八年正式出版。

1930

幸福之路

The Conquest of Happiness

「除了少數例外，幸福不像成熟的果子，會憑藉罕見、幸運的機緣，主動掉進嘴裡。」

「對很多人來說，從天而降、不需努力，或許是個人幸福的最佳泉源。」

總結一句

幸福來自將我們自己投入生命之中。降低對自我的關注，自我是造成不幸福的主因。

同場加映

亞里斯多德《尼各馬可倫理學》（2章）

路德維希·維根斯坦《哲學研究》（49章）

42

伯特蘭・羅素

Bertrand Russell

伯特蘭・羅素是現代備受讚譽的哲學家、數學家，他寫出不朽著作《數學原理》(*Principia Mathematica*)(與懷德海合著)，以及許多邏輯學重要的學術文章，還有暢銷著作《西方哲學史》(*A History of Western Philosophy*)。在劍橋大學時，他是哲學家維根斯坦的指導教授，也是大力支持共產主義(在他與列寧和托洛斯基認識之前)的知識份子，主張解除核武。

六十多歲時，羅素接受了他的爵位，曾有過四段婚姻，也是知名的無神論者。羅素活到九十八歲，長壽讓他有足夠的時間測試哲學、政治思想上的合理性，將思想運用於生活中。

這就是《幸福之路》的意義。近年來，有大批關於幸福的書籍，大多以實證研究為基礎，羅素沒有這些資料，他的哲學乘載著真理，讓他的人生極度充實、豐富、非常幸福，也許羅素的人生就是這本書最好的廣告。

如何變得更幸福

《幸福之路》一開始，羅素說小時候的自己並不是快樂的小孩，他最喜歡的讚美詩是「塵世可厭，重負罪孽」，少年時他曾寫下：「我憎恨人生，總是處在自殺邊緣，然而，我卻被想理解更多數學的欲望束縛。」

一年又一年過去，羅素的幸福感隨之增加，他沈浸在自己喜愛的事物中，放下那些不可及的願望，但他說最主要的原因是「降低自我關注」：

「關注於自我會導致沒有進取性的活動，這或許會鼓勵你持續寫日記，做心理分析，甚至是成為一名修道士，在修道院的常規使修道士忘了自己的靈魂前，修道士是不會感到幸福。」

幸福會因自省而縮減，它依賴著我們與他人疏離的信念，然而幸福必須透過認同自己的熱情和興趣，以及創造他人福利更甚自己的福利來獲得。羅素並不是從哲學中學到這個道理，而是人生經驗。某種程度上羅素的人生反映了維多莉亞時代的道德觀及罪惡概念。佛洛伊德認為，比起真正行為本身，壓抑性與愛的欲望對人造成的傷害更大，壓抑本能感受在有意識及無意識的心智中造成不協調，會用各種不健康的方式顯露出來。罪惡感讓我們自卑、孤獨，也會剝奪幸福感，一旦內心衝突造成困惑及阻礙，我們就無法達成任何外在目標。當然，人們的行為缺乏理性道德時，無法控制自己的行為，不幸福感也會出現。羅素認為，解決辦法在於採用不容迷信立足的「現代觀點」，以及只能在行為不會造成他人傷害的前提下行動。

錯誤造成不幸福

不幸福的原因不只是發生在你身上的事，反之，這是因為思考及觀點錯誤的結果，羅素說：

「錯誤的世界觀，錯誤的道德觀，錯誤的生活嗜好，破壞了對事物天生的熱情與興趣。但不管是人類或動物，都仰賴它們而獲得幸福感。」

不幸福的心理因素有很多，最常見的是年輕時缺乏正常生活的滿足感，由於最重要的正是這種滿足感，所以重點在於實踐這個目標，其他的行動都可以放一邊。

有些人認為，世界的狀態讓他們沒有理由快樂。然而，羅素說：「事實上，他們是因為不自覺的理由而不快樂，導致認為正是生活世界的狀況讓他們不快樂。」

均衡人生

大多數人不為生活奮鬥，他們為成功而奮鬥，商人會說為生活奮鬥，是賦予微不足道的事情一點尊嚴，羅素說：

「當人們全力奮鬥，他們害怕的不是明天早上沒有東西吃，而是不能贏過旁人。」

為了達到幸福，透澈的觀點和均衡的人生最為重要，單單追求金錢不會帶來幸福，只會使人厭倦，若要發展並實踐我們的潛能，就必須對知識有興趣。

羅素說，比起成功更重要的是幸福的必要因素，不需努力就能滿足所有奇想的人，是得不到真正的快樂。羅素總結：「幸福不可或缺的部分，就是缺少一些你渴望的東西。」

苦悶

渴望刺激、冒險是人類的天性，羅素說，特別是男性。在文明過程的狩獵階段，這種感覺很自然地被滿足，農業時代到來後，苦悶感也隨之襲來，機械時代稍稍減低了這種倦怠感，但沒有減低害怕苦悶的恐懼感。因此，苦悶成為倫理學家的一大難題，因為至少一半的罪惡起因於恐懼苦悶。羅素大膽推論，大多數的戰爭、屠殺、迫害，都是渴望從沈悶中逃離的結果，他說：「忍受苦悶的能力是快樂人生的必要條件。」童年的快樂應該從努力與創造力的活動中獲得，所以像劇院、電影院這種被動式享樂，應該盡可能減少，童年時培養「有所收穫的乏味」有很多好處，而非讓小孩一直接受新的刺激。

對成年人來說，像賭博這種不自然的快樂來源，所得到的快樂不會長久，能讓人與自然接觸的來源，才得到深刻的滿足感，都市人之所以飽受倦怠感，也是因為他們遠離了自然。

其他觀點

❖ 我們很難接受別人不認同我們對自己的高度評價，羅素說。我們知道別人有缺點，但總是期望別人認為我們是完美的，總是高估自己的優點，對權力及虛榮的欲望導致不幸福感。

❖ 愛的感覺給予我們幸福感，而不是愛的對象。「愛本身就是快樂的來源」，更重要的是，它可以加強所有美好的快樂感受，例如音樂、山林間的日出、滿月下的海洋。

❖ 我們的幸福源自身邊的人，除非人們的整體生活方式，以及世界觀得到社交關係較親近的人所認同，尤其是與他們生活一起的人，否則很少人能真正快樂。

❖ 自負的人不滿於失敗，謙遜的人則對成功感到驚喜，因此，最好不要抱持太高的期望。

❖對事物不再感興趣是一種疾病，即使它受特定環境引發，但最好儘速克服它。一個人對越多事情感興趣，得到幸福的機會就越大。

❖那些放棄父母關係的人等同放棄巨大的興趣，他們可能不快樂，卻無從了解原因。我們的下一代帶來延續性及團結感，讓你覺得「從胚胎開始就覺得自己屬於生命之流的一部分」，延續至未知的未來。羅素本人也有好幾個孩子。

❖其他幸福的必要條件、延續的目的源自工作：「沒有自尊幾乎不可能得到真正的幸福，而一個人若不齒於自己的工作，就無法建立自尊。」

❖人類生活的各個面向，不管是工作、婚姻、養育下一代，都需要外在努力，而正是這種努力才會帶來幸福。

總評

羅素對幸福的指示牽涉到很多要素，最重要的是在努力與放棄間的「均衡有度」。對所有事要求完美必然導致不幸福，有鑑於此（以他精妙的例子），聰明的人會忽略女傭沒有掃乾淨的灰塵，或者廚師煮得不好吃的晚餐，直到他能冷靜地處理這些事，如果我們讓自己從很多事中解脫，就能專注在我們可以改變的事物上。確實，如果能妥善處理各種不幸福的起因，就能常保快樂。

羅素（顯而易見）的結論是，幸福「部分取決於外在環境，部分取決於自身」，它來自食物、安全感、愛、工作、家庭、以及很多其他事物。羅素認為，既然幸福來源都在我們身邊，只有心理不平衡的人才無法得到快樂。

羅素更深入地說，不幸福是心智意識與無意識不協調的結果，也可能是個人與社會間的不平衡：「快樂的人不受任何一種失敗所苦，他的人格不會自我分裂，也不會與世界對立。」

綜合以上所述，從我們外向興趣中就可以找到幸福，減少以自我為中心的想法，避免嫉妒、自怨自艾、恐懼、自戀、罪惡感。有意識地關注這些感受，找出它們出現的原因，面對它們有助於克服一切。

以學術哲學來說，《幸福之路》不算是羅素的重要著作，但這是連結羅素這個哲學家，以及羅素本人的橋樑，由此看來，這是非常精彩的一本書。羅素贊同「中立一元論」，這是一個形而上的概念，宇宙中的所有事物都是一樣的「東西」，不管是物質還是意識。因此，我們並不如所想的那麼遠離群體，相信我們是獨立的實體也是導致不幸福的錯誤想法，因為所有令人不安的想法，都出自不必要的疏離感以及過度關注自我，當這種疏離的幻想被打破了，想不快樂也難。

伯特蘭・羅素

羅素生於一八七二年英國威爾斯，出生於一個具影響力、寬容的貴族家庭。羅素的父親是安伯雷子爵（Viscount Amberley），母親凱薩琳是英國奧爾德利（Alderley）第二代斯坦利男爵之女。羅素年僅三歲就離開父母，由家庭教師專門授課。

一八九〇年進入劍橋大學三一學院就讀，聰穎過人的羅素很快引起大家注意，還是少年的他發表了關於德國社會民主的著作，在三一學院就讀期間提出「羅素悖論」，大膽挑戰數學集合理論的基礎。

一九〇三年，羅素出版第一本關於數學邏輯的重要著作《數學原則》（*The Principles of*

Mathematics），一九〇五年寫出《論指稱》（*On Denoting*）。一九一〇年出版與數學家懷德海（Alfred North Whitehead）合著的三卷《數學原理》，這本書讓羅素在邏輯及數學領域聲名大噪。

羅素是知名的反戰、反核人士，因此遭遇牢獄之災，也失去在三一學院及紐約城市大學（City College, New York）的教職。一九五〇年獲得諾貝爾文學獎。

羅素放棄了他繼承的大筆財富，但一九三一年接受並保留了伯爵爵位，羅素本人幽默地說，接受爵位只是為了方便在餐廳訂位。一九七〇年羅素逝世。

2009

正義：一場思辨之旅

Justice

「有時候我們認為道德論證是勸服他人的方法，其實也是整理自己道德信念的方式，藉此找出我們相信的是什麼，為什麼我們相信它。」

「正義無法逃脫主觀審判，正義的問題與名譽、美德、光榮認可這些矛盾的觀念息息相關，正義不僅關乎正確的分配，也是正確評估價值的方式。」

總結一句

政治的目的不僅僅是保護經濟狀況及個人自由，它應該幫助我們成為更好的公民，將道德價值奉為圭臬。有些事，錢是買不到的。

同場加映

亞里斯多德《尼各馬可倫理學》（2章）
傑瑞米・邊沁《論道德與立法的原則》（7章）
伊曼努爾・康德《純粹理性批判》（25章）
約翰・羅爾斯《正義論》（40章）
彼得・辛格《拯救生命》（46章）

43

邁可・桑德爾

Michael Sandel

邁可・桑德爾知名的哈佛政治哲學講座，以當今事例強調永恆、棘手的正義議題，扭轉了新一代對道德推論的興趣。《正義：一場思辨之旅》的主軸是：什麼事是對的？討論亞里斯多德、邊沁、彌爾、盧梭、康德、羅爾斯的論點，這些篇章本身就非常精彩，而桑德爾只是以這些論點打頭陣，為他的哲學設置場景。

誠如他的一貫作風，桑德爾在《正義》一開始，就用了令人玩味的例子，那就是二〇〇四年查理颶風侵襲佛羅里達州後的哄抬物價。颶風過後，平常只賣一袋二美金的冰塊，變成十美金；承包商要價二萬三千美金才肯清除屋頂上的樹；飯店開出比平常高出四倍的房價。有些評論家說，這在資本主義社會是可想而知的：需求上升價格就會上漲，直到供應商填滿不足，價格才會穩定下來。我們常見的反應是憤怒，因為趁火打劫的人非但沒有被懲罰，反而被獎勵。桑德爾認為，這種憤怒是針對不公正的事。

這個例子巧妙地描繪出這本書的輪廓：我們不只是經濟中的自我利益者，也是社會中的公民。佛羅里達州的居民憤怒，是因為我們大多數人都有共感，就是「透過剝削鄰居獲得經濟利益的社會，不是好的社會」。一個良善，或說正義的社會，會是相反的情況：在艱困的時刻，人們會不計代價互相幫助，或許只有在危急時刻，才會了解到我們的社會不僅僅為了效益主義者說的「促進社會福利」，而是還有自由主義者相信的「尊重自由」，或羅爾斯主義認為的創造公平而存在。社會也為了提升美德而存在，讓我們成為更好的人，這是桑德爾受亞里斯多德激發出的體悟。

城邦的目的

桑德爾特別提及亞里斯多德關心事物的目的性：它們的最終指向及目的，他的正義概念也存於目的概念中。亞里斯多德提出一個例子，每個城市都有一定數量的長笛，誰該擁有它？不該是城市裡最有錢、長得最好看、或最有影響力的人，而是最好的長笛手，因為長笛是為了演奏出好聽的音樂而存在，而社群或城市存在的目的，是為了讓公民的特質變得更好，創造良善的城邦，讓「善」成真。

桑德爾說，亞里斯多德對政治、倫理、正義的觀點，與現代最大的差異是：我們認為政治應該讓每個人獨立地選擇什麼是最好的。反之，亞里斯多德認為，我們被賦予說話的能力，必有確切的理由去辨別什麼是善及正義，並發表自己的看法。城邦能教化我們，否則我們可能會離群索居，像動物一樣活著，城邦給我們機會發揮道德美德及判斷力，沒有別的地方能有同等效用。桑德爾引用政治哲學家羅伯特・諾齊克（Robert Nozick）對當代政府的看法，他認為涉及到價值觀及信仰時，政府應該「謹慎地保持中立」。哲學家康德以及之後的羅爾斯，都發覺必須先定義人類權利及自由，而後才思考道德律及價值觀。亞里斯多德的思想中，城邦的目的是灌輸美德，如今卻會惹人猜疑，因為這可能威脅到個人自由。為什麼國家會干涉個人選擇？而誰又能定義美德是什麼？

一個自由、多元的政治文化，培養美德的想法幾乎是禁忌，因為這讓人回想起獨裁政體時，人們必須小心翼翼，不要碰觸到基本教義派的道德底線。而桑德爾說當時社會以自己的方式掃除隱蔽道德問題，這是相當不健康的做法。

完全個人自由的迷思

一九八〇年代，桑德爾曾帶頭批評羅爾斯及當代自由觀中的「無拘束的自我」，取而代之的是另一個觀點，讓我們充分理解社群在生命中的重要性。對桑德爾來說，當代過於強調個人自由，反而在我們同樣珍視的道德與政治責任之間製造矛盾，團結感、忠誠感、歷史都會向我們索償，就像哲學家阿拉斯代爾．麥金泰爾（Alasdair MacIntyre）在一九八一年的《德行之後》（*After Virtue*）所說，個人主義的錯誤在於假設「可以從社會角色及歷史地位中抽離自我」，桑德爾引用這本書中的一段話：

「我是某個人的兒子或女兒，某個人的表親或叔叔；我是某個城市的公民，我是某個工會或行業中的一員；我是某個種族、某個部落、某個國家的人。因此對我有益處的，必定也對同樣身分的人有益。家族、社會、文化遺傳到我身上，建構出我的生活，我的道德起始點。」

換句話說，我們不是憑空出現在世界上，而是作為某些事物的延續，故事的一部分而存在。終止或否認我們在故事中的角色，對現存關係有負面的影響，我們其實不如所想的那樣自由，那些根源及社會關係鑄造了自己，我們並非無拘無束的存在。

桑德爾已經表明立場（大家所知道的社會主義觀點），一再表示不支持任何道德規範毀掉個人自由的社會，他否認用「價值與美德」處理政治問題，會導致宗教保守派嘗試強加他們的觀點在別人身上，反之，他的觀點認為個人道德價值不能也不應該在現代政治生活中佔有一席之地，這是過於天真的想法，因為這些涵蓋了政治及社會議題的領域，從同性婚姻、墮胎、健康照護。桑德爾寫道：

「要求民主政體下的公民進入公共領域時，將他們的道德、宗教信仰拋開，似乎是確保寬容性及彼此尊重的一種方式。然而，事實卻相反。決定重要的公共問題時，假裝中立是不可能的事，也是引發強烈反抗及憤怒的原因。沒有實質道德參與的政治，會導致貧困的公民生活。基本教義派湧進了自由主義害怕涉足之地。」

這正是哲學家齊澤克在《活在世界末日》（*Living in the End Times*）中警告的：太多關於尊重他人觀點的政治正確性及自由主義是危險的，社會必須對領頭的道德方向有一些想法。就像桑德爾所說，「虛假的尊重」會助長怒氣，產生激烈的反抗，為了更健康的政治生活，我們應該要能挑戰他人的信念，也同樣願意挑戰自己的信念。

人類的正義

二〇〇八年美國總統大選中，歐巴馬從未表示當選不會影響基督徒價值觀式的思考，相反地，他說重大的社會問題透過「心念的轉變」得以解決，道德及宗教價值包含其中。桑德爾觀察到，如亞伯拉罕·林肯（Abraham Lincoln）、弗雷德里克·道格拉斯（Frederick Douglass）、馬丁·路德·金恩（Martin Luther King），這些美國偉大改革者都有的精神動力，因此世俗主義者要求信仰者進入公共領域前，拋開他們的信仰，是絕對錯誤的。歐巴馬的觀點讓他從當代的世俗自由主義中抽離，認知到生命不僅是追求經濟或人生的結局，而是透過道德或精神賦予生命意義，讓生命真正有價值的事物，大多都不是物質或金錢。

對桑德爾而言，「共善政治」是彰顯公民、犧牲、服務的價值，了解市場道德限度。在他看來，現代生活有太多問題，源自市場推論湧入不屬於它的領域：國家將士兵外包給承包商、公開市場販售腎臟、以現金獎勵學生、監獄以營利為目的，然而正義「不只是分配事物的正確方式，也是判斷價值的正確方式」。

桑德爾談到「Baby M」案例，一個美國女性願意為一對不孕夫妻當代理孕母，用男方精子生育孩子，但小孩出生後，她卻要留下這個小孩，隨之展開一場扶養權爭奪戰。自由主義觀點認為這名母親是自願簽下合約放棄小孩，而法律的主要目的就是保護合約，國家應該協助執行這個契約。第一次判決確實採取這個論點，但案子移交高等法院，第二次判決認為這個合約沒有建立在適當認知下，構成販賣嬰兒的事實（最後監護權屬於生物學觀點上的父親，但代理孕母有探視權）。

效益論者認為這名孕母與夫妻間的事情原貌應該是：如果這件事雙方都有益處，會有什麼問題？就像桑德爾說的，這個案例正好是應證康德觀點的事例，人不能作為達到目的的手段（孕母），或商品（孩子），孩子是夫妻想要達成的目的，而錢不能買到的事情中，應該包含小孩及女性的生育能力。這個案例點出效益主義觀點的缺失，有些事情不能根據用途來定義，事情本身就是價值所在，而不是作為他人的幸福才有價值，不僅是我們不該將他人視為物品，也不該視自己為物品。當國家立法禁止代理孕母、販賣腎臟、性交易、墮胎，桑德爾認為這是基於堅定的道德立場。以墮胎來說，社會可能認為母親的選擇更為重要，但仍需要以康德道德推論為背景進行論證。

效益主義導出一種「算計，而非原則」的政治，桑德爾說，他們根據虧損或利益分析而做出決定，最經典的例子就是福特汽車公司，努力將Pinto小車錯誤設計造成的損失及後續問題降到最低，Pinto

小車因為油箱位置錯誤，當後方遭撞時易引起爆炸，約五百人死於設計錯誤引發的爆炸中，因而受傷的人不計其數，後來證實福特工程師早就發現危險的設計錯誤，卻沒有採取任何行動，因為保護人命的利益遠遠不及維修每台車損失的十一美元，總共需維修一二五〇萬輛車，會花費一點三七億美元，而福特公司計算過，如果沒有修正車子的設計，每個生命值二十萬美元，每個傷者值六萬七千美元，總共一八〇人死亡，損失四九五〇萬美元。

桑德爾認為，道德應該是「人類對待他人的正確方式」，而不考慮最後結果，因為基本人權超越任何計算。彌爾讓效益主義更人性化，如這句話說：「它必須是效益的最大意義，人類作為持續進步的存在，必須立基於人類的永久利益之上。」桑德爾認為彌爾「拯救了效益主義將所有事情粗糙地簡化為計算快樂或痛苦的罵名」，但這只是「引援自人類尊嚴的道德理念，及效益主義中的個人獨立性」。最後，似乎效益主義觀點仍需訴諸更高的道德邏輯以證明其論點。

總評

桑德爾說，為了做正確的事，不同欲望或信念間的混淆是「哲學的衝動」，他同意作家艾瑞絲．梅鐸的結論，推論出我們的選擇可能會在過程中有所改變，但這不是簡單或緩慢的過程。然而，如果我們這麼做了，就能對我們的觀點更有自信，不只是「一團混亂或偏見」，像桑德爾說的，或者這只是自我一致性的行動。亞里斯多德式的論點中，思考或推理行為意味著我們正在實踐目的，《正義》可能讓你再次檢視你的假設或質疑你的偏見，幫你了解作為消費者和公民，其實完全不同。

邁可・桑德爾

桑德爾出生於一九五三年美國明尼阿波利斯，十三歲時舉家遷至洛杉磯。他在布蘭戴斯大學（Brandeis University）的成績相當優異，而後獲得羅德獎學金前往牛津大學貝里奧爾學院（Balliol College, Oxford）。

自一九八〇年起在哈佛大學任教，現任政府管理學講座教授。二〇〇二年桑德爾獲選為美國藝術與科學學院院士，二〇〇二年至二〇〇五年曾任美國前總統喬治・布希的生命倫理委員會顧問。二〇〇五年他的「正義」講座被拍攝成十二集的電視節目，二〇〇九年受邀拍攝英國廣播公司（BBC）的Reith講座，主題是公民意識及「政治共善」的願景。

其他著作包括一九八二年《自由主義與正義的局限》（*Liberalism and the Limits of Justice*）、一九九六年《民主的不滿：美國在尋求一種公共哲學》（*Democracy's Discontent: America in Search of a Public Philosophy*）、二〇〇七年《反對完美：科技與人性的正義之戰》（*The Case Against Perfection: Ethics in an Age of Genetic Engineering*）、二〇一二年《錢買不到的東西：金錢與正義的攻防》（*What Money Can't Buy: The Moral Limits of Markets*）。

1943

存在與虛無

Being and Nothingness

「人命定而自由，一旦被丟進這個世界，就該為自己的所作所為負起責任。」

「我必須為所有事負起責任，除了存在的責任，我並不是自己存在的根基。因此我被迫為所有發生的事負責，我被拋棄於世界中，就意義來說，我忽然發現自己是孤獨且無助的，不能拒絕承擔所有責任，且與世界互相抵觸。無論我做什麼，一刻也不能把自己從責任中撕開。」

「人類在行動之前並不存在；但人類存在，就是為了行動。」

總結一句

我們存在的核心中沒有基本本質。我們有足夠的自由，如自己所願地發展自我、創造生命。

同場加映

西蒙・波娃《第二性》（6章）
馬丁・海德格《存有與時間》（20章）
伊曼努爾・康德《純粹理性批判》（25章）

44

尚－保羅・沙特

Jean-Paul Sartre

存在主義經常成為「生命沒有意義」的諷刺題材，而存在主義的代表人物尚-保羅・沙特，卻是提倡人生而自由最偉大的哲學家之一。透過沙特最具象徵性的作品《存在與虛無》，這本艱難又頗具分量的著作，就知道這套論述不如想像中容易理解。

舉例來說，沙特將意識定義為「一個存在於自身的存在，而它的存在備受質疑，因為它必然包含其他事物，遠超於其自身。」存在的不可穿透性，顯然深受海德格影響，但這究竟是什麼意思呢？

我們可以從沙特將世界二分的基礎觀點開始理解：事物可以意識到自己「為己」存有；或者無法意識到自己（事物存在於自身，其他事物只是建構起世界的元素）。意識是為己存在的，因為它可以感知自身存在，而這本書大多談論的是這種意識，以及確實擁有意識的人類。

沙特核心思想是人類沒有必然的「本質」，人類分析自己的存在時，最終會發現自己什麼也不是。這團「虛無」是好的，代表我們擁有足夠的自由將自己塑造成想要的樣子；或者是壞的，表示沒有任何事物能阻止我們想做的事。沙特解釋：「人受命定而自由，承載全人類的重量於肩上，必須為全人類及自己負起責任。」

《存在與虛無》抓住了戰後法國舊體制正崩解的氛圍，法國現存的價值體系受戰爭影響而烏煙瘴氣，但其意義何在？沙特藉由此書發表新的觀點及對存在的定義，那就是人們可以選擇自己的未來。這顯然是一套嶄新的哲學，振奮了整個世代。

自由與責任

沙特說：我們不僅要為所作所為負責，更要挑起對全人類的責任，我們每一個人都活在明確的「計劃」之中，無論發生什麼都必須概括承受。他甚至說：生命中沒有意外。

例如若人們受徵召上戰場，不該將這場戰爭視為外來的事件，突如其來介入自己的人生，而該將這場戰爭視為自己的戰爭，我隨時可以自殺或奔逃來逃避這場戰爭，但為了某些原因（可能會被認為懦弱、懶惰，或者不想讓家族、國家蒙羞等），我選擇迎戰，因為「生命中缺乏這件事，所以我選擇面對」。戰爭倚仗戰士的存在，而我「決定」了戰爭的存在，將其視為剝奪我生命的一段時間，使我無法做想做的事（發展事業、建立家庭等）是沒有意義的，我參與了這場戰爭就該奉獻時間、扛起責任。沙特說：「我每天都可以選擇自己是什麼樣的人。」人類存在的狀態包含選擇自我，人們可能希望自己身處別的時空以逃離戰爭，但事實上他們是這個時代誘發戰爭的一份子，在其他時期還是可能發生矛盾。「因此，我就是這場戰爭。」我的人生展現了我所生存的時代，希望擁有別的人生是毫無意義、不合邏輯的幻想。

我們是「被遺棄」在宇宙間的，沙特說。焦慮來自理解我們並非「自身存在的根基」（譬如我們不能創造自己或選擇出生），也不能成為他人存在的根基，我們只能選擇自己存在的意義，將世界上所有事物都視為一種機會（無論是否採用或是生命缺乏的經歷）。即使是透過可怕的想法，那些理解到存在意義是可以被選擇的人，都擁有絕對自由，他們可以沒有藉口、懊悔、悔恨地度日，只能為他們的行為擔起絕對責任。

人類的終極目標是了解並感謝自己的存在與自由，其他作為替代品的目標像是「嚴肅的精神」，它將我們領向錯誤的想法，認為正在做的每件事都很重要。如沙特所說：「成功對自由而言並不重要。」想要擁有自由，我們不需獲得所求，只需選擇自由。

認為自己正在做的事都很重要，或者耗費生命企圖迎合某種社會普世價值是不好的信念，唯有憑藉人類的絕對自由，分秒都認真地為自己做選擇，將生命視為藝術般打造，才是真正了解身為人類的潛力所在。

沙特表示「人是已呈現及未完成的樣貌」，意思是我們無法逃出生命的「真實性」，人類存在的具體事實就是性別、國籍、階級、種族，這些給予生命的「協作逆境」，無論我們想要獲得怎樣的成就，都必須透過艱苦奮鬥而來。然而，我們也並非就是這些真實性的總和，面對全新、從未接觸的事物時習慣害怕退縮，因為長久以來我們用自己的方式評斷事物的價值、一致性或者特性，都是我們看待及感受世界的安全模式，但這是極大的錯覺，儘管存在於種種受限的因素，我們仍比自己所想的更加自由。

自欺

沙特另一個有名的思想是「自欺」。有兩種不同類型的欺騙，一種是一般謊言，意味著「說謊的人實際上完全掌握他隱瞞的事實」，欺騙的事物與世界上的某物相關，表達了我與他人相異兩者的觀點；另一種則是對某人說謊，是有意識的謊言，無關於欺騙者和被欺騙者間的差異。第二種欺騙與非黑即白較不相關，但更嚴重，因為它可能偏離了我們的自由。沙特說：

「那麼，自欺在表象上有說謊的架構。唯一改變一切的事實是，我隱瞞的真相來自我自己。」

自欺要求一個人接受表象價值，並拒絕完整地揭露事物找出真相，若非徹底的謊言，就是一種說服，要自己不要看得太清楚，避免發現不喜歡的事物。

沙特花了數頁篇幅駁斥佛洛伊德。佛洛伊德認為人的選擇及行為受潛意識的箝制，當沙特仔細地閱讀佛洛伊德的案例，他發現躺在這名維也納醫生沙發上的人們，都只是病態自欺的範例。另外一名維也納心理醫生斯泰克爾（Stekel）也認同沙特的觀點，他寫道：「每當我進行更深入的研究，我就更確定精神疾病的關鍵在於意識。」確實，沙特非常希望革新過去四十年的認知療法，它破壞了隱蔽需求及壓力其實是種妨礙，我們是可以掌控自己的思考。

然而，自由卻是包袱，這就是為什麼這麼多人選擇自欺的理由。沙特說，自欺或許就是生活的日常，只有偶然、短暫的時間會從自欺中醒來，這些自欺的人相當清楚自己在做什麼，卻選擇欺騙自己。他提出一個例子，女人要與男人第一次約會，儘管她並沒有試圖避免男人對她調情或表達愛意，同時她也不希望對這段關係做出明確的回應，那麼她該怎麼做？她繼續享受旖旎的夜晚，將男人的話語都轉為字面意義。當他說：「我發現妳好有吸引力。」她小心翼翼地不要接收到其他訊息（例如我想和妳上床，或者我想和妳認真發展這段關係）。他牽起她的手時，她不想抽回手，因為不想破壞這個夜晚，所以假裝自己沒有注意到他正牽著她的手，她將自己的身體視為一個物品，只有保存自由的功用，她沒有作出任何承諾，或者至少這是她選擇看待自己的方式。然而，在她的身體之外，或是這個情境的「事實」，從她不可知的自我（她的真我，如果你喜歡這麼說的話），她正在創造謊言，為了特定目的：保持自由的感覺，不作出任何承諾。

每個人隨時都在操作「自欺」與「誠實」，但沙特說透過「自我復原」可能可以達到本真性，意思是讓一個人「成為他們真實的樣子」。對這樣的人來說，坦白「不再是他的理想，而成為他的存在」，這不是自然而然地發生，人會變得更真誠，或者成為他們真實的樣子，就像一種有意識的行為。

保持單身或穩定交往中

這幾乎是想都不用想，就能回答的問題，但是為什麼人如此著迷於穩定關係呢？沙特的答案是，我們每個人都是獨立有意識的存在，但仍需要別人的重視，「實踐我們的真實性」。穩定關係的問題在於，我們試圖物化其他自由意識（他人），但這根本是不可能的。

沙特觀點的含義是，得到幸福或是成功地維持穩定關係的關鍵在於認清、包容他人的自由，儘管我們很自然地希望「擁有」對方。我們必須將對方視為自由的存在，而不只是真實性的綜合體，我們可以試圖讓對方情緒上或實質上地依賴自己，但無法掌控他人的意識，「如果崔斯坦（Tristan）與伊索德（Isolde）（亞瑟王傳說中的情侶）是因為一劑藥水瘋狂地墜入愛河，那他們的故事將變得乏味」，因為藥水讓他們失去自己的意識。

我們不僅僅希望掌控某個人，像個物品一樣，而對方也是有意識地渴求我們的自由，甚至沒有保證或誓言可以達到這個目的。事實上，沒有任何事可以比擬一個人將精神全然奉獻給另一人。如沙特所說：「情侶希望成為『被愛者的全世界。』」對另一人來說，「我必須是能讓樹木、水存在的原因」，我們必須展示自由的最終限度，讓他們自願不再看向更遠的地方。我們希望對方不以物品看待我們，而是一種無限的存在：

「我再也無法被視為世界中眾多『存在』中的『某物』，我必須是彰顯世界的理由。」

戀愛關係是如此強大，沙特說，因為他們一同將其中一人的虛無，轉為另一人的存在。簡單來說，我們與某人戀愛時，就像填滿心裡的空洞，我們依賴他者實踐我們的存在（否則我們只是虛無狀態）。我們在愛情中總是維持不安全感，是因為任何時候，我們只能成為許多事物中的某物，而不是戀人世界的中心。因此，對沙特而言，在客觀與主觀間的拉扯，就是戀愛中所有衝突與未解難題的核心。穩定關係是不停的舞蹈，戀人們希望在其中察覺對方的自由，希望將對方視為一個物品，若對方不再自由，就不再具有吸引力，某種程度上，他們若不是一個物品，我們就無法擁有他們，唯有認清對方絕對自由，才能說我們以某種方式擁有了對方。或許，將自己簡化為物品，自願受另一個人擺佈，以奇怪的方式達到人類的高度，這與人類自由本質相斥的給予——反倒像是一份獨一無二的禮物。

性慾與一般欲望

沙特認為性慾與性器官的關係，遠比生存狀態來得低。我們從出生到死亡都是有性的存在，但是性器官不能用以解釋我們的慾望。

我們渴望某人不僅僅是為了快樂，或將他們視為是愉快高潮行為的器皿，如前所述，我們渴望的是意識。一般欲望與性慾間有著極大的不同，沙特說，我們可以想要喝一杯水，喝到水的時候我們就滿足了，這很簡單，但性慾讓我們臣服。意識被性慾「塞滿」，換句話說，我們被入侵了。我們可以任由它發展，或試圖阻止它，不管是哪一種，性慾都與一般欲望不同，因為性慾涉及心智，而不僅僅是身體，因此，我們說性慾「掌控了我們」，或「淹沒了我們」，而不會用飢餓或飢渴等詞彙。

沙特將性慾比做克服睏意，是我們需要施展一點力氣才能克服的。意識讓出空間，只存在於身體中，或用他的話說：「欲望使自己以身體的形式存在。」發生性行為時我們希望對方只剩下情慾（所以我們也只展示情慾的一面），我們不僅希望對方褪去衣物或飾品，我們希望這個身體成為一個物品，不再變動：

「即使她赤裸著，也不會比一個舞者更以『肉體形式』展現自我。慾望是一種褪去身體活動、衣衫的企圖，以純粹肉體的形式存在，也意圖具化他人肉體。」

沙特說，愛撫「讓他人的肉體再生」，喚醒他們的慾望，同時了解我們也只是一個肉體，屬於這個世界，他以此形容心智與身體的交互作用：「意識被身體吞沒，身體被世界吞沒。」

總評

對一個人來說，欣賞某人的自由及存在狀態，遠比「資本式」成就更重要（例如沙特拒絕了諾貝爾獎），沙特的成就格外偉大，他說：「成功不及自由重要」，我們是否可以說，這是他為我們留下的成功祕訣？

不用說，絕對是的。除了個人自由的廣泛倫理，這個祕訣是「將我的行為置於決定論的網路中」，他的意思是我們必須接受我們出生的環境，並且願意踏出這個舒適圈。我們必須接受特定宇宙的紋理，追求有意義的人生過程，同時具備創造力。整本《存在與虛無》其實是個提醒，不要讓我們存在的明顯事實決定它的特色或本質，我們永遠是自己創造的一部分，沙特實踐了這個哲學，他的父親在他相當年幼的時候去世，沒有雙親期待的壓力，他認為自己有足夠的自由，依照自己的心意，塑造自己的樣子。

與他們對所有資本家、中產階級的批評前後一致，沙特與他的追隨者西蒙．波娃終生未婚，也沒有養育小孩，他們的同一信念，讓他們成二十世紀最令人稱羨的伴侶。他們的人生大半都住在同一棟公寓中，丟顆小石頭就能敲到對方的窗門，每天都有數小時相互陪伴，他們承認很難分清楚他們的著作中，哪些是沙特的思想？哪些是波娃的？他們對存在、愛、關係的想法至今仍是最透澈的思想。

尚－保羅．沙特

沙特出生於一九〇五年法國巴黎，他的父親為海軍服務，在他年僅一歲時逝世。沙特由母親養育，母親的堂哥是知名哲學家、傳教士阿爾伯特．史懷哲，沙特的外祖父是一名醫生，祖父讓他認識許多古典文學的知識。

沙特就讀頗負盛名的巴黎高等師範學校（Ecole Normale Supérieure），在那裡讀了亨利．伯格森的《時間與自由意志》（*Time and Free Will*），激發他對愛的哲學。沙特受黑格爾、康德、齊克果、海德格影響頗深，在學校中幽默風趣的沙特也是知名人物。一九二九年他認識了西蒙．波娃，當時波娃在索邦大學（Sorbonne），這段關係雙方都各自有其他緋聞，也各有其他戀人，包括同性及異性。

二戰期間，沙特受徵召擔任氣象兵，後成為敵方的俘虜，但因為健康因素而解除兵役。《存在與虛無》產於作品富饒的時期，同期還有一九四三年《群蠅》（*The Flies*）、一九四四年《無路可出》（*No Exit*）、一九四四年《Anti-Semite and Jew》。一九四五年寫作《自由之路》前，他曾與存在主義學者阿爾貝・卡繆短暫交流，《自由之路》是以哲學及政治觀點論戰爭的三部曲小說。其他重要著作包括一九六〇年《辯證理性批判》（*Critique of Dialectical Reason*）。

沙特四處遊歷，曾造訪古巴與前總理斐代爾・卡斯楚（Fidel Castro）及切・格拉瓦（Ernesto "Che" Guevara）會面。一九六四年他拒領諾貝爾文學獎，但諾貝爾獎仍授獎予沙特。沙特有抽菸及吸食安非他命的習慣，使他的健康狀況每況愈下，一九八〇年沙特逝世，安葬於巴黎蒙帕納斯公墓（Montparnasse Cemetery）。

1818

作為意志和表象的世界

The World as Will and Representation

「世界就是我的表象：這是真理，適用於每個活生生、有認知的存在，但唯有人類可以將其帶入能反思、抽象的意識中。一旦人類開始這麼做，就能明白哲學式的洞察力，越來越清楚且確定的是，人不會知道太陽和地球的存在，只知道有眼睛能看見太陽，有手能感覺地球，圍繞著人類的世界只是一個表象，如果有任何可以被表達的先驗真理，唯有這個真理。」

「客觀世界，作為表象的世界，不是世界的唯一一面，而是它外顯的一面，可以這麼說，世界也有完全不同的面貌，就是它的內在、它的核心、它的本體。」

總結一句

進步的人會根據意志（或自我）盲目的要求而活得較短，因為他們追求永恆、超越自身的事物。

同場加映

亨利・柏格森《創造進化論》（8章）
馬丁・海德格《存有與時間》（20章）
伊曼努爾・康德《純粹理性批判》（25章）
柏拉圖《理想國》（38章）
路德維希・維根斯坦《哲學研究》（49章）

45

亞瑟·叔本華

Arthur Schopenhauer

在《作為意志和表象的世界》第二卷一開始，叔本華引用了哲學家塞內卡（Seneca）的名言：「無論是誰，在他的思想中在意年紀的人，都無法影響多數人。」雖然叔本華影響了作曲家理查·華格納（Richard Wagner）、哲學家尼采、佛洛伊德、愛因斯坦、維根斯坦，但叔本華一生都是單打獨鬥的學者，並沒有獲得大眾的注目。在叔本華的時代，最知名的哲學家就是黑格爾，難相處的叔本華自然輕視黑格爾與他的思想。而他引用塞內卡的名言，意思是：「別讓黑格爾這樣的哲學家引導你的思考，現在看起來他可能是對的，但長遠來看這並不可信。反之，我可以給你既正確又永恆的世界觀。」

叔本華年僅二十多歲時寫出《作為意志和表象的世界》，是非常卓越的成就。一八四四年出版了增訂版，內容是原版的兩倍之多，他的餘生也持續在修改增訂這本書，而基本思想則從未改變。他曾明白告訴讀者，這本書必須讀兩次，「它傳遞的是單一思想，儘管我費盡心力，除了這本書，再也找不出更簡短的方式傳遞這個訊息。」

叔本華深受柏拉圖及康德影響，但讓他在西方哲學家中脫穎而出的，卻是他對古印度教及佛教文本的深厚知識，他創造了東西方最早、最有價值的思想橋樑。同時他也是位很聰明的作者，讓他的思想易於理解，即使是非學術性的讀者也能讀懂，使得出版二百年後，此書仍擁有廣大的讀者且獲獎無數，融合了學術性的精準及叔本華個人思想。

表象與真實

要了解叔本華，必須先回溯至康德，他認為確實有表象世界，我們可以透過感官感知到表象世界，而此外的萬物為物自身，存在於感知之外的外在真實存在。鑑於我們受制於感官，我們不可能真的知道「世界自身」，叔本華接受這個論點，但他認為我們可以透過理性，弄清楚真正的實體（也就是「本體」）。

相較於多采多樣的世界中，有各式各樣的物體及感知，本體必須有一致性，並超越空間及時間。叔本華說，我們認為非常真實的東西，其實只是表象或內心投射。這完全倒置了一般思維，我們幾近透澈地掌握永恆的實體，以及非常符合邏輯的表象、條件、或表象世界（「真實」世界），任何缺乏永恆的現實或實體，不是面臨死亡，就是必須改變形式。

而叔本華說，表象世界並不是一團混沌，而是根據「充足理由」或原因及效果定律來運作，只要我們承認活在因果關係的世界，它就是完美的解釋，即使這是心智預測的結果。確實，充足理由的原則是阻止表象世界成為毫無希望的錯覺。叔本華說，即使時間及空間的法則假定世界的一部分並沒有外在真理，它們是物自身，但卻是解釋時間及空間現象的好方法。時間並不真的存在，但對於我們觀察者而言，它似乎存在，沿著時間及空間的規模，它必須架構出表象世界。對叔本華而言，康德的「物自身」概念，與柏拉圖在洞穴論中的「形式說」極其相似。

時間及空間裡的一切都是相對的，時間裡的某一刻，只有在這一刻到來之前或之後才有相關的現實，而空間中，只有某物與另一物相關時才有現實。西方傳統思想中，叔本華引用了赫拉克利特的觀察，萬物皆有外在變化，沒有固定的現實；而東方思想方面，叔本華則引用了印度教的「瑪雅」概念，世界只是投射或幻想，非常容易被觀察者誤解。不僅是空間或物質世界，都是觀察者看見的表象，時間也是如此。他暗地挖掘死對頭黑格爾的思想，叔本華說，歷史並不是對已發生之事的客觀陳述，或是導向特定目標或企圖的過程，而是透過觀察者之眼訴說的故事：「過去和未來就像夢境一樣空泛、不真實。」

叔本華的意志

對叔本華來說，「意志」是表象世界的內在存在，將自己用一種盲目、無目標式的表達，就是生存的意志。異於傳統意志的意義，意志應該被視為持續尋找出路的能量，它不僅表達了人類的奮鬥，也有動物、植物、甚至無生命世界的生命力量。

獲獎作品《附錄與補遺》（*Parerga and Paralipomena*）中，叔本華檢視自由意志的問題，他寫道：

「在主觀上，每個人都認為他只做自己願意做的事，但意味的只是他的行為純粹是自我本質的純粹表徵。」

我們的意志僅僅表達了我們是誰、我們的性格，我們無法做出任何與性格不符的事。動機並不是全然自由的選擇，因此不能說我們有自由意志。確實，我們做出很多行為時，其實並不真的知道為什麼而做這件事。對一般人來說，「意志讓他能持續穩定、積極地生活，與他的意志目標一致。這就是大多數人的生活。」

佛洛伊德對叔本華的影響顯而易見，佛洛伊德認為人類是受潛意識需求主宰的生物，他的「自我」概念顯然與叔本華的意志觀非常相似。

意志可以被超越嗎？

與大多數哲學家相反，他們會將生命力量或意志視為中立或積極的詞彙，但叔本華認為這是負面力量，如果我們要到達某個目標，必定要超越它。叔本華說「強大的意志強度」必然導致痛苦，因為意志來自欲望。反觀善良、聰明的人認同無形、真實，他們認為自己只是永恆精神實體的肉體表現，而邪惡、愚笨的人則完全認定自己的肉體及意志，這樣的人相信他們是獨立個體，有自己的主權，與自己相較之下，其他人事物都不那麼重要。然而堅守個體意志，不如推動眾人和萬物的普遍意志，過於相信自我會招致充滿幻象的人生，無法感知到表象世界只是一個大型架構，在那之後才是真實：

「在這個形式中，他看不到看似一體的事物的內在本質，而它是分裂、分離、無數、極端不同及對立的現象。」

這樣的人傾向看到事物的反面，總是作出強烈的批判，尋求快樂避免痛苦，卻沒有意識到這樣只會招來痛苦，最終他們會發現，他們生活依據的個體原則，其實就是恐懼的根源。

那些以群體的方式感知世界的人，會找到通往自由之路。了解自己對他人、對自己做了什麼，唯有發現沒有「我」，並反射於行為上，我們才能從生、老、病、死的輪迴中解脫，並從時間、空間、因果的束縛中解脫。聰明的人將善與惡、快樂與痛苦視為多元、表象的同一性表達。他們能否定個人意志（或自我），並了解他們並不是獨立於群體之外的人，如此一來就能維持平衡的人生。

超越的方法

叔本華認為，超越「我」就是超越意志的關鍵，最簡單的方式就是透過禁欲或苦行生活，讓一個人從意志、欲望、肉體的殘暴力量中轉向。儘管如此，值得慶幸的是，透過自然或藝術，我們還有另一條路可走。

一般人的心智狀態會持續分析、推理、評估，但實際上，最好讓我們的心智能全心全意地專注於當下。舉例來說，看著一個景觀時，我們可能會在物體中迷失自我，「我們忘記個體性、意志會持續存在著，就像一個純粹的主體、一個客體的反射。因此，我們不再能將感知者從感知中抽離，兩者須合而為一。」

叔本華說，剩下的不只是存在於其他客體的物體，而是事物的「觀念」，也就是它的外在形式。迷失於觀看它的過程中，觀察者不再是一個個體，而是與觀念共存的人。世界忽然變得如此清晰且充滿意義，只因為我們看透本質的外在表象。藝術可以隔絕重要的觀念或事物，以明確的方式表達它，照亮超越理性及因果之後的全體。而另一方面，唯一能關注表象世界的是科學，它永無止盡地提出疑問，也永遠無法給我們滿意的答案。

叔本華將天才定義為「保持純粹感知狀態的能力」，忘記個體自我，只存在於想像狀態的時間中，看見宇宙永恆的觀念。不可避免地，當我們回到成為個體的自我經驗，我們會對所有擁有生命的事物抱持同情憐憫之心，這種對他人的感覺，是超越意志或自我的方式，因為過著有同理心的生活，我們就沒有太多時間去擔心自己。

總評

此書寫於歐洲傳教士前往亞洲各地努力讓人們信奉天主教之時，《作為意志和表象的世界》是叔本華的知名預言，這樣的著作就像「在懸崖上發射砲彈」一樣充滿力道。他認為，西方智慧會回流到歐洲，「創造知識及思想根本上的改變」。

他是對的。雖然天主教在南亞取得的成就超乎他的預期，東方宗教及神祕主義也在西方世界中有巨大、顯著的影響，相較於西方思想中的原子論、分類觀點，整體觀發展得尤其廣大。

一般大眾對叔本華的想法是「極端悲觀主義者」，因為他主張意志沒有積極目標，但往好處想，人類的經驗顯然是種持續性的挑戰；往壞處想，這是一連串毫無意義的痛苦。他不曾假裝這個世界以及人類動機不是它們呈現的樣貌，正如知名的悲觀主義作家，約瑟夫．康拉德（Joseph Conrad）、屠格涅夫（Ivan Turgenev），同時也是存在主義者。但是叔本華的結論不完全悲觀，反而能振奮人心：我們唯有依賴於表象世界（「真實世界」），將其作為真理的泉源，才能證明這是讓人如此痛苦的一條死路。儘管我們是時間及空間中的存在，但弔詭的是，除非我們超越了這些架構，才能擺脫種種束縛。

亞瑟．叔本華

叔本華於一七八八年出生在今日波蘭的格但斯克（Gdansk）。五歲時因為格但斯克將被普魯士接管，舉家搬至德國漢堡。原本預計會跟隨父親從商，接管家族事業，一七九七年至一七九九年間，他與父親同住在法國一段時間，也住過英國、荷蘭、瑞士、奧地利。但一八〇五年父親自殺，叔本華因此依照自己的心願開始就讀大學。

叔本華在德國哥廷根大學（Georg-August-Universität Göttingen）就讀醫學系，同時修讀哲學課程，學習柏拉圖及康德思想。他在柏林待了兩年，跟著哲學家費希特（Fichte）學習。叔本華在耶拿大學（University of Jena）的博士論文主題是《四種充足理由律》（*On the Fourfold Root of the Principle of Sufficient*

Reason）。完成《作為意志和表象的世界》後，他回到柏林，成為一名自由講師。大學講課期間，叔本華與黑格爾同在一所大學，他刻意將課程時間和黑格爾課程排在同一時段，意圖分散黑格爾的學生，但學生都放棄了叔本華的課，他的學術生涯也就此停滯，多虧父親的遺產才讓叔本華得以度日。

叔本華的母親是一名作者及名媛，在他的一生中，母親的名氣始終大過叔本華。雖然他與母親的關係並不融洽，但也是母親的關係，讓他得以與文豪歌德書信來往，並與其他作者、思想家交流。

為了逃離奪走黑格爾性命的那場霍亂，一八三一年叔本華離開柏林，定居法蘭克福。而《附錄與補遺》獲獎，終於為他帶來渴望的名聲。叔本華於一八六〇年逝世。

2009

拯救生命

The Life You Can Save

「大多數人都一致肯定，看到溺水的孩子會毫不遲疑地救他，為此我們可能會付出相當大的代價。然而，每天都有數以千計的孩子死亡，我們把錢花在我們認為理所應當的事上，如果他們不是近在眼前就忽略他們的困境，這是錯的嗎？如果確實如此，我們必須為窮人負起多大的責任呢？」

「施捨給陌生人，尤其不在自己的社群中的陌生人，或許很善良，但這不是我們必須做的事。以基礎論點來看，如果上述行為是對的，那麼我們的可接受行為就必須以新的角度看待，一種不利於我們的角度。有閒錢去聽一場音樂會或買一雙漂亮鞋子，吃一頓不錯的大餐配好喝的紅酒，或是去遙遠的地方度假，這些都會成為錯誤的行為。」

總結一句

以系統為基礎幫助需要幫助的人，是美好生活中重要的一部分。

同場加映

亞里斯多德《尼各馬可倫理學》（2章）
約翰．羅爾斯《正義論》（40章）
邁可．桑德爾《正義：一場思辨之旅》（43章）

46

彼得・辛格

Peter Singer

每天上班的路上，你都會經過公園裡的池塘，天氣熱的時候小孩會在裡面玩耍。有一天早上，你看到一個小孩拍打著水面，似乎溺水了，如果奮不顧身跳下水救這個小孩，剛買的新鞋就毀了，衣服也會弄髒，上班一定遲到。

彼得・辛格的實踐倫理學課程上，學生們異口同聲地說，應該要下水救那個小孩，其他事情沒有那麼重要。然而，如果我們對這類事情的正常反應是，當然要救小孩一命，這只是錢可以解決的事，那麼為什麼我們浪費那麼多錢在無謂的事情上（買很多雙鞋、出外吃大餐、重新裝修房子）？或者，辛格講白了：「你選擇花錢在這些事情上，而非捐給援助機構，是不是代表原本你可以救下小孩的性命，而你放任他自生自滅？」

這類難題是辛格效益哲學的核心，這位澳洲出生的普林斯頓大學教授，因一九七三年出版的《動物解放》（*Animal Liberation*）而被大眾知曉，他極端理性的立場引發爭議，例如否定人類生命的神聖性，以及提高靈長類動物的權利，因此當他開始關注世界貧困議題，必定產生有趣的結果。《拯救生命》非常易懂，也概述了辛格廣大的哲學思想，是了解辛格哲學絕佳的切入點。

正視事實

辛格並沒有忽視過去五十年來不斷增長的繁榮景象，這期間有數以億計的人口脫離貧困。一九八一年，世界上每十人就有四人，屬於金字塔頂端族群；到了二〇〇八年，變成每四人中有一人。儘管如此，仍有超過十四億人口，每天生活所需不超過一點二五美元（約三七點五新台幣），世界銀行的貧窮線顯示，即使東亞的生活水平快速地成長，薩哈拉沙漠以南的非洲地區仍有一半的人口非常貧困，近三十年來完全沒有成長。

此外，辛格指出「窮人」在已開發國家的意義，與其他國家大不相同。在富裕國家中的窮人，依然有自來水、電力可使用，依然能獲得基礎醫療照護，他們的孩子也可以免費就學，大多數窮人的家裡都有電視和汽車，即使三餐吃得不好，也不會真的餓肚子。而發展中國家的窮人，貧窮意味著許多時候沒有充足的食物，很難有乾淨的水源，幾乎沒有醫療照護，即使有充足的食物，也可能營養不良，造成孩子永久性的腦部損傷。

貧窮國家中五分之一的孩子無法活過五歲，而富裕國家只是百分之一。數以千計的孩子死於麻疹，一種易於治療的疾病，但死亡率如此之高，只是因為父母們無法負擔醫療費用。辛格說，對父母而言，明知可以預防，卻只能看著孩子漸漸虛弱走向死亡，感覺是多麼難受。

透過辛格舉出的種種事例，雖然「大多數人認為有義務為無辜他人減輕正在承受的痛苦，造成自己一點（或很多）損失也在所不惜」，但我們似乎只在眼前有狀況發生時才會這麼做。如果要按照這種方式生活，就必須以邏輯取代直覺：

1. 假如人們因沒有充足的食物、水、或醫療照護而瀕臨死亡，在沒有太大損失的前提下，你有能力阻止事情發生，就應該這麼做。
2. 捐款給援助機構，既可以直接拯救生命，又不會造成太大的損失。
3. 因此，不捐款給援助機構是錯誤的行為。

行動的責任

為了證明他的觀點，辛格提出意料之外的例子：宗教。他提出聖經中有三千個減緩貧困的參考資料。阿奎那（Aquinas）說，除了自然需求外，無論我們為自己及家庭擁有什麼，「都是自然之光的恩賜，該給予窮人的食糧」。希伯來文的慈善一詞（tzedakah），包含正義的意思，也是為了達到美好生活，提供生活所需的期盼。《塔木德》中提到，慈善是所有戒律的總和，猶太人應該將收入的十分之一拿出來做慈善；穆斯林的天課（zakat）及捐獻（sadaqa）中，也有慈善的概念；而中國傳統思想更不乏傳遞慈善訊息。辛格說：「我們對需要幫助的人有很強的道德責任，這並不是新興的想法。」給予並不只關乎慈善，也是「我們的責任及權利」。

面對這個觀點：「提供金錢或食物會導致依賴性」，辛格也同意，他認為我們應該只在危急時刻，例如旱災或水災時，才援助金錢或食物，幫助建立永續的收入或耕種食物更重要。另一個觀點是，考量世界之前，必須先滿足自己（慈善從身邊做起），辛格認為我們很自然地希望貢獻給家庭、朋友、當地社會，但以道德觀點來看並不合理。

辛格提到這個論點：人們應該自己做決定，而決定沒有對錯之分，辛格認為這是很薄弱的道德相對論，如果我們能拯救一個孩子的生命，這是一種責任，可是若有一個人看著孩子溺水卻不為所動，我們只能說這是「選擇自由」，事實上，我們都會認為這個人「瘋了」或「他很邪惡」。

為什麼不能付出更多？

辛格指出，各種心理因素會導致付出不足，與捐助貧困相比，人們看見飢餓孩童的照片時，會更願意挺身而出。他提到德蕾莎修女的名言：「如果看著一大群人，我一定不會有所行動；但眼前有一個人需要幫助，我就會伸出援手。」我們很少為遠方國家發生的天然災難感到不安，因為沒有太多的情感連結，舉例來說，亞洲海嘯發生時，美國人總共捐助了十五億美元，但過幾年卡崔娜颶風侵襲紐奧良時，援助金高達六十五億美元，想要幫助自家人或同種族的人是我們進化的一部分，所以立即地提供協助是可以理解的，然而在即時通訊如此發達的時代，這樣狹隘的眼界就不再合理了，如今我們可以在晚間新聞上看到災情，幾天之內我們捐助的金錢就能實質地幫助到遠在地球另一端的人們。

辛格也想到一種情形，如果我們的付出就像「石沈大海」，也會影響到付出的意願。「徒勞因素」意味著，當我們的捐助可以幫助一百人中的五十人，我們捐助的意願會高於幫助一千人之外的兩百人。總共能救助多少人不是影響付出意願的原因，援助的力量以及因為得到幫助而好轉的人生，才是影響付出意願的主因。

心理研究證明，人們傾向照顧自己而非陌生人，辛格說這絕非是不提供援助於陌生人的理由。問題關鍵在於我們應該做什麼？我們的付出不該只是情緒行為。有些傳統思維強調匿名才是付出的最佳形式，辛格反而建議要「廣為人知」，創造以付出為名的新崇拜將更被世人接受及期待。

你的小孩還是我的小孩？

考量到這些錢可以拯救多少生命，辛格想知道我們是否可以證明，將孩子送去昂貴的私立學校或頂尖大學是合理的。只有這個孩子接受高等教育後能幫助到許多人（不管是直接幫助貧困或是提供金錢幫助都可以），我們才能證明這樣的行為是合理的，而非只為自己帶來好處。這個問題牽涉到另一個大議題，就是我們如何衡量自己與其他孩子的生命？例如說，我們花四百倍甚至四千倍的金錢在自己孩子的身上，遠超過某處極其絕望的貧苦孩子，這是否意味著我們孩子的價值比貧苦孩子多出四千倍？辛格的結論是，我們永遠不會避開人性來思考，我們明明可以像愛自己孩子一樣，照顧其他的孩子，但是不能為其他孩子提供基本需求時，我們也不能提供奢侈品給自己的孩子。

然而，辛格不是共產黨員，也不是極端社會主義者。舉例來說，他不提倡高稅率，對讓世界更富裕的企業家致敬，辛格也認為當你正開創一個事業，可以產出更多財富時，最好少捐助些，換句話說，這個當下你或許可以減少貧困，但也會減損未來減少貧困的效益。

如何給予

我們該付出多少？辛格說，全世界有八點五五億個有錢人，他們的收入遠高於葡萄牙成年人的平均收入，如果每個人每年只捐助二百美金，全球貧窮人口將減半（不是短期救助，而是讓貧困族群能持續改善生活），二百美金不算大錢，只要少吃幾頓大餐，或每個月省下二十美金。

辛格將矛頭指向世界億萬富翁的荒謬揮霍，先不說數千萬的大型遊艇和私人飛機，他特別提到電信業企業家阿努什．安薩里（Anousheh Ansari），只為了在太空待上十一天，足足花了兩千萬美金；而微軟的創始人之一保羅・艾倫（Paul Allen），他的遊艇耗資兩億美金，有六十名永久僱員，碳排放量也相當驚人。辛格說：「是時候停止這種花錢模式，生活在愚蠢但無害的虛榮心中，應該開始將這種行為視為嚴重缺乏關心他人的證據。」

辛格說了關於克里斯・埃林傑（Chris Ellinger）及妻子安妮的故事，他們創辦了名為The 50% League的機構，其中成員都承諾會捐贈至少一半的私人財產。成員除了有百萬富翁，網站上還提到一對夫妻，生活在低於美國薪資水平四萬六千美金（約一百三十萬新台幣）的日子中，因為他們把賺到的錢通通都捐出去了。捐贈者說：

「過上無趣且毫無意義的人生很簡單，但我現在的生活充滿付出的熱忱，充滿意義。」

總評

辛格以他的朋友亨利・史匹拉（Henry Spira）作為這本書的結尾，他是動物權利及社會正義的提倡者，他臨終前說：

「我想，基本上每個人都希望自己的人生，不僅僅建立在消費性產品和製造垃圾上；我想，每個人都希望回過頭時可以說，我盡了全力為所有人打造美好的世界。你可以從這個觀點看：減輕痛苦及苦難是最好的動力。」

三萬名美國人的調查中顯示，將捐贈視為生命中一部分的人，其中43％會說他們「非常快樂」，這個數字與從事慈善的志工相似。似乎印證了釋迦牟尼的名言：「讓你的心向善，一再地為善，就會充滿快樂。」而《拯救生命》的重點之一，就是我們不應該看重付出的情感利益，而是看到它無庸置疑的道德價值。

辛格說，美好的人生不是健康、財富、新車、假期，而是了解到我們可以為世界做些什麼，創造更正義的世界，他的願景超越了學術哲學的藩籬，使他名列世界公認的頂尖智者之一。《拯救生命》提醒了我們，哲學為真實世界帶來的力量是多麼強大。

彼得．辛格

辛格出生於一九四六年，雙親為了逃離納粹迫害，從奧地利移居至澳洲。辛格在墨爾本大學修讀法律、歷史、哲學，後取得獎學金前往牛津大學，在牛津鑽研倫理學。辛格在牛津及紐約大學任教一段時間後，回到澳洲於墨爾本大學及蒙納許大學任教二十年。一九九九年起任職於普林斯頓大學生物倫理學教授。

其他著作包括一九七九年《實踐倫理學》（*Practical Ethics*）、一九八一年《擴大的圈子：倫理與社會生物學》（*The Expanding Circle:Ethics and Sociobiology*）、一九八二年《黑格爾》（*Hegel*）、一九八五年《*Should the Baby Live? The Problem of Handicapped Infants*》、二〇〇〇年《達爾文左派》、二〇〇七年與吉姆．梅森（Jim Mason）合著《「吃」的道德倫理》（*The Ethics of What We Eat*）。

1677

倫理學

Ethics

「特定事物只是受上帝屬性的影響，或是以明確、命定方式表達上帝屬性的樣式。」

「關於好與壞的詞語，他們在自身中沒有指出正向的質量，只是我們在事物中的比較形成了思考或觀念的樣式。因此，同一件事情可以同時好、壞，或者毫不相關。例如說，音樂對憂鬱的人有所助益，但對哀傷的人有害，對聾的人便無關好壞。」

「調節、整理情緒時，人類是脆弱的，我稱之為奴役：當一個人成為情緒的獵物，他就不是情緒的主人，反而是受到命運的擺佈。」

總結一句

自由意志是錯覺，但通過掌握我們的情緒，懂得欣賞完美的普遍法則，就能迎向美好人生。

同場加映

山姆·哈里斯《自由意志》（18章）

哥特佛萊德·萊布尼茲《神義論》（29章）

47

巴魯赫·史賓諾莎

Baruch Spinoza

在神學就是一切的時代，巴魯赫·史賓諾莎的《倫理學》是西方哲學開創性的著作，提出自然主義觀點以及宇宙科學觀，以理性方式接近生命的選項，宗教不再是唯一選擇。這本書幾乎採用數學風格，與他希望為理性發聲的願景一致，複製幾何學論文形式，每個字詞都有清楚的定義，每個陳述都有「證據」。有許多後人學習這種研究哲學的方式，例如維根斯坦。

史賓諾莎認為世界依照嚴格的物理定律運行，不允許任何奇蹟，也沒有心智終點或目標，達爾文進化論就是以無方向性的自然揀擇作為依據，看到這個觀點，我們就能知道為什麼史賓諾莎被視為第一位真正走出舊思維的哲學家，他試圖丟掉教條、迷信，擁抱自然宇宙論。他也提供了一些答案，例如宇宙的非個人運作似乎沒有留給自由意志空間，人可以生活更好並提高自己的地位。

史賓諾莎完成《倫理學》時，謠言四起，一邊是神學派，一邊是笛卡爾追隨者，等書正式出版後兩方開始大肆攻擊。在這樣的氛圍下讓史賓諾莎二十多歲就被逐出荷蘭猶太教會，理由是他的「無神論」觀點，而其他與教會持相反立場的著作，也讓他決定不出版。

今日很難理解當時的大驚小怪，史賓諾莎的目標只是給予宗教、人類情感、自然更基本的對待方式，而這個過程中，他確實為上帝是否存在爭論許久，最終以呼籲「對神的理智之愛」結束。然而，史賓諾莎的上帝本質中有一個問題，上帝並不是《新約聖經》也不是個人救世主，而是非個人的「實體」，依據嚴謹、永不變的定律運行，不允許人類有特殊性。這種「泛神論」觀點（上帝以自然形式展現）清楚地分割了造物主與創造物的關係，與基督教教條大相逕庭。

現在我們來了解史賓諾莎的思想，看看他為什麼這麼有影響力。

宇宙以某種原因運作，人類也不例外

史賓諾莎假定萬物存在都有原因，萬物不存在也有不存在的原因。任何時候，萬物可能有存在的必要，或它根本不可能存在（以自然界來說，如果有明確大量的個體存在，為什麼是這些個體，為什麼不是更多或更少的數量存在，這些都必有一個原因），而人類通常無法辨識這個原因。

史賓諾莎寫道：「一個人是另一個人的原因（單純生物層面），但不是他的本質，本質才是永恆的真理。」因此，上帝是我們成為存有的原因，但祂仍然賦予我們保持存有的欲望，也就是我們的生命力量，它不該與意志自由混為一談，人類單純地是「以明確、命定方式表達上帝屬性的樣式」，人沒有任何辦法扭轉這個命定。很自然地，當一個實體創造出某物，心智中必定有個意圖，這個意圖就是某物的本質。因此，史賓諾莎說：

「自然界中沒有什麼是偶然的，所有事物都從神聖本質的必然性中，受命定而存在，以明確的方式產生影響力。」

人們認為他們是自由的，因為他們似乎有意志力、偏好、欲望，然而我們的生活中，很大程度地忽略了事物的真正原因，我們永遠不會知道真正的原因是什麼。對史賓諾莎來說，意志就像智慧以「思考的明確樣式」存在，我們的意志不能存在於自身：「上帝不會以意志的自由製造任何影響。」

我們的意志與物理定律一樣，與上帝相關：那就是意志一開始就放在首位，推動其他事物依序發生。史賓諾莎說：「事物可能是上帝以唯一的方式、唯一的秩序創造的，而非它們原本被創造的方式。」如果自然與它過去的樣子不同，那麼上帝的本質也必須與現在不同，意味著至少兩位或更多上帝必須存在，但這就太荒謬了。

史賓諾莎說，人類能夠感知事物發展的方向，「只是因為我們的知識缺陷」。因為「我們看不見原因的規律」，所以我們無法感知某物其實是必然存在，或者根本不可能存在。所以我們錯誤地相信，這就是意外。

然而，這並不代表上帝將萬物都安排為「善」，就像萊布尼茲說的那樣。史賓諾莎說，這是人類的偏見，他們喜歡相信上帝為他們安排好整個宇宙，迷信與宗教依序發展，讓人們認為他們可以讀懂上帝心中的最終因，可以一直得到上帝的喜愛，但追求這個是在浪費時間，不如尋求我們能踏實抓住的真理，例如說，透過數學，人類可以有「另一個真理標準」，合理化這個世界。

上帝的本質

史賓諾莎並不滿足於同不同意上帝是否存在的問題，他將自己強大的分析能力帶入這個問題，得出以下結論。

他將上帝視為「實體」，上帝就是自己的原因，不需透過其他東西帶入存有之中。因此，只有上帝全然自由，因為上帝獨立存在，其餘沒有任何事物是自由的，因為他們是被創造出來或命定存在。上帝是「絕對無限」，表達於「屬性」或形式的無限中，人類大多可以感知到，但不能看到某物的實體，只能看到它的屬性，意味著我們必須感知它。上帝的屬性是無盡、無限的，而人類的屬性則非常有限。

史賓諾莎說，如果上帝不存在，必須有很好的原因說明為什麼不存在，也需要有其他實體可以給予或取消上帝的存在，但是其他實體可能沒有東西能與上帝媲美（因此沒有超越上帝的力量），也就無法給予或取消上帝存在的事實，唯一能這麼做的力量存於上帝自身中，即使上帝選擇取消自己的存在，這個動作仍然可以證明上帝確實存在，而且這個矛盾不可能是絕對無限、極致完美的，因此上帝必須存在。

這些事物確實擁有力量，它們不缺乏力量。如果唯一存在的事物是有限存有，它們會比無限存有更有力量，但史賓諾莎說這並不合理，他的理由是：「不是根本沒有東西存在，就是無限存有必然存在。」所以結論是：

「能夠存在就是力量，緊接而來的是屬於事物本質的真實，它擁有更多力量，屬於自己的力量，生存下去的力量。因此，一個絕對無限存有或上帝自身，都有存在的絕對無限力量。因為這個原因，他必然存在。」

完美就是某物的身分，而不完美就會將其消除，上帝的完美讓上帝存在的事實更為清晰（反之，日常事物的不完美程度，表明了他們並不真的存在），存在物越能導致其他事物存在就越真實。因此，上帝做為萬物的創造者，是宇宙中最真實的存在。

宇宙沒有終點，也不因我們而存在

貫徹《倫理學》的概念之一就是「自然沒有預定終點」，史賓諾莎說的其實就是宇宙。雖然宇宙根據嚴謹的定律存在（所有事物以明確永恆的自然必然性運行，具有絕對的完美性），宇宙運行並沒有朝向特定目標。

史賓諾莎如何在他信仰於上帝完美的同時，讓信念與概念一致，認為上帝的宇宙沒有終點呢？如果上帝有全然力量，他是否會希望宇宙能達成某個目標？史賓諾莎提出巧妙的推論，他說：「如果上帝本為了一個終點而行動，他必然希望得到他缺乏的某物。」正因為上帝完美，也充分自我滿足，所以這個疑問是不合理的。

史賓諾莎也試著打破宇宙是為人類建造的概念，這個偏見意味著我們必須將萬物貼上好或壞、秩序或混亂、熱或冷、美或醜的標籤。事實上，如果神聖實體產出萬物，它們的本質都是好的，我們不能以我們的反應或判斷定義世界，是萬物定義我們。即使對秩序的感知是虛構，但毫無疑問的萬物都存在於秩序之中，史賓諾莎再次為當代科學世界觀開創一個平台，他說我們必須盡可能客觀地研究宇宙，拋開擬人論點。

人性的科學家

《倫理學》的第三章「論情感的起源與本質」，史賓諾莎將自己設定為人性的科學家，每個情緒都被詳細地定義。他說如果自然定律與規律是一致的，就必須運用在萬物之中，憑藉它獨特的精確性，史賓諾莎說：

「因此，討厭、憤怒、嫉妒等等的情緒，是依循與其他單一事物同樣的自然必然性與力量，我應該將人類行為與欲望視為線條、平面、主體的問題。」

所有情緒都來自三個主要情感：欲望、快樂、痛苦。剖析成千上萬的情緒狀態後，會發現它們「超越了所有計算」，他認為它們都忠於單一、明確的目標：確認一個人的身體是否存在，確認「我」存在。在笛卡爾的概念中，心智與身體並不是獨立的，這一點上，史賓諾莎預見了心理學觀點，情緒狀態的確是大腦、神經系統、身體感覺的產物，而不是「靈魂」的產物。

史賓諾莎感嘆，大多數人在日常生活中都被外部事件或情緒反應影響而疲憊不堪，《倫理學》的最後他說，如果萬物均依據前因或必然性發生，那麼我們就不該對任何事有太多情緒，因為萬物都是有所根據而發展，反之，我們應該建立一個架構處理這些情緒，了解情緒只是被另一種相同力量的情緒所克制。因此，仇恨必須被以「愛或崇高意識克服，而非以仇恨回報」。

情緒只會在阻止心智思考的時候才會變壞或造成傷害，最重要的是我們能選擇自己的反應。第四章中，史賓諾莎以「奴役」描述我們被情緒所困的狀態，無法將自己導向理智狀態。

變得自由

史賓諾莎不談論「道德」，只談論理性所做的事。他說，善或惡只是快樂或痛苦的感覺，能維持或強化我們存在之物就是善，減損就為惡。「罪惡」不是自然存在，它只存在於群體或社會中，但構成善或惡的究竟是什麼？答案是必須得到「大眾一致認同」，換句話說，罪惡只是違背已被認同的法則。史賓諾莎對「美德」的理解也非常現代，美德就是根據天性行動，或是「尋求對我們有益之物」。

到這裡，史賓諾莎的「努力」（conatus）概念就很重要。努力是某物希望持續存在的欲望，不是為生存奮鬥或「權力欲望」，是一種保持動力的簡單欲望。他說：「從此看來，顯然我們既不爭取，也不樂意，不想要，不奢求任何我們斷定為善的事物；反之，我們斷定某物為善，是因為我們爭取、樂意、想要、也奢望。」

幸福並非源自欲望或快樂，而是理性。理性包含了解我們自己，以及在我們智慧能及範圍，盡可能地了解世界，任何妨礙智慧成長之物都不為善。以人的面向來說，人應該強調「人類美德或力量，以及可以更完美的方式」，我們不該生活在害怕或逃避中，而是生活在尋求理性的快樂之中。

史賓諾莎在「完備」概念上做出區分，生命真理是我們透過洞察力或理性創造，進而導致的真正行動；而「不完備」就是導致我們行動的概念。以不完備概念生活會導致被動狀態，總是在情緒及事件的憐憫中，不是自由的存在。他提出一些例子：孩子一直想喝牛奶；生氣的孩子尋求報復；喝醉的人似乎說出胡話，之後又後悔。生氣的人、喝醉的人、嘮叨的人、小孩都一樣，他們不能阻止自己的衝動，大多數的例子，人類相信他們的決定但其實是欲望作祟，當然，也會「隨著身體變化而有變化」。透過自律及理性，我們的情緒被置於大環境中，檢視他們到底是什麼，也就是傳遞沒有基本真理的事物。透過對上帝的理性之愛（或保持心智專注於超越凡人的完美境界中），我們可以從虛構中分辨事實，從真實中分辨真理。

我們的生命目標是從不完備概念轉為完備概念，所以我們和上帝看宇宙的方式一樣，不受情緒及附屬物的影響。史賓諾莎預知認知心理學，也回應佛教，他說當我們著手分析強烈情緒，情緒對我們就沒有影響了。

智者的行動會超越激情與附屬物，也就是古羅馬哲學家塞內卡（Seneca）所說的「幸福生活」，受祝福的人生。史賓諾莎將自己的意志與穩定的情緒，與上帝自然法則一起做了一個對比；無知的人受貪欲與混亂所驅，永遠不得自知，「只要他不再受苦，痛苦也就停止了。」總之，依據理性而活的人，會比依據欲望生活的人更有貢獻。

智慧之路並不簡單，但也不會受人踐踏，史賓諾莎在《倫理學》最後一行寫道：所有絕佳的事物都一樣難得。

總評

愛因斯坦曾被問是否相信上帝，他說：「我相信史賓諾莎的上帝」，他的意思是宇宙不是個人或相關精神運作，而是非個人的自然法則。

在這樣的世界中，作為人類的意義是什麼？如史賓諾莎所見，清楚的含義是政府需要自由、開放、民主，允許絕對多元的利益及信仰，他的《神學政治論》（*Tractatus Theologico-Politicus*）出版於一六七〇年，其中就有宗教自然的基本原理。史賓諾莎生活的荷蘭是世界上最自由的地方，即使在那裡，史賓諾莎的自由思想仍為他帶來麻煩。

黑格爾及許多人都認為，史賓諾莎的思想以新形式標注了哲學的起點，對史賓諾莎來說，牛頓（Isaac Newton）也是表現他思想的最佳範例。這就是他的自然主義傾向，如果他重生於今日，我們相當確定他不會在他的著作中使用「上帝」這個詞彙，而會專注於宇宙運行完美無缺的定律上。

巴魯赫・史賓諾莎

具有猶太血統的史賓諾莎先人，為了逃離葡萄牙的宗教法庭，舉家遷至較繁榮的荷蘭。史賓諾莎出生於一六三二年荷蘭阿姆斯特丹，他的父親麥可是名非常成功的商人。

史賓諾莎在當地猶太學校接受良好教育，專注學習希伯來文、研究聖經及文法，原本要成為猶太學者（或稱拉比），但家中經濟衰弱，短時間內他的姊姊、繼母、父親相繼去世，延續父親事業的重擔忽然落在肩上，他擔起重責，同時也繼續自修，自學拉丁文，研讀笛卡爾。史賓諾莎開始懷疑他所受的聖經教育，以及靈魂不朽的信仰，當觀點逐漸形成，他的人生也逐漸改變。二十四歲時被逐出教會，即使是家人也不能和他說話，儘管社會與情緒壓力極大，史賓諾莎也從未向教會認錯。

雖然過著隱居生活，但據說史賓諾莎依舊非常親切有禮，有開闊的心胸，在荷蘭知識圈中也非常受歡迎，租屋住在阿姆斯特丹某條運河邊，樓下是畫家一家人，他自己以磨鏡片維生。史賓諾莎年僅四十四歲即去世，死於一六七七年，就在他與哲學家萊布尼茲會面後數月。《倫理學》則在他死後出版。

2007

黑天鵝效應

The Black Swan

「線性關係確實是例外：我們只在教室或教科書裡關注線性關係，因為它們容易理解。昨天下午，我試圖以全新的目光檢視周遭，將一天之中能見到的線性關係條列出來，但我找不到任何東西，就像有人要在雨林中找出四方形或三角形一樣。」

「身為靈長類中人類種的成員，我們渴求規則。因為我們必須縮小事物的大小，才能將其放進腦中。或者，遺憾地說，這樣才能『塞進』腦中。隨機資訊有更巨大的體積，更難以簡化。簡化的程度越高，需要的規則越多，隨機性越少。因此，簡化的相同條件，迫使我們去思考，世界其實沒有實際情況來得隨機。」

總結一句

我們希望世界看起來有規律，但無預警事件的頻率，透露了我們其實不知道事物背後的成因。

同場加映

大衛・休謨《人類理解研究》（22章）
康納曼《快思慢想》（24章）
卡爾・波普爾《科學發現的邏輯》（39章）
巴魯赫・史賓諾莎《倫理學》（47章）
斯拉沃熱・齊澤克《活在世界末日》（50章）

48

納西姆・尼可拉斯・塔雷伯

Nassim Nicholas Taleb

早期探險家還沒在澳洲西部發現黑天鵝前，人們都覺得天鵝一定是白的，甚至白色成為天鵝的定義。正如納西姆・尼可拉斯・塔雷伯在這個龐大、絕妙的研究中指出，你需要的只是一個變種，以推翻假設中的錯誤。

這個觀察是由休謨理論衍生出來，塔雷伯進而發展整個事件及因果關係論。他對「黑天鵝」事件的定義推翻了所有預期，並有極端的影響。最有趣的是，推敲出事實之後，人性會試圖合理地解釋它，彷彿這一切都在預料之中。

我們的歷史已經變成大型事件串在一起的故事，也沒有人預期到這點。舉例來說，沒有人預期到第一次世界大戰的嚴重性、希特勒崛起、蘇聯突然解體、網路普及、九一一恐怖攻擊，也沒有人預期到特定的思想、時尚、藝術會流行起來。塔雷伯說：

「僅佔少數的黑天鵝幾乎可以解釋世界上所有事物，從思想及宗教的成功，到歷史事件的動向，再到個人生活的元素。」

此外，黑天鵝效應日益增加，也是因為世界變得更複雜了，很低的可預測性加上強大的影響力，對人類心智造成很大的問題，因為我們的大腦構造只能專注於可知、可見的事物。

塔雷伯想像出兩個地方，以解釋我們看世界的方式，一種是「平常世界」，這是一個付出多少、收穫多少的地方，未來都在計劃之中，大多數事情都落在廣大的平均值中，另一個「極端世界」就是不穩定、不可預期、富者恆富的地方，這是我們實際生活的世界，接受這個事實就是好好生活下去的第一步。

作為「抱持懷疑論的經驗主義者」，塔雷伯的偶像是大衛·休謨、塞克斯圖斯·恩丕里柯、卡爾·波普爾，他曾批判學術界只專注於語言的哲學。塔雷伯說，我們在真實世界中無能為力，因為與世界共存，也與不確定性共存。

我們不知道的是……

黑天鵝效應企圖控制不確定性是無用的，不管是透過精密的金融算法來消除風險，或社會科學家的預測都一樣。想想你的人生：從遇見另一半，到踏入職場，都是有計劃且一步步落實的嗎？誰想得到你會被解僱、離鄉背井、過得充實或貧困？塔雷伯觀察到「黑天鵝邏輯讓不知道的事比起知道的事更為重要」，正是這些預料之外的事塑形了我們的人生。假設真是如此，為什麼我們仍然相信事情會依循過去的脈絡發展？他說，我們的心智正受到「三種不透明性」折磨：

❖錯誤理解：我們自認很了解世界上發生的事，實際卻不然。

❖扭曲記憶：我們在事件發生後，歸咎始末，編造故事，稱之為「歷史」。

❖過度重視事實、統計數據、分門別類：即使他們給出一張真實精細圖表，我們也不該騙自己這些東西可以預測未來。

我們根據被定義為正常的規則生活著，但是正常通常經不起考驗。當重大的事情突然發生，我們熱愛將事件的罕見性及不可預知性大打折扣，因為我們希望能解釋它。然而，除非在極端的情況下，我們才能看清一個人，同樣地，我們無法根據他的日常而判定罪犯的危險性。罕見或不尋常的事件會被定義為一個情況，而不是不管什麼都視為「正常」。

不僅僅是大眾看不出來發生了什麼事，就連所謂的專家和相關人士也看不出來。塔雷伯的祖父在內戰時期曾任黎巴嫩政府的部長，卻說他所知道的遠不如他的司機知道得多。塔雷伯並沒有企圖隱瞞「人類的認知傲慢」，就像企業執行長們認為企業成功全是他們的功勞，而非上百萬種的其他因素，包括從天而降的運氣。而這些成功事蹟都在商學院中大受讚譽。

塔雷伯說，沒有人預料到世界各個宗教的崛起，基督教學者們感到疑惑，為何早期羅馬編年史沒有提及他們的信仰；同樣地，又有誰能想到伊斯蘭教擴散的速度如此之快呢？歷史學家保羅・偉納（Paul Veyne）說，宗教散播的速度就像暢銷書，雖然如此，在我們心中它們就像一晃而過的風景，因為我們將這件事平常化了，而與這其中一樣的特性，代表著我們仍會被下一個新興宗教崛起感到震驚。

為了說明塔雷伯對極端事件的看法，他要我們設想一隻農場火雞的處境，這隻火雞每天都以友好的視角看待農夫，因為農夫每天都會提供充足的食糧，以及遮風避雨的地方，但牠的經驗完全誤導牠了，因為有一天，出乎意料地，農夫就是屠夫。這個寓言告訴我們，不管是多少人的經驗，過去的經驗無法透露未來會發生的事，今日表面上的「正常」是「惡意的誤導」。一九〇七年，船長愛德華・約翰・史密斯（E.J. Smith）說：「我從未見過沉船，從未讓船沉過，也從未面臨以任何形式結束災難的困境。」五年後，他掌舵的船沉了，那艘船名為鐵達尼號。

人類的大腦以經驗串連起各種假設，問題在真實生活中眼所能及的所有白天鵝中，就會有一隻黑天鵝出現。最好的方法是活在我們少數所知的範圍中，並時時警醒我們的推測可能有誤；重點不在於能不能預測黑天鵝事件，而是只需要花一點點精神隨時準備面對它。人性使我們會以微小且專注的適應力，對重大、不可預知的事件做出反應，試圖避免事件再次發生（如果是不好的事），或者想辦法讓它再次發生（如果是好事）。但更應該做的是探究我們不知道的事，我們為什麼不知道？塔雷伯說，人類想的比我們以為的更少，我們大多數的行為都是本能，不太可能了解黑天鵝事件，因為我們總是迷失在細節中，只以本能反應應對。所有事都起因於未知因素，「我們始終浪費時間在細碎的交談，專注於已知事物，且不停地重複這些行為。」

如何避免？

我們喜歡確定性，但明智的人知道確定性更難以捉摸，因為「了解如何在不完整的訊息條件下行動，是人類最高階也最緊急的需求。」

塔雷伯也說：「一連串的軼事是為符合故事而編造，不構成證據。」與其試圖證明我們存在的思想，如哲學家波普爾教我們的，我們更應該試圖證明這些都是假的，唯有這樣我們才能得到半準確的真相。金融投注時，像喬治．索羅斯（George Soros）這樣好的投資人，會嘗試找出原先各種假設中的錯誤。塔雷伯認為這是「看到世界的能力，而非為了尋找跡象而打擊自我」，就像真正的自信，他說：

「看到事實需要付出相當多努力，需要克制先入為主的批判，忍住不做多餘的解釋，而這樣理論化的疾病很難受控，這是很龐大的解剖學，也是生物學的一部分，對抗它等於對抗一個人的自我。」

這是可以理解的，我們必須制定很多規則，過分地單純化，才能將無止盡的資訊收納進規則中，再塞進腦子裡。神話和故事能幫助世界合理化，科學就不同了，但我們可以運用科學，為自己的利益將事物以科學的方式組織起來。這個背景下，知識成為一種療法，能讓我們感覺好一點。所有科學家和學者都有罪，我們每天都可以在新聞媒體上看到很多例子，如果候選人輸了選舉，「敗選因素」就會被列舉出來。無論他們對或錯，都沒什麼意義，因為真正重要的是有一段敘述要迅速地被拋出，用來解釋這個事件發生的原因，否則新聞讀者看到「史密斯敗選，原因不明」，必會大吃一驚。

我們不僅不知道很多事情，也高估自己的知識深度，以及我們的影響力和效率，這種過度自信似乎是與生俱來的。塔雷伯提到與學生相處的經驗，學生們必須自己拿捏時間在截止日前完成作業，學生們分為兩種類型，較為樂觀的學生認為他們可以在二十六天之內交出作業，較悲觀的學生則認為他們需要四十七天才能完成作業，而實際平均需要多少時間才能完成？答案是五十六天（塔雷伯自己的稿件都遲交了十五個月）。

我們確實如此，因為我們的精神就像一條「單行道」，無法考慮讓我們偏離軌道、「出乎意料」的事情，而這些意外之外其實該被列入考慮，才能讓我們有所成就。

總評

塔雷伯認為「幾乎沒有任何新發現、引人注目的科技發展，是被設計好或計劃好的，他們就是黑天鵝。」這個說法非常容易反駁。例如，杜邦公司花了數年時間發展尼龍，他們知道這個材料將會多有價值；而許多成功的藥物，儘管經常是偶然的發現，仍需要許多年持續發展和計劃，才能引進市場。不過，塔雷伯是對的，大型組織和個體都需要花時間關注在一些小事上，而非不停地計劃，經過不斷地試驗、錯誤，才有機會增加創造出正向黑天鵝效率的可能性，這是全面搜索黑天鵝的想法，可以創造出引領市場的商品。塔雷伯提供的另一個訣竅就需要耐性了：

「地震持續幾分鐘，九一一事件持續數小時，但歷史改變和科技實踐都是需要花上數年的黑天鵝效應。一般來說，正向的黑天鵝效應需要時間展現成果，但負面的黑天鵝效應卻來得很快。」

創造大型企業需要很多年的時間，儘管我們永遠不知道未來會發生什麼事，但遠見能讓我們從容面對阻礙及困境。

黑天鵝效應本身就是塔雷伯對複雜性論證的縮影：它對我們的思考丟了太多資訊、太多令人訝異的戰帖，容易被簡潔的總結所影響。這本書值得細細品味，如果期待很多娛樂效果的小八卦或故事，這裡可能沒有。因為總結總是會省略掉偶然發現的可能性，而正是這些偶然的小發現，會讓我們的人生和生涯完全不同。

塔雷伯以預言聞名，本書初版中寫到二〇〇八年的金融危機，他提到大型銀行的脆弱性，如果其中有一間倒閉，就會引發一連串的銀行倒閉，因為這些大型銀行都過於密不可分。在二〇一〇年第二版時，他特別著墨於脆弱性的概念，並指出很少人能汲取教訓，他也批判大型公司和機構，認為他們之所以能遠遠超過小型企業，是因為他們將風險隱藏起來，而這並不會減少，反而增加了他們被黑天鵝事件影響的機率。

納西姆．尼可拉斯．塔雷伯

塔雷伯一九六〇年於黎巴嫩艾姆雲（Amioun）出生，但因雙親都有法國國籍，所以可以去就讀法國學校。一九七五年開始黎巴嫩內戰，有好幾年的時間他都在自家的地下室學習。

從衍生性金融商品交易員到專門研究隨機性及不確定性的數學分析師，他也在許多主要銀行擔任要職，如瑞士信貸第一波士頓（Credit Suisse First Boston）、瑞士聯合銀行集團（UBS）、法國巴黎銀行（BNP-Paribas.）。現在塔雷伯是紐約大學理工學院風險工程學系傑出教授、經驗資本避險基金公司及國際貨幣基金的顧問。塔雷伯另有賓州大學華頓商學院MBA碩士學位及巴黎大學博士學位。

其他著作有二〇〇一年《隨機騙局》（*Fooled by Randomness*）、一九九七年《動態避險》（*Dynamic Hedging*）、二〇一〇年《普洛克拉斯提之床》（*The Bed of Procrustes*）、二〇一二年《反脆弱：脆弱的反義詞不是堅強，是反脆弱》（*Antifragile: Things That Gain from Disorder*）。

1953

哲學研究

Philosophical Investigations

「命名及敘述並不在同個水平上：命名是為敘述做準備，命名不是語言遊戲中的一次移動，最多只是把它放在棋盤上應屬的位置，像西洋棋中的一個動作。」

「例如，有人說：『我剛才並沒有完整表達我的痛苦，我的心智並不足以做這件事。』我問自己：『我剛才的用詞是什麼意思？我的注意力被痛苦及噪音分裂了？』」

「哲學以語言對抗我們心中的蠱惑。」

總結一句

語言的重點在於意義，而非字詞。但語言不能表達各種意義。

同場加映

阿爾弗雷德．朱勒斯．艾耶爾《語言、真理與邏輯》（3章）
索爾．克里普克《命名與必然性》（27章）
伯特蘭．羅素《幸福之路》（42章）

49

路德維希・維根斯坦

Ludwig Wittgenstein

當他的姐姐瑪格麗特到劍橋大學探望路德維希・維根斯坦，伯特蘭・羅素對她說：「我們認為你弟弟會走出哲學上的一大步。」當時維根斯坦年僅二十三歲。

十年後，維根斯坦的《邏輯哲學論》（*Tractatus*）同時出版了德文及英文版本，獲得羅素的大力推薦。這本書寫於挪威的隱蔽小屋，其中最關鍵的話是：「語言的限制意味著世界的極限。」語言應該只用來表達事實的樣貌，其他一切，包括談論抽象的概念、價值、哲學等等，都沒有意義。《邏輯哲學論》描述維根斯坦教條主義階段的思想，有一句知名的總結：「我們不能談論的，就必須保持沈默。」

《邏輯哲學論》完成後，維根斯坦相信他為哲學畫下完美的句點，離開了學術界。他將所有財產分送給兄弟姐妹（他是富裕家庭中的第八個小孩），到山城中的小學教書，曾去修道院當園丁，為他的姐姐（非常專業地）設計住所。一九二九年回歸劍橋大學重拾研究工作，後成為哲學教授。

《哲學研究》在維根斯坦逝世後才出版，如同他寫下的前言，此書以一個主題跳到另一個主題的註解、陳述、想法寫成，曾想過要寫成更平順流暢的作品，但最終他認為若給這本書明確的方向，反而顯得虛偽。大多數內容以思想實驗及語言遊戲組成，比《邏輯哲學論》更好閱讀，不講究《邏輯哲學論》的精確性。但兩本書中，維根斯坦（刻意）留下的，以及沒談到的內容，比文本本身更為重要。

語言是什麼？

維根斯坦說，簡單來說，語言並不只用來說明，也是唯一指向事物的工具。因此，當學步的幼童開始學說話，訓練他認得物品的名稱是最重要的事。語言本身不需要有說明的功用，「說出一個字就像在想像力鍵盤上點出一個音符」，他寫道，每個「音符」和文字都能讓人聯想到畫面。

文字的意義與事物相關，根據說話的內容、時間、地點，文字意義也會不同。維根斯坦並沒有以抽象規則描述語言，反之，他認為語言是一場「遊戲」。就像小孩一樣，我們從文字上看到的，就是字面上「存在」的事物（例如椅子就是我們所想的椅子），以此了解文字指向的事物，搭配抽象的詞彙，例如「這個」、「那裡」，然後開始思考分類。維根斯坦說，語言以這種方式成長：

「我們的語言就像一座古城：很多小巷、廣場、新舊房屋、不同時期建置的房屋所組成的迷宮，周圍有很多新興城鎮，裡面有筆直的道路和整齊規劃的房子。」

維根斯坦企圖展示各種不同的語言遊戲，包含發出及服從命令、描述物品外觀或它的大小、敘述或推測某個事件、創造或實驗假設問題、展示實驗結果、編出故事並發表它、演戲、唱歌、猜謎、製造或說笑話、解出算術問題、把一個語言翻譯成另一個語言、以及「詢問、感謝、詛咒、祝福、祈禱」。他說：

「比較語言工具的多樣性及用途，還有文字及句子的多樣性，以及邏輯學家所說的語言結構，是相當有趣的事。」

維根斯坦承認，語言等同於描述世界的意義是錯的，語言的功能不只如此，而文字不僅僅用來命名事物，更常用來傳達複雜的意義，同樣的文字會有非常多不同的意義。他提到一些感歎詞，例如有水！哎唷！救命！好啦！不要！維根斯坦說：難道真的可以說這些字詞只是「物件的名稱」嗎？

語言不是設下世界限制的正式邏輯，維根斯坦曾經說：正是這種自由流動、充滿創造性的意義，創造了我們生活的世界。語言的深度及多樣性讓我們與其他動物不同：「命令、詢問、敘事、聊天，都是長久以來人類天性的一部分，就像走路、吃飯、喝水、玩樂一樣。」

比起說話的方式及整體說出的內容，實際說出的字句反而沒什麼意義。要求某人幫我們拿支掃把來時，我們不會說：「請幫我拿上面有很多刷毛的一支棒子來。」語言不會將事物分解，除非是表達用途比實際物品更為重要的時候。如果我們要某人幫忙拿支掃把，也可以說我們正要打掃，需要某樣物品，那個人就能了解我們需要一支掃把。文字本身並不存於自身，而是「意義家族」中的一員。舉例來說，維根斯坦努力定義出我們所說的「遊戲」是什麼意思，他研究各種遊戲（棋盤、運動、小孩玩耍的遊戲等等），這些都不能準確地說出遊戲到底是什麼，但我們確實都知道遊戲是什麼。回到剛才說的，這就表示意義遠比定義來得重要，再換個角度說，語言並沒有主宰世界的限度，沒有哲學家渴望定義的明確原則，也沒有客觀邏輯可言。語言是一種社交結構，一場規則鬆散的遊戲，隨著我們的發展而改變。

維根斯坦說，為事物命名是「神祕的過程」，是哲學家將這件事帶向極端，他們憑個人喜好在名稱與物品間做出連結，哲學家將命名的想法及概念視為「神聖的洗禮」，在重要的時刻，哲學問題就會出現，因為事實上，脈絡的意義比名稱更為重要。維根斯坦的名言是，真正的哲學是以語言對抗所有學科「蠱惑」的長期抗爭。

私人語言

維根斯坦提出「私人語言」的問題，就是我們對自己描述明確的內在狀態及感覺，使用的字詞及意義。這些私人意義不是真的語言，因為語言必須有一些外在、社交條件，能夠被確認的意義。他設想幾個人中，每個人都有一個盒子，裡面有大家稱為「甲蟲」的東西，但如果每個箱子裡其實都裝著不同的東西呢？這告訴我們，假如每個人都私下命名物品的名稱，它就不是真正的名稱，因為名稱需要共同認可它的意義，言下之意，思想唯有在可以被表達、被理解的前提下，才有效力。他說，「一個『內在過程』需要外在依據。」

這本書中有名的例子是：「即使一頭獅子能說話，我們也無從了解他。」語言的意義需要共同認同，例如說，獅子看到一個人走過大草原，並不會認為那是個「人」，可能認為是食物來源，沒有對事物的共識，即使他會說話，又怎麼能和獅子溝通？維根斯坦以異地為例，除了語言藩籬，我們仍可能無法輕易地和外國人建立關係，因為他們看世界的方式與我們完全不同，我們認為他們不會「說我們的語言」，是因為我們的語言是有意義的，而不僅僅是文字而已。

無法衡量的證據

維根斯坦說，心理學作為學科的問題在於，它嘗試以證據讀懂人類，然而有太多讓人們思考的知識，奠基於「無法衡量」的資訊。我們能感知到他人微妙的內在狀態，但無法精確地說出我們如何取得這些資訊：

無法衡量的證據包括一瞥、一個手勢、一個聲調微妙之處。

我可能可以分辨真誠、忠實的樣貌，從虛假中分辨出來（當然，至少可以成為我的判斷中「無法衡量」的證明），但我可能無法描述其中的不同，並不是因為我的語言中沒有字詞能描述。

問問你自己：人如何學著為某事取得「鼻子」的功用？這個鼻子要如何使用？

要知道是什麼改變了別人，不是將他們裝上一台機器，測試他們心理或大腦狀態，維根斯坦說，這牽涉到判斷，學習這樣的知識只能靠生活經驗，而不是「上課學習」。如果心理學有規則，不會是在學術系統中能學習的部分，因為我們不能以字詞表達這種不確定性。

總評

維根斯坦沒有試圖否認我們有內在生活，只是這不能理智地表達出來，即使「語言遊戲」有非凡的深度及複雜性，仍有某些經驗無法妥當地透過語言表達出來，試著去做也是不對的。

維根斯坦受威廉・詹姆士所著的《宗教經驗之種種》（*The Varieties of Religious Experience*）、齊克果的哲學基督精神、奧古斯丁的著作影響頗深，儘管維根斯坦有猶太血統，但他成長於天主教環境中，參與戰爭期間也離不開聖經，他喜歡參觀基督教及天主教的教堂，並曾告訴他在劍橋的朋友特魯里（M. O'C. Drury）：「所有宗教都很美好。」但他是否為信徒，或者只是單純喜歡宗教靈性，我們根據維根斯坦的思想發現，其實這都不重要，或者說討論這些並不重要，因為沒有人能精確地描述他人的內在狀態。真正重要的是，一個人如何表達他自己。在特魯里的回憶錄中，他記錄維根斯坦說的：「如果我們要過宗教生活，不能只是談論很多關於宗教的種種，它必須以某種方式改變我們的人生。」

維根斯坦的姐姐荷米妮談到她的弟弟時，承認維根斯坦確實極度暴躁、拙於社交、過於敏感，但也說維根斯坦有「寬闊的心胸」，教授他俄語的老師費妮亞・巴斯卡（Fania Pascal）也以同樣的詞彙形容他，也提到他的觀點非常「完整」且明確；有些人善於處理危機，但無法理解人類日常的擔憂及缺點。

這些回憶錄紀錄了一個極度不關心自己的人，相反地，他建議人們關注世界中實際的事物，那麼世界會「運作得很好」。當特魯里懷疑他接受的醫生訓練，維根斯坦告訴特魯里，不要想著他自己，只要想能做多少好事，維根斯坦說，想想你是每天最後一個能對患者說晚安的人，這是多棒的特權啊！雖然對維根斯坦本人來說很重要，但他也將他的哲學研究視為另一個「遊戲」：生命本身比語言與哲學思維更為重要。

路德維希・維根斯坦

維根斯坦出生於一八八九年，一個傑出且有良好修養的家庭（畫家克林姆曾以姐姐瑪格麗特為主角作畫），小時候在家接受教育，只念過三年中學。少年時前往柏林學習機械工程學，後到曼徹斯特學習航空工程學。在英國讀了伯特蘭・羅素的《數學原理》（*The Principles of Mathematics*）後，轉為研究邏輯及哲學。

一九一一年前往劍橋，一戰爆發後自願加入奧地利軍隊且自願前往前線，因勇氣可嘉而獲得獎章，後在義大利成為戰俘，在戰俘營中完成《邏輯哲學論》，直到一九二二年才在英國正式出版。

一九二〇年至一九二六年間，維根斯坦遠離大學學術界，在名為特拉滕巴赫的奧地利小山城中學教書，而他在維也納設計的住處現為博物館。一九二九年維根斯坦回到劍橋大學，加入研究團隊，儘管沒有高學歷，也獲聘為劍橋三一學院教授。一九五一年於劍橋逝世。

2010

活在世界末日

Living in the End Times

「比較一下二〇〇八年九月的金融危機與二〇〇九年的哥本哈根會議：從全球暖化中拯救地球（或者也可以是：拯救愛滋患者、拯救缺乏醫療費接受治療及手術的瀕死之人、拯救飢餓孩童等等），其實都可以暫緩，但『拯救銀行』是一種無條件命令句，要求立即採取行動。這種慌張是絕對的，創造出跨民族性、超越黨派的團結，為了避免這場災難，各國領導人都先放下彼此的積怨。我們可能會對全球現況感到憂心，但這就是我們生活中『實在的資本』。」

「我們不再能依賴於行為的限度：因為它不再佔有如此重要的地位，不管我們做什麼，歷史都會繼續寫下去。」

總結一句

資本主義成為不容改變的意識形態，卻無法處理重大的環境、科學、社會問題。

同場加映

尚・布希亞《擬像與擬仿》（5章）
諾姆・杭士基《理解權力》（10章）
格奧爾格・威廉・弗里德里希・黑格爾《精神現象學》（19章）
馬丁・海德格《存有與時間》（20章）
弗里德里希・尼采《善惡的彼岸》（36章）

50

斯拉沃熱・齊澤克

Slavoj Žižek

一個「某程度上的共產主義者」，卻喜歡資本主義哲學家艾茵・蘭德（Ayn Rand）的著作，斯洛維尼亞哲學家斯拉沃熱・齊澤克充滿了矛盾。齊澤克的思想受拉岡（Lacan）、黑格爾、佛洛伊德、康德、海德格的影響非常深厚，他沒有面面俱到的哲學思想，反而嘗試挑戰當代哲學的各種假設。在尼采哲學中對世界的「內疚」，以及質疑寬容、民主這種自由世界中的聖牛，使得美國雜誌《國家評論》認為他是「西方世界中最危險的哲學家」。

一本五百頁的暢銷書，《活在世界末日》發出驚人之語，全世界自由的資本主義正面臨危機點，齊澤克提出「天啟四騎士」：經濟危機（低估危險性）；生物革命種下的後果（市場及政府將無法控制或管理，導致社會產生分裂，區分出能以基因或其他方式改善心智及身體素質者，與無法這麼做的人）；原料、食物、水的搶奪戰；以及「急劇增長的社會分裂及排外性」。

齊澤克一開始即討論佛洛伊德在《文明及其不滿》（*Unbehagen in der Kultur*）中的思想，也就是文化中的不滿與不安。柏林圍牆倒塌二十年後，他認為自由的資本主義並沒有帶來人們嚮往的烏托邦，而許多前共產國家中，共產主義候選人仍在選舉中勝出。形式上，社會主義的表達明顯失敗，就像一個男人夢想著一旦逮到機會就與情婦私奔一樣，但他也一定會感到震驚，因為他會發現這並不能滿足他，但轉變為資本主義卻只會凸顯社會主義的缺點。這是「天堂之下的混亂」，我們只是不願承認這一切正在發生。

末日焦慮

《活在世界末日》的結構是根據精神科醫師伊莉莎白・庫伯勒–羅斯（Elisabeth Kubler-Ross）的「悲傷五階段」：否認、憤怒、討價還價、憂鬱、接受。很多意識型態都只是在粉飾，否認事物正在改變的事實，一方面表達憤怒抗議全球資本主義，一方面又是宗教教旨主義。討價還價則表達於討論政治經濟討論的新層次，以及復興馬克思主義。憂鬱是克服了種種事件，認為一切都是隨機、沒有宇宙意義。

這些呈現參與及解放新形勢所需要的接納，由資本主義的危機及民主失敗創造出來，讓大眾的聲音能被聽到。齊澤克說，資本主義的部分問題是脫離了「新教倫理」的根基，淪為消費主義及嫉妒文化，這意味著所有社會問題及矛盾，都被期望能透過交流解決，包括捐助開發中國家的飢餓孩童，當中的訊息是「交出錢來，那麼你就不用思考造成他們生活條件低落的真實原因！」以及某些公司，如

TOMS這個鞋子品牌，訴求你買一雙鞋他們就送一雙給貧苦的人。這兩種都不需要採取任何社會行動，金錢及市場會免除你所有的罪惡感。

齊澤克認為，資本主義是一種擁有數百萬信徒且深入的意識形態，所以他挑戰一些我們知道是錯的事情：

「宗教信仰不僅是資本主義的一部分，資本主義本身也是一種宗教，且過於依賴它的信念（貨幣制度等等），這對理解意識形態的諷刺功能相當重要。因為恰恰相反的是，宗教意識形態的多愁善感，掩蓋了殘忍的經濟現實。今日，正是意識型態中的犬儒主義，模糊了資本主義信念中的宗教核心。」

齊澤克提到作家沃爾特・貝恩・米克爾斯（Walter Benn Michaels）所說，美國自由主義者關注的是種族主義及性別歧視問題，所以他們不需回應資本主義這種更大的議題。說到當代意識形態的例子，齊澤克提到演員麥克・帕林（Michael Palin）的英國廣播公司（BBC）旅遊節目，他們以諷刺的眼光看世界，關於地球的一切，過濾掉真實創傷數據，他們似乎必須保持中立且非政治性，但這是不可能的，我們生活的世界已經被資本主義信仰所填滿、塑形。

有諷刺漫畫以貪婪資本家為題材，其實應該以欣賞資本主義的持續努力取而代之，這是一種會自我再造的非個人力量，不關心環保生態學，漠視拯救地球與拯救人類，以拯救銀行與奉行資本家命令為優先。因此，資本主義可以被視為威脅著我們往後生存權利的意識形態。

維持表象

齊澤克提到維基解密這個組織，他認為維基解密行為背後的真實目標，並不是單獨一個國家或政治人物，而是權力本身的架構，包含「被接受」的權力挑戰者（媒體、非政府組織等等）。維基解密的「成功」是一種信號，現存的秩序已不再能容納、包容它自己，還有很多祕密沒有被揭露，權力的展示將不能再繼續下去了：

「真正令人訝異的是，我們完全不意外揭露的結果，是否表示我們沒有真的學到教訓？而那些被擾亂的都是為了『維持表象』。這正是公共領域的悖論：即使每個人都知道令人不悅的事實，公開揭露就會改變一切。」

他提到被梵蒂岡解除職務的義大利神父，因為他在一次專訪中承認自己是同性戀，而數以百計的戀童癖神父，卻沒有受到任何處罰。法國哲學家布希亞曾說：「重要的是表象，而不是真實」，也許這也是齊澤克對現代的評論。他說：

「最基本的文化技能就是知道何時（以及如何）假裝不知道（或不讓別人知道），如何繼續前進，好像曾經發生過什麼，事實上卻從未發生。」

不計代價都要維持表象，就是意識形態的特色。

齊澤克也提到剛果共和國失敗的原因，這個國家充滿著藥物成癮的兒童，許多外國公司聘用軍閥榨乾這個國家僅有的財富，所有礦產都被賣去作為筆電及手機的原料，我們被誤導相信剛果陷入無政府狀態，是因為當地人過於蠻橫，其實外國公司才是導致混亂的主因。「在剛果茂密的叢林中，必定有大片的黑暗存在，但原因不在當中，而起於明亮的銀行辦公室，以及高科技公司裡。」齊澤克說。在種族的戰火之後，「我們看見了全球資本主義的運作方式」。

儘管齊澤克不認同資本主義，但他並不是反美人士，「歐洲堅持著高道德原則的態度，同時又指望美國為他們做骯髒事」，他在此之中看到偽善。歐洲視自己為人類進程的文明終點，沒有戰爭的淨土，事實上他們也只能享受這種存在感，因為美國存在於霍布斯式[1]的混亂中，他們樂於成為「歷史」中的一部分。很多歐洲人認為美國人是受意識形態擺布的歹徒、小混混，而美國人則認為歐洲人太固執，對真實的威脅一無所知。

寬容之錯

齊澤克不被傳統左派社會主義接受的關鍵因素，來自一些「明顯」錯誤的觀點。其中之一就是寬容的觀點，原則上他並不是反對，而是：「我反對的是（當代且無意識）將種族觀點視為不寬容的問題，為什麼今天有這麼多被認為是不寬容造成的問題，而不是不平等、剝削、不公正造成的？為什麼提議的補救措施是寬容，而不是解放、政治抗爭、甚至是武裝抗爭？」

我們致力於讓自己被視為優秀的多元文化主義者，以至於忽視了一種可能性，有些人已經被放逐到經濟邊緣，因而變得不寬容，認為別人有義務對自己的困境負責。如果感受到平等、享有權利、握有金錢，他們的不寬容感就會融解殆盡。

西方自由主義者並不希望批評伊斯蘭教，因為這會變成「不尊重」宗教對真理的闡釋。但堅持多元文化主義及寬容的意識形態，只會在個人不受影響的程度中有用，一旦人們被影響（例如說，荷蘭同性戀者開始被該國穆斯林攻擊，因此許多人與右派結盟，推動管制阿拉伯人移民至荷蘭），意識形態的膚淺就會顯露出來。齊澤克在一次訪談中說，寬容只是「去咖啡因化」地看待社會中的他者。

另外被提到的還有其他穆斯林及基督教原基本教義派，絕望地試圖改變世界，將世界轉向他們的

1 秉持人性本惡，生存下去才是最終目的的論點。

視野，此舉顯示他們缺乏堅定的信仰，以攻擊暗示褻瀆或批評他人找出自己的樣子。我們以政治正確的寬容對待基本教義的信仰，只激起了怨恨，僅僅是寬容就激怒了他們，所以，表示以此為社交原則是不可行的。

總評

在現在的形式中（被即得利益團體接管），自由只反映今日的霸權意識形態，齊澤克相信，這不能帶來哲學家阿蘭．巴迪歐（Alain Badiou）所說的「真理-事件」，有些事確實改變了現存秩序，而個人或團體對現存秩序投資越多，越願意支持謊言，只有一無所有的人才願意說出實話，因為他們沒有什麼可失去了。

齊澤克說：「因此，今日的任務是發展國家的新模式，也就是無產階級的專制。」他企圖勾勒出更多共產主義精神能達成的目標。首先，他應該是「公有物」的保護者，保護人類共有空間，沒有人被排除在外。公有物應該包括我們生存的環境，沒有人能獨佔它；生物起源的公有資源，不應該開放開發；文化公有物，不能被特定團體或意識型態奪走。然而，齊澤克坦然承認，之前所有共產主義嘗試的，都被人類的本性破壞了（想擁有或支配的欲望），造成恐怖的政權，或毫無價值的產物及自由。如果共產主義的願景是盡可能接近現實，就必須基於人類本質發展，而不是依據我們的期望。

《活在世界末日》的矛盾及複雜性，只是反映了齊澤克的風格，同時也反映出我們的現況。齊澤克承自海德格的信念，認為哲學透澈了所有領域的知識，包含政治、社會學、心理學、經濟學。對他來說，哲學正如尼采所說：所有學科之王，有塑型世界的能力。

斯拉沃熱・齊澤克

齊澤克出生於一九四九年斯洛維尼亞盧比安納（後來成為共產國家南斯拉夫的一部分），父親是一名公職經濟學者，母親則是國有企業的會計師。他在盧比安納大學取得博士學位，後前往巴黎研究精神分析學。

回到斯洛維尼亞後，齊澤克無法取得大學教職，花了幾年時間為國家效力，後來還是失業。一九七〇年代後半，他成為斯洛維尼亞知識圈的一份子，並專注於研究精神分析學者雅各・拉岡（Jacques Lacan），一九八〇年代將許多佛洛伊德、拉岡、馬克思主義者阿圖塞（Althusser）譯入斯洛伐克語，期間還出版了關於電影理論的書，為非主流雜誌《姆拉迪納》（*Mladina*）撰稿，並參與推動南斯拉夫民主化。一九九〇年，斯洛維尼亞成功轉型民主，齊澤克曾參與總統選舉未果。他曾與斯洛維尼亞哲學家沙勒捷（Renata Salecl）結婚，第二任妻子是阿根廷模特兒安娜莉亞（Analia Hounie）。

一九八九年齊澤克出版了第一本英文著作《意識形態的崇高客體》，使他在國際社會學科理論界聲名大噪。其他著作包括一九九九年《神經質主體》（*The Ticklish Subject*）、二〇〇六年《如何閱讀拉岡》（*How to Read Lacan*）、二〇〇八年《捍衛那些失敗的事業》（*In Defense of Lost Causes*）、二〇〇九年《先是悲劇，然後變成鬧劇》（*First as Tragedy, Then as Farce*）、二〇一二年《極度虛無：黑格爾與辯證唯物主義的陰影》（*Less Than Nothing: Hegel and the Shadow of Dialectical Materialism*）。

二〇〇七年的電影《虛實遊戲：齊澤克反轉再反轉》（Žižek: The Reality of the Virtual），記錄了齊澤克的生活與工作，他也是二〇〇六年《變態者電影指南》（The Pervert's Guide to Cinema）的演員。齊澤克在瑞士的歐洲高等學院及紐約大學教授哲學及精神分析學。

後記

我將《一次讀懂哲學經典》獻給我的母親，瑪莉歐・巴特勒-鮑登（Marion Butler-Bowdon），逝世於二〇一二年十一月。她對文學的熱愛及知識，深深地影響我和我的手足，她非常期待這本書問世，寫作時我們經常討論這些哲學家們，這本書正是寫給和她一樣的讀者。

同時感謝：

Nicholas Brealey，從一開始就很喜愛這本書，一開始我有所猶豫，因為這本書寫作的規模實在太大，但很開心我們堅持下來了。

Sally Lansdell，協助編輯工作，彙整後續的修改，確保這本書以對的樣貌呈現於讀者。以及Sally Holloway專員，協助處理出版細節。

牛津大學博德利圖書館，大多數哲學經典都置於開放閱讀區，我非常幸運能在那邊寫作了一陣子。

本書中在世的哲學家們，謝謝他們的偉大貢獻。

所有曾給予寶貴建議，應該被列於五十清單中的人，以及協助完成部分自傳及評論的研究人員。

Cherry、Tamara、Beatrice，謝謝你們的愛與支持，在寫作期間讓我的心靈得到平靜，謝謝你們。

最後，喜愛五十本經典系列的讀者們，在此獻上最誠摯的感謝，這本書可能帶你走向從未預想的方向，希望無論如何你都能享受其中樂趣。

48. **塞內卡**（Seneca）**《書信集》**（*Letters*，西元1世紀）
二十世紀中，塞內卡的思想才被「重新發現」，他的書信是斯多葛哲學的寶庫，寫於他忙碌的政治生涯中。

49. **塞克斯圖斯·恩丕里柯**（Sextus Empiricus）**《皮朗主義綱要》**（*Outlines of Pyrrhonism*，西元3世紀）
懷疑經驗論的奠基之作。後來存在主義學者及現象學者提出的疑問，恩丕里柯更早之前就已提過。

50. **色諾芬**（Xenephon）**《會飲篇》**（*Conversations of Socrates*，西元前4世紀）
身為蘇格拉底的好友及追隨者，這本書無疑是蘇格拉底思想最佳的入門書。

倫理學的一次革命，同時帶入知名的「自然主義謬誤」觀點，認為不可能以技術層面判定什麼是「善」，有些事物是直觀地感受及了解。摩爾也是「常識」哲學的擁護者，不否定一般人的信念。

38. **羅伯特・諾齊克**（Robert Nozick）《無政府、國家與烏托邦》（*Anarchy, State and Utopia*，1974）
對有度國家的理性辯護，「侷限於避免武力、竊盜、詐欺、執行合約的保護功能」，每個人都有權利追求自己的「目標」，當國家牽涉到生活的每個層面，這種權力就會受到侵犯。

39. **德里克・帕菲特**（Derek Parfit）《理由與人格》（*Reasons and Persons*，1984）
牛津倫理哲學家大膽地討論人一生的身分認同，以及這對行為、道德、政治的意義。這是對「自我哲學」的開創性著作，鼓舞了神經科學。

40. **巴門尼德**（Parmenides）《論自然》（*On Nature*，西元5世紀）
明顯的變化之中，宇宙有永恆不變的秩序。當你迷失於生活的種種漩渦中，休息一下，把自己置於核心的源頭之中，尋求慰藉。

41. **普羅提諾**（Plotinus）《九章集》（*Enneads*，西元3世紀）
由他的學生波菲利（Porphyry）編撰，這些文本展現普羅提諾對人類存在的思想，認為人類存在有不可用言語表達的神聖一致性，可以透過沈思、直覺、理性窺見一二。

42. **希拉蕊・普特南**（Hilary Putnam）《The Collapse of the Fact/Value Dichotomy and Other Essays》（2002）
分離經驗事實及人類價值是多數哲學的基礎，但普特南認為這是錯誤的設想，應該以全新的視角看待哲學。

43. **威拉德・范・奧曼・奎因**（Willard van Orman Quine）《字詞與物件》（*Word and Object*，1960）
闡述哈佛哲學家對「翻譯的不確定性」觀點，認為語言翻譯可以滿足一些條件，但不必反映其真正的意義，字詞及字句並沒有獨特的意義。

44. **理查・羅蒂**（Richard Rorty）《哲學與自然之鏡》（*Philosophy and the Mirror of Nature*，1979）
這位美國哲學家對分析哲學持續且無意義地追求客觀真理感到失望，轉而被威廉・詹姆士及德威的實用主義吸引。這樣的立場引發學術哲學家的抨擊。

45. **伯特蘭・羅素與懷德海**（Bertrand Russell & Alfred North Whitehead）《數學原理》（*Principia Mathematica*，1910-1913）
無論在哪個領域，這都是二十世紀最重要的著作，試圖形式化數學邏輯。

46. **吉爾伯特・雷爾**（Gilbert Ryle）《心的概念》（*The Concept of Mind*，1949）
牛津教授打破笛卡兒的心靈/物質二分法，解讀為「類別錯誤」及「陰魂不散的教條」。

47. **喬治・桑塔亞那**（George Santayana）《理性的生活》（*The Life of Reason, or the Phases of Human Progress*，1905-1906）
由西班牙裔的美國倫理哲學家所著的五卷著作，其中最知名的一句話是：「不記得過往的人注定會重蹈覆轍。」

Transformation of the Public Sphere，1962）
十八世紀的歐洲，新的「公共領域」從公民社會需求中浮現。根據哈伯瑪斯的說法，它導向理性的繁榮，又被商業化及消費主義腐蝕。

24. **托瑪斯・霍布斯**（Thomas Hobbes）**《利維坦》**（*Leviathan*，1651）
幾乎是當代政治哲學的第一本著作，源於中世紀基督教世界的衰落。主張由絕對權力掌握主權的非宗教國家，在這個體系中，一般人最有機會獲得安穩、安全的生活。

25. **埃德蒙德・胡賽爾**（Edmund Husserl）**《邏輯研究》**（*Logical Investigations*，1900-1901）
海德格導師及現象學之父的重要著作。

26. **茱莉亞・克莉斯蒂娃**（Julia Kristeva）《*Desire in Language: A Semiotic Approach to Literature and Art*》（1980）
文化理論的關鍵文本，對19世紀法國小說令人驚豔的分析。

27. **雅各・拉岡**（Jacques Lacan）《Ecrits: A Selection》（2002）
拉岡精神分析哲學的完美序曲，對當代思想家非常有影響力，例如齊澤克。

28. **大衛・劉易斯**（David Lewis）**《論世界的多元性》**（*On the Plurality of Worlds*, 1982）
「模態邏輯」新穎且具有影響力的著作，提出多個世界可以同時存在的論點。

29. **尚-佛朗斯瓦・李歐塔**（Jean-Francois Lyotard）**《後現代狀況》**（*The Postmodern Condition*，1979）
後現代主義的主要論述，李歐塔認為「形而上敘述」就像「進步」的概念。

30. **邁蒙尼德**（Maimonides）**《迷途指津》**（*The Guide for the perplexed*，1190）
在猶太教與希臘哲學中試圖搭起橋樑，影響力貫穿整個東西方中世紀。

31. **尼古拉・馬勒伯朗士**（Nicolas Malebranche）**《真理的追求》**（*Search after Truth*，1674–75）
受笛卡爾啟發，重要的理性主義哲學家第一本、也是最全面性的著作。

32. **赫伯特・馬庫色**（Herbert Marcuse）**《愛慾與文明》**（*Eros and Civilization*，1955）
融合了佛洛伊德及馬克思思想，提供新的視野，讓社會從壓抑中解放。

33. **卡爾・馬克思**（Karl Marx）**《資本論》**（*Capital*，1867）
政治哲學的關鍵著作，對歷史產生極大的影響。

34. **莫里斯・梅洛-龐蒂**（Maurice Merleau-Ponty）**《知覺現象學》**（*Phenomenology of Perception*）（1945）
我們不是靠著笛卡爾的「我思」經驗世界，而是透過身體。

35. **瑪麗・米雷**（Mary Midgley）**《我們賴以生存的譬喻》**（*Myths We Live By*，2003）
物理科學不僅僅是宇宙如何運行的事實資料庫，也成為這個時代的意識形態。米雷結合理查・道金斯（Richard Dawkins）及丹尼爾・丹尼特（Daniel Dennett）思想之作。

36. **孟德斯鳩**（Montesquieu）**《論法的精神》**（*The Spirit of the Laws*，1748）
自由主義政治哲學的重要著作，影響了法國大革命，提倡憲政、分權、終結奴隸制度。

37. **喬治・愛德華・摩爾**（G.E. Moore）**《倫理學原理》**（*Principia Ethica*，1903）

就足夠真實，事物只能以他們被感知的程度而成為真實（存在就是被感知）。我們應該相信，我們的經驗模式是合理的，因為它是神聖有序的。

12. 以賽亞・伯林（Isaiah Berlin）《The Hedgehog and the Fox》（1953）
這位英國哲學家的知名論述，關於托爾斯泰的著作，他指出現實有兩個層次：我們可以看到且圍繞四周的現象世界，以及人類鮮少感知的深層真理。

13. 波愛修斯（Boethius）《哲學的慰藉》（*The Consolation of Philosophy*，西元6世紀）
聖經之後，中世紀基督教最有影響力的著作，波愛修斯寫於死獄中。在動盪且邪惡的世界中，為上帝的良善提出優雅的論述。

14. 馬丁・布伯（Martin Buber）《我與你》（*I and Thou*，1923）
布伯捨棄正統的猶太教育，轉而學習西方哲學。這本知名著作劃分了兩種模式的存在：「我與它」（我們對客體的經驗源於感官），以及「我與你」（對存在的經驗源於關係）。生命的意義會在人與人之間的關係中找到答案。

15. 吉爾・德勒茲與菲力斯・伽塔利（Gilles Deleuze & Felix Guitarri）《反伊狄帕斯》（*Anti-Oedipus*，1972）
由心理分析與馬克思主義角度探討私人欲望如何與社會框架相互牴觸。

16. 雅克・德希達（Jacques Derrida）《書寫學》（*Of Grammatology*，1967）
概述語言學中最困難的「痕跡理論」，也是德希達最平易近人的著作。

17. 約翰・杜威（John Dewey）《我們如何思考》（*How We Think*，1910）
美國最偉大的實用主義者及教育理論家闡述如何有效地思考。100年後仍是很棒的見解。

18. 雅克・伊路（Jacques Ellul）《Propaganda: The Formation of Men's Attitudes》（1973）
法國基督教無政府主義者伊路說，傳教超越政治，使個人願意貢獻並服從。他的觀點之一是，最常使用媒體的人最容易被宣傳。

19. 保羅・費耶阿本德（Paul Feyerabend）《反對方法》（*Against Method*，1975）
這本書讓費耶阿本德成為科學哲學史上與波普、孔恩齊名的影響力人物。他提出「無政府主義」接觸科學的方式，不給予文化或社會外的理性特權。反之，科學就像其他學科一樣是意識形態。

20. 約翰・戈特利布・費希特（J.G. Fichte）《自然法權基礎》（*Foundations of Natural Right*，1797）
個人自由的哲學以及它對政治組織及權利的意義。

21. 戈特洛布・弗雷格（Gottlob Frege）《算術基礎》（*The Foundations of Arithmetic*，1894）
這是一次文明中「數量」概念的迷人嘗試，儘管遭受屏棄，但弗雷格思想有其重要性。它不是數學的無聊論述，而是展示數字如何成為通往哲學真理及意義的方式。

22. 安東尼奧・葛蘭西（Antonio Gramsci）《獄中書簡》（*The Prison Notebooks*，1929-1935）
二十世紀馬克思主義重要思想家之一，葛蘭西的主要論點是「霸權」，或者說國家如何維護自己，他說，一個團體不會接管國家，而是成為國家。

23. 尤爾根・哈伯瑪斯（Jurgen Habermas）《公共領域的結構轉型》（*The Structural*

再加五十本哲學經典

1. **珍・亞當斯**（Jane Addams）**《民主與社會倫理》**（*Democracy and Social Ethics*，1902）
亞當斯一直與美國貧困階級的人生活在一起，她的著作體現了威廉・詹姆士及約翰・杜威（John Dewey）的實用主義。亞當斯的哲學，尤其是她的「同情論」（有助於弭平社會藩籬），如今仍是相當有價值的思想。
2. **狄奧多・阿多諾**（Theodore Adorno）《Minima Moralia: Reflections from Damaged Life》（1952）
受黑格爾、馬克思、齊克果、尼采、佛洛伊德啟發，對當代資本主義的強烈批判，以法蘭克福學派批判理論為基礎，論述自由的可能性。
3. **伊莉莎白・安斯康姆《意向》**（*Intention*，1957）
安斯康姆是維根斯坦的學生，也是一名譯者，駁倒C.S.路易斯對上帝存在的證明。她的著作為「行動理論」打下良好基礎，在多大程度上，我們的行為是欲望或信念的產物？抑或全是？
4. **多瑪斯・阿奎那**（Thomas Aquinas）**《神學大全》**（*Summa Theologica*，1273）
除了捍衛天主教，阿奎那還論述世界如何存在？其目的為何？在難以區分神學與哲學的時代，阿奎那說如果宇宙根據因果、邏輯定律運作，其必定有一個內在因，為萬物創造潛力。儘管這個世界本身就有神聖權力，唯有人類能實踐世界的潛能。
5. **奧古斯丁**（Augustine）**《上帝之城》**（*Augustine City of God*，426）
中世紀對西方世界產生的重大影響，區分了理想天堂之城，人類必須關注它，以及世俗的成見，只能慘澹收場。寫於日耳曼西哥德人掠奪羅馬後不久。
6. **馬可・奧里略**（Marcus Aurelius）**《沉思錄》**（*Meditations*，西元2世紀）
羅馬皇帝對斯多葛哲學不朽的表述，至今仍擁有廣大讀者，讀來依舊饒富趣味。
7. **阿威羅伊**（Averroes）**《無邏輯的哲學家》**（*The Incoherence of the Incoherence*，西元12世紀）
阿拉伯哲學家論證亞里斯多德思想在伊斯蘭世界的運用。書名是呼應伊斯蘭哲學家安薩里（Al-Ghazali）《不和諧的哲學家》（*The Incoherence of the Philosophers*）。
8. **法蘭西斯・培根**（Francis Bacon）**《培根論說文集》**（*Essays*，1597）
《培根論說文集》原本是培根寫作科學及神學著作時的消遣之作，如今成為最受讀者歡迎的著作。來自這位經驗主義及科學方法奠基者的迷人思想。
9. **阿蘭・巴迪歐**（Alain Badiou）**《存在與事件》**（*Being and Event*，1987）
「多樣性」而非個體性，解釋了我們存在的本質。法國後結構主義的重要文本。
10. **羅蘭・巴特**（Roland Barthes）**《寫作的零度》**（*Writing Degree Zero*，1953）
寫作的方式與內容一樣重要。結構主義學派的重要著作。
11. **喬治・貝克萊**（George Berkeley）**《人類知識原理》**（*Treatise Concerning the Principles of Human Knowledge*，1710）
來自英裔愛蘭爾主教的知名論述，世界本質是由思想組成，而不是事物。儘管我們無法確認「真實」世界是什麼樣子（物質是抽象的），我們心智中對世界的思想

詞彙表

分析哲學：基於語言、陳述、概念精確性的哲學流派。
行為主義：一種心理學理論，說明生物體是他們條件或環境的產物。
歐陸哲學：一系列歐洲傳統哲學，包括德國唯心主義、現象學、存在主義、結構主義、後現代主義、文化理論。與盎格魯—薩克遜的分析傳統及經驗哲學不同。
演繹論證：一種思想運動。始於一般的觀察，發展為具體的事實：例如一個理論導出一個假設，被檢驗或觀察後得到證實。
經驗主義：基於數據找出真實或正確的方式，任何人都可以用自己的感官反駁或論證。
啟蒙運動：十八世紀歐洲的知識運動，強調以理性及科學發展知識，而非信仰、啟示、傳統。
伊比鳩魯學派（享樂主義）：由伊比鳩魯教學的哲學學派，包括愉悅是人生至高之善的信念（或者存在應該遠離干擾及痛苦）；這個詞彙後來成為過著感官享樂、奢華生活的意思。
知識論：關於知識的哲學及理論。我們可以知道什麼，以及我們可以驗證為真的是什麼。
存在主義：以日常問題為核心的哲學觀點或哲學精神。強調自由及選擇，通常認為一個人的存在沒有注定原因或目標，而是必須創造自己的人生意義。
唯心主義：任何關於抽象或靈魂真理的哲學，只能由感官得來。
歸納論證：從數據、觀察導出原則或假設性思考。演繹論證的反面。
唯物主義：存在或實體只能以物質討論，沒有精神或意識存在的空間。
形而上學：關於事物本質或屬性的哲學，無論物理或非物理，物質或精神領域。
自然主義：相信宇宙根據物理定律運作，物理宇宙之外沒有實體存在。
本體論：存在的哲學，包含各個面向及層次。
典範：一種特殊的思維、觀點、思考模式，為了解決人的問題，常存於人心中。
表象（世界）：透過五感呈現的世界，「真實」世界。
現象學：由胡塞爾發展出，研究被證明或顯現的事物，通常是意識。
後現代主義：二十世紀後期發展出的觀點，基於「後設敘述」的警覺，或塑造文化及社會的模糊假設（例如「進步」論）。
後結構主義：二十世紀運動，駁斥文本權威，強調文化材料的多樣詮釋。重要的不是作者的指向訊息，而是如何運用。客觀真理概念變得無關緊要。
實用主義：專注於陳述或理論的最終價值；無論他們是否對人、追隨者、實踐者提供實際價值。
理性主義：真理或知識透過理性、思想獲得，而非對本質或事物的直接觀察。
斯多葛學派：古希臘哲學學派，強調人生起伏、美德與一個人的行為，都與命運及普遍意志有關。
結構主義：源於法國，認為唯有置於社會結構及機制下，才能了解人類。
目的論：任何哲學、理論對世界運行都有設定的目標、軌跡、或「最終因」。
效益主義：一種哲學或行為準則，企圖達到最多數人的最大幸福或福祉。

Zimmern, New York: Dover.（弗里德里希．尼采，《善惡的彼岸》）

Pascal, B. (2005) *Pensées*，ed. and trans. Roger Ariew, Indianapolis, IN: Hackett.（布萊茲．巴斯卡，《沉思錄》）

Plato (2008) *The Republic*，trans. Benjamin Jowett, Project Gutenberg, http://www.gutenberg.org/files/1497/1497-h/1497-h.htm（柏拉圖，《理想國》）

Popper, K. (2002) *The Logic of Scientific Discovery*，London: Routledge.（卡爾．波普爾，《科學發現的邏輯》）

Rawls, J. (1973) *A Theory of Justice*，Oxford: Oxford University Press.（約翰．羅爾斯，《正義論》）

Rousseau, J.-J. (1979) *The Social Contract*，trans. Maurice Cranston, London: Penguin.（尚-雅克．盧梭，《社會契約論》）

Russell, B. (1993) *The Conquest of Happiness*，London: Routledge.（伯特蘭．羅素，《幸福之路》）

Sandel, M. (2009) *Justice: What's the Right Thing to Do?*，London: Penguin.（邁可．桑德爾，《正義：一場思辨之旅》）

Sartre, J.-P. (1957) *Being and Nothingness: An Essay on Phenomenological Ontology*，trans. Hazel E. Barnes, London: Methuen.（尚-保羅．沙特，《存在與虛無》）

Schopenhauer, A. (1958) *The World as Will and Representation*，vols. 1 & 2, trans. E.F.J. Payne, Indian Hills, CO: Falcon's Wing Press.（亞瑟．叔本華，《作為意志和表象的世界》）

Singer, P. (2009) *The Life You Can Save: Acting Now to End World Poverty*，Melbourne: Text.（彼得．辛格，《拯救生命》）

Spinoza, B. (2012) *The Ethics*，trans. R.H.M. Elwes, University of Adelaide e-books, http://ebooks.adelaide.edu.au/s/spinoza/benedict/ethics/（巴魯赫．史賓諾莎，《倫理學》）

Taleb, N.N. (2007) *The Black Swan: The Impact of the Highly Improbable*，London: Penguin.（納西姆．尼可拉斯．塔雷伯，《黑天鵝效應》）

Wittgenstein, L. (1992) *Philosophical Investigations*，trans. G.E.M. Anscombe, Oxford: Blackwell.（路德維希．維根斯坦，《哲學研究》）

Žižek, S. (2011) *Living in the End Times*，London: Verso.（斯拉沃熱．齊澤克，《活在世界末日》）

Frankfurt, H. (2005) *On Bullshit*，Princeton, NJ: Princeton University Press.（哈里・法蘭克福，《放屁》）

Harris, S. (2012) *Free Will*，New York: Free Press.（山姆・哈里斯，《自由意志》）

Hegel, G.W.F. (1977) *Phenomenology of Spirit*，trans. A.V. Miller, Oxford: Oxford University Press.（格奧爾格・威廉・弗里德里希・黑格爾，《精神現象學》）

Heidegger, M. (1962) *Being and Time*，trans. John Macquarie & Edward Robinson, London: SCM Press.（馬丁・海德格，《存有與時間》）

Heraclitus (1987) *Fragments*，trans. with commentary by T.M. Robinson, Toronto: University of Toronto Press.（赫拉克利特，《赫拉克利特著作殘篇》）

Hume, D. (1993) *An Enquiry Concerning Human Understanding*，Indianapolis, IN: Hackett.（大衛・休謨，《人類理解研究》）

James, W. (2004) *Pragmatism: A New Name for Some Old Ways of Thinking*，Project Gutenberg, http://www.gutenberg.org/ebooks/5116（威廉・詹姆士，《實用主義》）

Kahneman, D. (2012) *Thinking, Fast and Slow*，London: Penguin.（丹尼爾・康納曼，《快思慢想》）

Kant, I. (1998) *Critique of Pure Reason*，trans. Paul Guyer & Allen W. Wood, Cambridge: Cambridge University Press.（伊曼努爾・康德，《純粹理性批判》）

Kierkegaard, S. (2005) *Fear and Trembling*，trans. Alastair Hannay, London: Penguin.（索倫・齊克果，《恐懼與戰慄》）

Kripke, S. (1980) *Naming and Necessity*，Cambridge, MA: Harvard University Press.（索爾・克里普克，《命名與必然性》）

Kuhn, T. (1962) *The Structure of Scientific Revolutions*，Chicago, IL: University of Chicago Press.（湯瑪斯・孔恩，《科學革命的結構》）

Leibniz, G. (2005) *Theodicy: Essays on the Goodness of God, the Freedom of Man and the Origin of Evil*，trans. E.M. Huggard, Project Gutenberg, http://www.gutenberg.org/ebooks/17147（哥特佛萊德・萊布尼茲，《神義論》）

Locke, J. (2004) *An Essay Concerning Human Understanding*，Project Gutenberg, http://www.gutenberg.org/ebooks/10615（約翰・洛克，《人類理解論》）

Machiavelli, N. (1910) *The Prince*，trans. Ninian Hill Thomson, WikiSource, http://en.wikisource.org/wiki/The_Prince_%28Hill_Thomson%29（尼可洛・馬基維利，《君王論》）

McLuhan, M. & Fiore, Q. (1967) *The Medium Is the Massage*,，coordinated by Jerome Agel, London: Bantam.（馬歇爾・麥克魯漢，《媒體即訊息》）

Mill, J.S. (1909) *On Liberty*，University of Adelaide e-books, http://ebooks.adelaide.edu.au/m/mill/john_stuart/m645o/（約翰・斯圖亞特・彌爾，《論自由》）

Montaigne, M. (1967) *Essays*，trans. J.M. Cohen, London: Penguin.（米歇爾・德・蒙田，《隨筆集》）

Murdoch, I. (1970) *The Sovereignty of Good*，London: Routledge.（艾瑞斯・梅鐸，《至善的主權》）

Nietzsche, F. (1997) *Beyond Good and Evil: Prelude to a Philosophy of the Future*，trans. Helen

英文參考書目

◎大多數偉大的哲學著作都有很多不同的譯本，或由不同出版社出版。下列或許不是最完美的版本，皆為本書參考的版本，大多數著作現今都是公共財，可供讀者免費線上閱讀。

Arendt, H. (1998) *The Human Condition*，Chicago, IL: University of Chicago Press.（漢娜・鄂蘭，《人的境況》）

Aristotle (2002) "Nicomachean Ethics"，in S.N. Cahn (ed.), Classics of Western Philosophy, 6th edn, Indianapolis, IN: Hackett.（亞里斯多德，《尼各馬可倫理學》）

Ayer, A.J. (1982) *Language, Truth and Logic*，London: Pelican.（阿爾弗雷德・朱勒斯・艾耶爾，《語言、真理與邏輯》）

Baggini, J. (2011) *The Ego Trick: What Does It Mean to Be You?*，London: Granta.（朱利安・巴吉尼，《自我欺騙》）

Baudrillard, J. (1995) *Simulacra and Simulation*，trans. Sheila Faria Glaser, Ann Arbor, MI: University of Michigan Press.（尚・布希亞，《擬像與擬仿》）

de Beauvoir, S. (1989) *The Second Sex*，trans. H.M. Parshley, New York: Vintage.（西蒙・波娃，《第二性》）

Bentham, J. (1879) *An Introduction to the Principles of Morals and Legislation*，Oxford: Oxford University Press.（傑瑞米・邊沁，《論道德與立法的原則》）

Bergson, H. (1911) *Creative Evolution*，trans. Arthur Mitchell, London: Macmillan.（亨利・柏格森，《創造進化論》）

Bohm, D. (1980) *Wholeness and the Implicate Order*，London: Routledge.（大衛・玻姆，《整體性與隱秩序》）

Chomsky, N. (2002) *Understanding Power: The Indispensable Chomsky*，ed. Peter Rounds Mitchell & John Schoeffel, New York: New Press.（諾姆・杭士基，《理解權力》）

Cicero, M.T. (1913) *De Officiis* (Loeb edition)，trans. Walter Miller, Cambridge, MA: Harvard University Press. http://www.constitution.org/rom/de_officiis.htm（西塞羅，《論責任》）

Confucius (n.d.) *Analects*，http://classics.mit.edu/Confucius/analects.html（孔子，《論語》）

Descartes, R. (1985) *Discourse on Method and the Meditations*，trans. F.E. Sutcliffe, London: Penguin.（勒內・笛卡爾，《第一哲學沈思集》）

Emerson, R.W. (n.d.) "Fate"，in The Online Works of Ralph Waldo Emerson. http://user.xmission.com/~seldom74/emerson/fate.html（拉爾夫・沃爾多・愛默生，《命運》）

Epicurus (1993) *Essential Epicurus: Letters, Principle Doctrines, Vatican Sayings and Fragments*，trans. and intro. Eugene O'Connor, Amherst, NY: Prometheus.（伊比鳩魯著，致希羅多德、皮多克勒、美諾西斯的三封信）

Foucault, M. (2005) *The Order of Things: Archaeology of the Human Sciences*，London: Routledge.（米歇爾・傅柯，《事物的秩序》）

一次讀懂哲學經典 / 湯姆.巴特勒 - 鮑登 (Tom Butler-Bowdon) 作 ; 王曼璇譯.
-- 一版. -- 臺北市：時報文化，2019.06；528 面；14.8×21 公分. --
譯自 : 50 philosophy classics
ISBN 978-957-13-7802-2（平裝） 1. 哲學
100 108006243

50 PHILOSOPHY CLASSICS by Tom Butler-Bowdon
This edition is published by NB LIMITED through Andrew Nurnberg Associates International Limited
Complex Chinese edition copyright © 2019 by China Times Publishing Company All rights reserved.

一次讀懂哲學經典
50 PHILOSOPHY CLASSICS

作者 湯姆・巴特勒−鮑登 Tom Butler-Bowdon ｜ **譯者** 王曼璇
主編 湯宗勳 ｜ **責任編輯** 廖婉婷 ｜ **責任企劃** 王聖惠 ｜ **封面設計** 倪旻鋒 ｜ **內文排版** 宸遠彩藝
董事長 趙政岷 ｜ **出版者** 時報文化出版企業股份有限公司 108019 台北市和平西路三段 240 號 7 樓
發行專線 (02)2306-6824 ｜ **讀者服務專線** 0800-231-705・(02)2304-7103 ｜ **讀者服務傳真** (02)2304-6858
郵撥 1934-4724 時報文化出版公司 ｜ **信箱** 10899 台北華江橋郵局第 99 信箱
時報悅讀網 http://www.readingtimes.com.tw ｜ **電子郵箱** new@readingtimes.com.tw
法律顧問 理律法律事務所 陳長文律師、李念祖律師
印刷 勁達印刷有限公司 ｜ **一版一刷** 2019 年 6 月 15 日 ｜ **一版三刷** 2022 年 3 月 23 日
定價 新台幣 600 元 ｜ **版權所有 翻印必究**（缺頁或破損的書，請寄回更換）

時報文化出版公司成立於一九七五年，並於一九九九年股票上櫃公開發行，
於二〇〇八年脫離中時集團非屬旺中，以「尊重智慧與創意的文化事業」為信念。